国家级创新型企业
全球最大石膏板产业集团

全球石膏行业杰出贡献奖

中国环境标志产品

打造世界级工业标杆

标志性建筑的共同选择

北京APEC会场

杭州G20主会场

扫一扫关注北新建材

黄陵矿业集团有限责任公司

黄陵矿业集团有限责任公司位于陕西省延安市黄陵县店头镇，是陕西煤业化工集团所属核心骨干企业，始建于 1989 年 9 月，现已发展成为煤、化、电、路、建筑建材、生态农业等产业多元互补、循环发展的大型现代能源化工企业。总资产 255 亿元，拥有员工 10000 余人。

在长期低位运行的市场形势下，公司始终保持较强盈利能力，“十二五”累计产值 378 亿元，利润 88 亿元，税费 75 亿元。一是创新驱动产业升级。率先实现地面远程操控采煤，解决了国际难题，引领了采矿技术发展方向，入选 2014 年中国煤炭行业十大新闻和六大技术创新成果；2015 年，全国煤矿自动化开采技术现场会在公司召开；2016 年，我国首家煤矿智能化开采技术创新中心落户矿区。二是绿色发展引领传统能源企业转型。建成“煤炭洗选一精煤炼焦一焦炉煤气制甲醇一驰放气制合成氨”和“煤炭洗选一煤泥煤矸石煤矿疏干水发电一发电灰渣制建材”两条产业链，实现资源的“吃干榨净”。三是协调发展坚守安全环保底线。强化红线意识，坚守底线思维，加强一线管控，确保防线牢固，连续多年安全、环保零事故，形成“煤矿不见煤、采面不见人、矸石不排放、废水全利用”低碳运行模式。四是共享发展履行社会责任。发展订单式现代农业，建立电商销售平台，使当地果农收入提高 40%；投资 25 亿元建设 21 个民生工程，让山区人民共享城市文明与山水乡恋。

如意利用数字化智能化促进产业转型升级

山东如意科技集团有限公司始建于 1972 年，是全球知名的创新型技术纺织企业，建业 40 余年来，始终矢志不渝地坚持发展纺织服装产业，坚持“高端化、科技化、品牌化、国际化”的战略，赢得了在国际国内的技术领先优势，通过整合国际国内有效资源，提升了企业国际影响力，目前拥有全球规模最大的棉纺、毛纺直至服装品牌的两条完整的纺织服装产业链，旗下企业已遍及日本、澳大利亚、新西兰、印度、英国、德国、意大利等国家以及山东、重庆、新疆、上海、江苏、宁夏等地区。集团拥有国内 A 股和日本东京主板 2 个上市公司，20 个全资和控股子公司，13 个高端制造工业园，13 个品牌服装企业，30 多个国际知名纺织服装品牌，5000 家品牌服装零售店。2016 年，山东如意位列中国企业 500 强第 282 位，中国制造业 500 强第 139 位，中国 100 大跨国企业第 68 位，综合竞争力居中国纺织服装企业竞争力 500 强第 1 位。

企业拥有首家国家纺纱工程技术研究中心、国家级工业设计中心、国家级企业技术中心和博士后工作站，获得了数百项专利技术和创新成果。继 2002 年“赛络菲尔纺纱技术及系列产品”获国家科技进步二等奖后，历时 7 年研究的“如意纺”纺纱技术，荣获国家科技进步一等奖。2009 年首家代表中国纺织获得世界第一视觉博览会——法国 PV 展会（法国第一视觉面料博览会）参展资格，实现了中国纺织人向全球发布最新面料信息和流行趋势的梦想。企业通过国际领先的产品开发水平和技术创新能力，坚持高端产品定位，提高自身核心竞争力，成为代表中国纺织走向世界的领军企业。

按照科技化、高端化、品牌化、国际化构建百年如意，建设千亿级企业的战略规划，公司将以科技品牌双轮驱动促发展，转变集团经济增长方式，创新企业经营模式；坚持高端定位，加大全球营销体系建设；加强国际合作力度，构建全球范围内的供应链和产业链；打造“互联网 +”下的智能化、数字化、信息化的千亿级时尚产业集团。

股票代码：000786.SZ

北新建材——龙牌石膏板系统

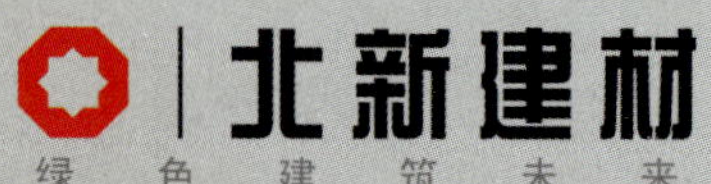

全程服务热线：400-898-5566
公司网站：www.bnbm.com.cn

法尔胜泓昇集团
FASTEN GROUP

创新 极致 诚信 和谐

用世界眼光 打造民族工业强企

法尔胜泓昇集团有限公司(简称法尔胜)是一家从事以金属制品为主，产业涉及光通信、精工装备、金融服务、资产管理、物流贸易的多元化企业集团，公司自1990年以来，综合实力一直位居全国金属制品行业第一，是苏南地区首批首家国家级创新型企业，长期位列中国企业500强、中国民营企业500强。2013年，“法尔胜”牌输送带用钢丝绳产品获得了国家质量监督检验检疫总局颁发的“出口免验”证书。2015年，被认定为国家技术创新示范企业。

公司组建了“国家金属线材制品工程技术研究中心”，拥有国家级企业技术中心和金属材料检测中心，承担着国家多项重点科技支撑计划课题，担纲着“全国钢标委钢丝绳分技术委员会秘书处”与“国际标准化组织钢丝绳技术委员会（ISO/TC105）秘书处”。法尔胜以科技为支撑，推动着产业转型提升。

公司目前拥有世界上最大的输送带用钢丝绳生产基地、最大的桥梁缆索和预应力钢绞线生产基地，拥有世界领先的精细钢丝绳技术。法尔胜还是国内最早开发出光纤预制棒技术的厂家，打破了国外的技术封锁，目前致力于特种光纤和智能传感研究开发，法尔胜光通信是中国光纤光缆行业十大影响力企业之一。

公司秉承着“创新、极致、诚信、和谐”的企业精神，正朝着“打造具有国际视野的高科技产业集团”的目标而全力奋进。

致力于打造大健康领航品牌

ENDEAVOUR TO CREATE THE PILOT BRAND OF GREAT HEALTH

天士力创建于1994年，是以大健康产业为主线，以大生物医药产业为核心，以健康保健产业、医疗健康服务产业为两翼的高科技国际化企业集团。秉承“追求天人合一，提高生命质量”的企业理念，以“创造健康，人人共享”为使命，致力于打造中药现代化、国际化品牌，大健康产业领航品牌。

打造全产业链质量标准体系，走生态新型智能化工业道路，追求人与环境、企业与社会的和谐发展。天士力大健康六大核心产业板块，构筑集大生物医药产业、中药材产业、健康保健产业、医疗康复与健康管理服务产业、儿童教育文化与健康产业、国际化产业为一体的大健康产业航母。

天士力围绕消费者的健康品质生活需求,积极融合全球资源，打造“六个一”品牌工程，即做好一盒药、一瓶水、一杯茶、一樽酒、一套健康管理方案、一个儿童教育平台。建立“防一治一养一管”一体化的大健康管理新模式，让大健康产品和服务走进每个家庭，更多地惠及大众生活，实现“生得优，育得好，活得长，病得少，走得安”的健康幸福人生。

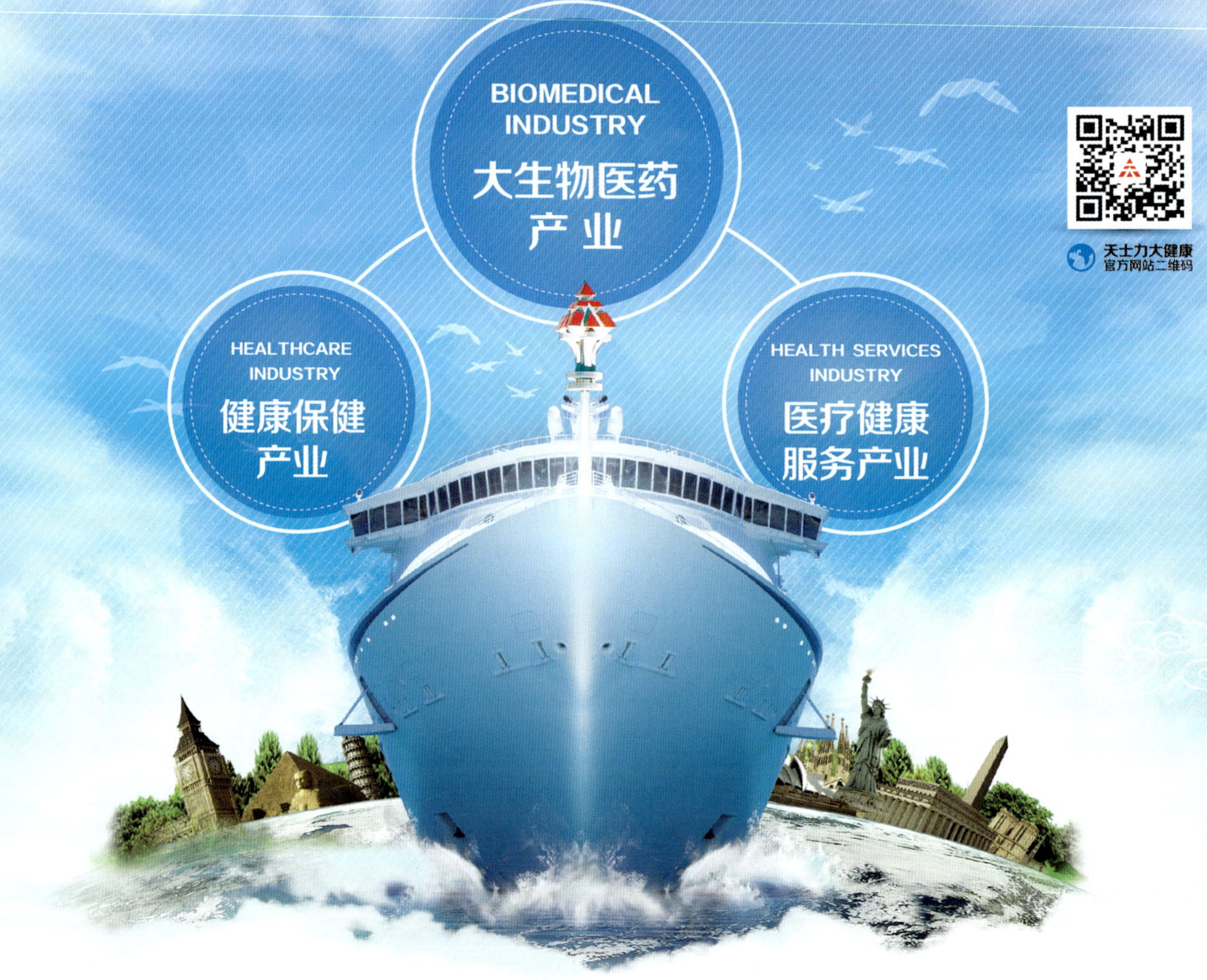

BIOMEDICAL INDUSTRY
大生物医药产业

HEALTHCARE INDUSTRY
健康保健产业

HEALTH SERVICES INDUSTRY
医疗健康服务产业

天士力大健康
官方网站二维码

创造健康·人人共享

TO SHARE THE JOY OF HEALTH WITH ALL

哈尔滨锅炉厂有限责任公司

电站锅炉

环保设备

石化容器

电站辅机

电厂提效改造

核电设备

海水淡化设备

我国电站锅炉、石化容器、舰船动力、环保设备、电站辅机、核电产品、海水淡化及水处理设备等产品设计制造及服务的顶级供应商。

我国最早最大的大型电站锅炉科研与制造基地，设计制造了70%以上各种容量参数的国产首台电站锅炉。

2012年，“哈锅牌”电站锅炉获得“中国驰名商标”称号（行业唯一）。

2013年，荣获“中央企业先进集体”称号。

2015年，高效清洁燃煤电站锅炉国家重点实验室成为电站锅炉行业唯一的企业国家重点实验室。

博士后科研工作站
中华人民共和国人力资源和社会保障部

SKL
高效清洁燃煤电站锅炉
国家重点实验室
State Key Laboratory of Efficient and Clean Coal-fired Utility Boilers
中华人民共和国科学技术部

哈锅-清华大学
联合试验基地

哈锅-哈尔滨工业大学
联合试验基地

哈锅-西安交通大学
联合试验基地

哈锅-浙江大学
联合试验基地

黑龙江省哈尔滨锅炉厂有限责任公司
高效清洁燃煤电站锅炉
院士工作站
黑龙江省科学技术厅

劣质煤清洁高效燃烧
工程技术研究中心
中国机械工业联合会

火力发电劣质煤清洁高效应用
工程技术研究中心
黑龙江省科学技术厅

ZTE中兴

M-ICT时代的使能者
万物移动互联的M-ICT时代，我们敏锐、高效地将信息科技转换为助力产业升级、推动社会进步、触发人类想象力的强大动力；致力于为合作伙伴构筑安全、共享的平台，为用户带来更酷、更绿色、更开放的ICT产品和服务。
中兴通讯股份有限公司
ZTE CORPORATION

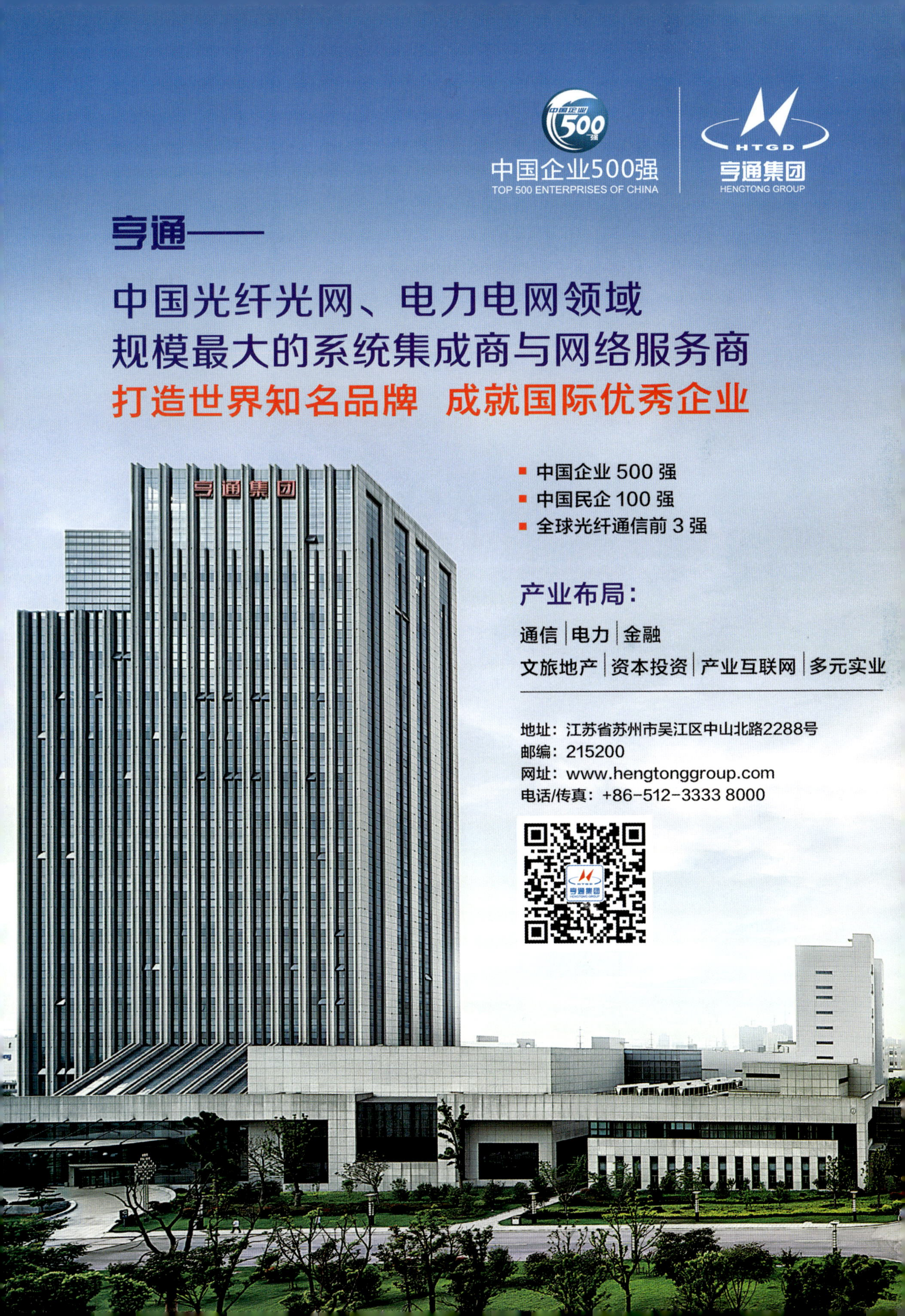

亨通——

中国光纤光网、电力电网领域
规模最大的系统集成商与网络服务商
打造世界知名品牌 成就国际优秀企业

- 中国企业 500 强
- 中国民企 100 强
- 全球光纤通信前 3 强

产业布局：

通信 | 电力 | 金融
文旅地产 | 资本投资 | 产业互联网 | 多元实业

地址：江苏省苏州市吴江区中山北路2288号
邮编：215200
网址：www.hengtonggroup.com
电话/传真：+86-512-3333 8000

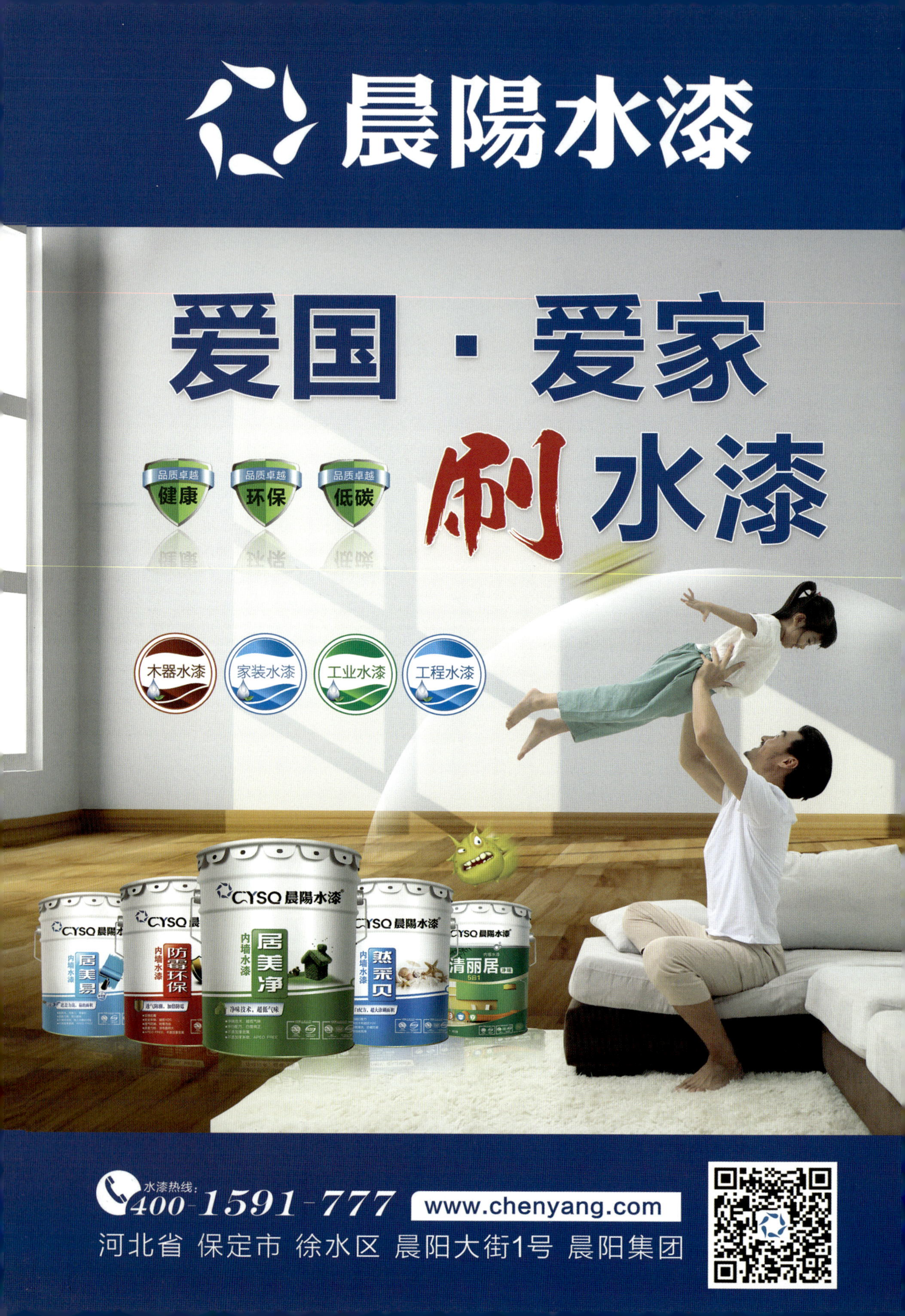

晨陽水漆

爱国·爱家

刷水漆

品质卓越 健康

品质卓越 环保

品质卓越 低碳

木器水漆

家装水漆

工业水漆

工程水漆

CYSQ晨陽水漆 内墙水漆 居美净

防霉环保

居美易

熬采贝

清丽居

水漆热线：400-1591-777

www.chenyang.com

河北省 保定市 徐水区 晨阳大街1号 晨阳集团

引领

中国工业大奖企业经验交流文集

中国工业经济联合会 编
China Federation of Industrial Economies

中国财富出版社

图书在版编目（CIP）数据

引领：中国工业大奖企业经验交流文集／中国工业经济联合会编．—北京：中国财富出版社，2016.12

ISBN 978－7－5047－6343－3

Ⅰ.①引… Ⅱ.①中… Ⅲ.①工业企业管理—经验—中国—文集 Ⅳ.①F425－53

中国版本图书馆 CIP 数据核字（2016）第 290534 号

策划编辑 宋　宇　　**责任编辑** 王　波　李晓奇

责任印制 何崇杭　　**责任校对** 杨小静　　**责任发行** 敬　东

出版发行 中国财富出版社

社　　址 北京市丰台区南四环西路 188 号 5 区 20 楼　　**邮政编码** 100070

电　　话 010－52227568（发行部）　　010－52227588 转 307（总编室）

010－68589540（读者服务部）　　010－52227588 转 305（质检部）

网　　址 http：//www.cfpress.com.cn

经　　销 新华书店

印　　刷 北京京都六环印刷厂

书　　号 ISBN 978－7－5047－6343－3/F·2689

开　　本 787mm×1092mm　1/16　　**版　　次** 2016 年 12 月第 1 版

印　　张 16.25　彩　页　12　　**印　　次** 2016 年 12 月第 1 次印刷

字　　数 277 千字　　**定　　价** 168.00 元

版权所有·侵权必究·印装差错·负责调换

编　委　会

主　　任：李毅中（中国工业经济联合会会长、中国工业大奖审定委员会主任）

副 主 任：路耀华（中国工业经济联合会执行副会长、中国工业大奖工作委员会主任）

荣剑英（中国工业经济联合会执行副会长、中国工业大奖工作委员会副主任）

熊　梦（中国工业经济联合会执行副会长兼秘书长、中国工业大奖工作委员会副主任）

主　　编：高家明

副 主 编：胡旭明　李子源

编　　辑：杜煜坤　高　鹏　尹东杰　孙佳莫芝　赵良军

单金敬　刘景超

序

中国工业大奖是2004年经国务院批准设立的我国工业领域最高奖项，由中国工业经济联合会牵头组织实施。该奖项每两年评选一次，2016年发布的是第四届中国工业大奖获奖企业及项目。

为加强交流和相互借鉴，引导企业全面贯彻落实创新驱动发展战略，着力推进供给侧结构性改革，推动企业的文化建设和核心价值体系建设，我会组织编写了《引领——中国工业大奖企业经验交流文集》一书，重点介绍获奖企业在坚持创新驱动、推进信息化与工业化深度融合，积极培育、大力发展新兴产业，传统产业改造优化、转型升级以及在提质增效、品牌建设、节能环保等方面的突出成绩和成功经验。这对我国工业由大变强、建设制造强国具有重要意义。

该书集中展现了获奖企业的精神风貌，总结和提炼出企业在走新型工业化道路中的生动实践和宝贵经验，内容丰富，语言朴实，可读性强。本书的突出特点主要体现在以下五个方面：

一是突出《中国制造2025》，推进工业由大变强。获奖的企业和项目中，有29家（占39.7%）涉及新一代信息技术、高档数控机床和机器人、航空航天装备、海洋工程装备及高技术船舶、先进轨道交通装备、节能与新能源汽车、新能源新材料等产业。

二是突出转型升级发展。如北新集团建材股份有限公司率先改变行业依赖低价恶性竞争的传统模式，以技术和品牌为引擎，专注于石膏板产业的突破和创新，石膏板产能从中国第三跃居全球第一，成为在技术、质量、效益等方面全面超越世界500强外资同行的自主品牌，走出了一条中国制造业深化供给侧结构性改革、实现提质增效转型发展的道路；黄陵矿业集团有限责任公司创新驱动产业升级、建设智能化矿区，成功应用智能化无人开采技术，实现地面远程操控采煤，解决了国际难题，开创了行业先河，引领了采矿技术发展方向。

三是突出“大众创业、万众创新”。如中信重工机械股份有限公司，组建了18个技术创客团队、2个国际化创客团队和22个工人创客群，并利用“互联网+”发展了一批社会创客群，形成全员创新、协同创新机制，助推企业转型升级。

四是突出绿色低碳和智能制造。如山东如意科技集团，在毛纺、服装、棉纺、印染等纺织领域建设完成具有全球一流的自动化、数字化、智能化的产业示范基地，引导中国纺织业向高端制造转变；国家电网公司——国家风光储输示范工程是世界首个集风力发电、光伏发电、储能系统、智能输电于一体，综合开发利用新能源的创新工程，为解决新能源大规模集中开发难以控制、难以调度的世界性难题提供了“中国方案”，贡献了“中国力量”。

五是突出大国工业情怀。如中国运载火箭技术研究院，以“引领航天、追求卓越”为使命，自主创新，开拓进取，创造出“长征系列运载火箭”等具有国际领先水平的民族品牌；新疆罗布泊钾盐有限责任公司，在生命禁区罗布泊建成世界上最大的硫酸钾生产装置，打破了国际钾肥巨头垄断，让我国农民用上了质量好、价格便宜的优质钾肥。

“十三五”是全面建成小康社会的决战期，是基本实现工业化的关键期。我们希望广大工业企业以中国工业大奖获奖企业为榜样，大力推进供给侧结构性改革，以创新发展为主题，以提质增效为中心，以加快信息化与工业化深度融合为主线，创新发展理念，破解发展难题，在中国特色新型工业化道路上不断前进，为促进经济社会发展做出新的贡献。

中国工业经济联合会

2016 年 12 月 11 日

目　录

引领航天　追求卓越　航天可持续创新发展之路

中国运载火箭技术研究院

一、企业概况

中国运载火箭技术研究院（以下简称一院），成立于1957年11月16日，著名科学家钱学森同志为首任院长，是我国最大的导弹武器系统和运载火箭研制生产基地，目前已形成多型号研制并举、研制和批产并重的科研生产体系，由单纯的军品业务发展成为导弹武器系统、航天运输系统、航天技术应用产业共同发展的产业格局，为航天事业发展、国防现代化建设和国民经济建设做出了应有的贡献。

一院现有13个中央在编事业单位，3个预算内企业单位，6个院属非法人实体单位，3个院级全资公司，4个院级控股公司。院本部包括16个职能部门。一院组织结构如下图所示。

一院按照“一个核心区、三个产品基地、两个生产制造与试验基地”思路进行布局，分布在南苑、怀柔、天津、山西、山东、河北等地区，总占地面积9779亩，总建筑面积185万平方米，固定资产总值134亿元，资产总额874亿元。一院现有从业人员3.16万人，在岗职工2.72万人，其中科技人员占46%，技能生产人员占40%，管理人员占14%。有6位“两弹一星”功勋、2位国家科学技术最高奖获得者、30位院士曾在一院工作过，现有院士8位。

建院五十八年来，一院累计获得国家级科技成果奖励179项，含特等奖11项，一等奖19项；累计获得省部级科技成果奖励3634项，含特等奖3项，一等

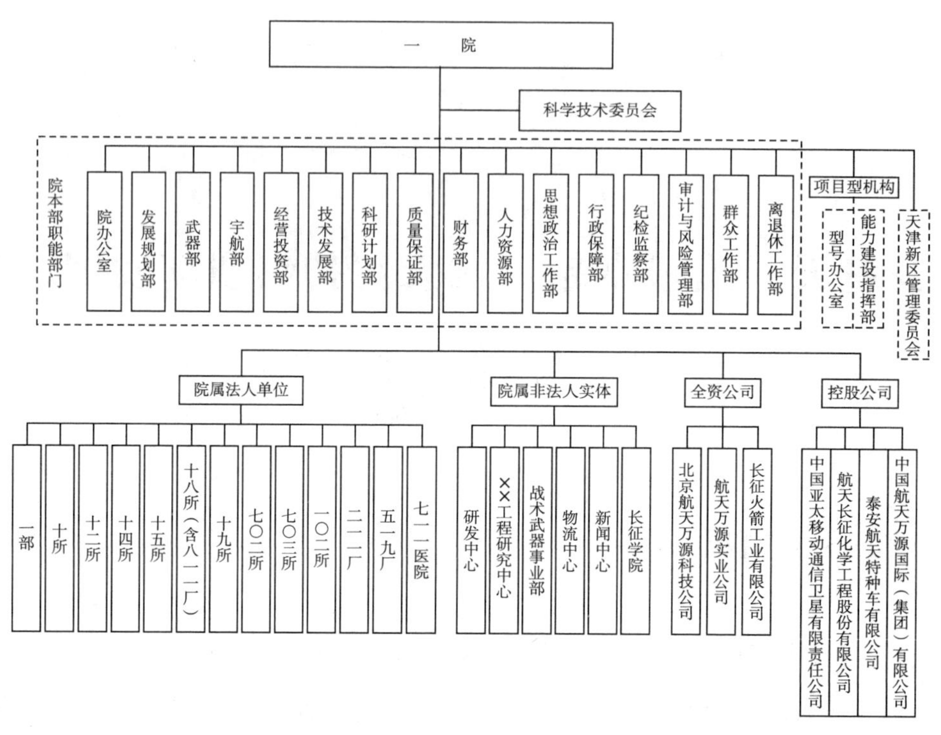

一院组织结构

奖211项；累计授权专利3355件，其中国际PCT（专利合作协定）专利4件，国防专利1670件，普通发明专利409件，实用新型1248件，外观设计24件，计算机软件著作权登记239件。

二、深入贯彻落实科学发展观，坚持走中国特色新型工业化道路，践行社会主义核心价值观，体现以爱国主义为核心的民族精神和以改革创新为核心的时代精神

一院坚持以国家利益为核心，深入贯彻落实科学发展观，走出了一条自力更生、艰苦创业的中国特色新型工业化之路，在不断发展的过程中体现了极具内涵的航天精神。

（一）爱国主义是航天精神的内核

在一院发展历程中，爱国主义是贯穿始终的精神主线，集中体现在一种时

刻以国家利益为先的集体文化，这是一院人内心深处的价值观念，也是中国航天文化的核心要义。高精尖武器研制关乎国家安全，“一切为了祖国、一切为了人民”成为一院人共同的价值观念和行为准则。载人航天等重大工程极大地振奋了民族精神，提升了民族自豪感和自信心。一院人自觉把个人理想与祖国命运、个人选择与党的需要、个人利益与人民利益紧紧联系在一起，始终以发展航天事业为崇高使命，以报效祖国为神圣职责，殚精竭虑、呕心沥血、奋力拼搏，表现出了强烈的爱国情怀和无限忠诚。

（二）自主创新是航天精神的灵魂

中国航天事业的发展不同于民用行业，无法通过市场换技术，也无法走合作、引进、消化吸收再创新的发展道路。在国际竞争的大背景下，航天领域受到极其严密的技术封锁。美国不允许中国发射美国制造的卫星，也不允许发射有美国核心器件的卫星，为中国航天发展制造重重障碍。面临竞争与压制，中国航天事业必须走自主创新之路。也正是得益于自主创新，一院攻克了诸多国际性难题，不仅在一些重要技术领域达到了世界先进水平，而且形成了一套符合我国航天工程要求的科学管理理论和方法，创造了对大型工程建设进行现代化管理的宝贵经验。

三、实现结构转型升级，打造全产业链，对增强综合国力、促进国民经济和社会发展做出的重大贡献

一院是我国最大的导弹武器系统和航天运输系统的总体研制和系统集成企业，航天技术应用产业也得到快速发展，在保障国家安全、建设航天强国、推动经济发展方面做出了重大贡献。

（一）坚持以国为重，攻坚克难，国家重大工程和重点型号任务取得丰硕成果

一院研制的战略导弹武器、战术导弹武器系统实现了从近程、中远程到洲

际的体系化、系列化发展，为我国国防现代化建设做出了突出贡献。一院研制生产的12种长征系列运载火箭，实现了从常温推进到低温推进、从串联到捆绑、从一箭单星到一箭多星、从发射卫星到发射载人飞船的技术跨越，圆满完成了以载人航天、探月工程为代表的重大工程任务和高密度发射任务。

（二）坚持创新驱动，技术牵引，抢占未来发展领域的制高点，带动相关领域的技术和产业发展

一院贯彻“从追赶创新到同步创新再到引领创新”的战略思想，瞄准建设航天强国目标，强化航天装备体系的顶层设计和体系化论证，巩固国内外航天技术领域的绝对竞争优势和核心能力。坚持引领航天技术发展，不断加大前瞻性和创新性投入，实施核心技术发展规划，突破了一大批带有前瞻性、全局性和基础性的关键技术，积极占领未来发展制高点。同时，发挥航天技术牵引的龙头作用，带动相关分系统技术发展。

（三）坚持军民融合，转型发展，实现民用产业加速成长的新局面

把握国家区域发展规划、重大创新工程实施和战略性新兴产业发展机遇，以航天核心技术为基础，大力推进军转民技术的开发和转化应用，煤化工、风力发电、特种车辆、新材料等重大产业化项目呈现加速发展的态势，人工辅助心脏、PET资源循环利用等一批具有市场竞争力的主导产品快速形成，民用产业不断向“市场化、产业化、国际化”方向发展。一院自主开发的粉煤加压气化技术总体水平处于国际领先地位，3D电视转播车国内市场占有率第一，人工辅助心脏项目技术水平达到国际先进国内领先水平，行业领军地位逐步树立。

四、贯彻两化融合，关键领域取得重大突破，拥有关键核心技术和自主知识产权，依靠科技创新提升国际竞争力

一院积极贯彻两化融合发展思路，以IPD协同为核心的全三维数字化研制模式基本建立，基于三维的数字化研发设计能力、制造能力、协同工作能力初

步形成，建立了协同工作机制，搭建了IPT集成工作环境，以三维模型为核心，将设计、工艺、检验、管理融为一体；建立了具有自主知识产权的三维数字样机快速设计平台，总体设计能力提升3倍；实现了从设计到制造的三维模型直接下厂，节约晒图成本95%以上，分发效率提高80%；实现三维数字化装配仿真，减少了80%的人为差错，节约成本30%以上。另外，CZ－5、CZ－7等新一代运载火箭已经全部采用三维协同研制模式。

火箭总装厂作为两化融合的示范企业，完成了两化融合管理体系建设，形成了管理体系。针对关键制造过程开展技术攻关，形成了一套可用于生产φ3350mm和φ5000mm运载火箭箭体结构的工艺技术，实现了箭体结构制造技术的升级换代，提高了我国运载火箭制造水平。在此基础上，型号研制获得了突出成果，共计拥有2543项有效专利（含4项国际专利），发布了国家标准（含国军标）33项、国际标准3项，并获得国家级科技进步奖励5项。

五、经营管理信息化建设成效突出

一院加强经营管理的信息化建设。2006年开始计划管理系统建设，目前全院“一本计划”完全替代了纸质计划，满足院、厂所、车间处室三级计划全过程管理的要求，形成了计划业务管理规范，获得国内项目管理领域认可。2008年开始财务管理系统建设，目前形成了多级法人治理结构下的全院“一本账”和“一套预算”，实现了对全院财务业务的实时监控。院级综合业务协同办公系统实现了集中部署，满足了公文处理、信息简报、工作要点管理、会议管理等日常业务办公需求，初步实现了跨单位办公流程的实时互通。

结合业务需要，一院注重管理效率和效能的提升，积极引进了云技术，创新打造安全、绿色、节能降耗的会议环境，建成无纸化会议系统，大大提高办会效率，有效降低了涉密会议文件丢失风险。

六、航天特色文化铸牢企业根基

一院肩负着彰显民族尊严、维护人类和平的历史重任，“创人类航天文明，铸民族科技丰碑”的使命担当，是一院有别于其他经济效益放在首位企业的文化特色。一院始终坚持从行业和企业在国家大局中所处的地位出发，以宣贯“引领航天、追求卓越”的使命和培育“顽强、毅力、忍耐、坚定”的院魂为核心，努力构筑一院之魂。

在企业文化建设过程中，一院把企业文化建设作为党委发挥政治核心作用的重要方面，赋予思想政治工作部门企业文化建设和管理职能，促进政治工作和文化建设的良性互动。一院企业文化建设注重对精神产品的及时概括、总结和提炼，使之成为规范，进而形成激励和约束机制，实现企业文化与管理制度的深度融合，以文化力推动生产力水平的提高，保障一院科研生产任务的成功完成。

七、质量管理和安全生产达到国际领先水平

一院的质量管理是以型号产品为中心，将质量管理体系与型号产品保证模式有机的结合，形成了融于一体的运行机制。加强型号顶层策划，编制型号质量保证大纲，实行元器件“五统一”管理，严格技术状态控制，开展技术风险、试验充分性、测试覆盖性、“九新”、成功数据包络等分析，完善软件工程化管理，严格执行质量问题“双五条”归零标准，严格重大节点把关。通过上述工作，确保产品质量和发射成功率。2012 年以来，一院共进行了 34 次运载火箭发射，全部获得圆满成功，发射成功率达到 100% 。

一院将“安全发展”作为发展方略之一，树立了“系统安全 · 本质安全”的安全理念，建立了安全生产管理体系，包括组织体系、责任体系、制度体系、风险控制体系、教育体系、监督保证体系等。一院安全工作紧密围绕中心任务，强化红线意识、危机意识，系统策划，严抓责任落实，精心管控，周密组织实施；组织各单位建立了职业健康安全管理体系，并通过安全生产标准化审核。一院每年均组织开展数十次型号任务的发射，组织开展上百次大型地面试验任务，各项科研生产任务均安全进行，安全工作保持平稳发展态势。

八、积极履行社会责任，持续加强绿色生产和环境保护

一院秉承“热爱祖国、以人为本、以诚取信、以质取胜、携手合作”的核心价值观，以及“永不停步、永攀高峰、永保成功、永创一流”的企业精神，积极履行社会责任，在社会贡献、创造就业、社会责任体系建设、依法经营、诚实守信、履行产品质量担保和召回责任、保障职工权益、社会公益等方面均做出了大量努力。

一院在科研生产过程中，始终坚持将节能、降耗、减污为目标，实施科研生产全过程污染控制，减少污染物排放量。“十二五”期间，开展了多项绿色生产改造，取得了良好的经济效益和社会效益。新建186#燃气锅炉房每年减少能耗6000吨标准煤，减少二氧化硫排放75吨，减少氮氧化物排放220吨；投资约5000万元建立的生活区地热水系统，使用地热能替代了电能，减少了二氧化碳排放。一院下属的航天工程公司和万源国际公司，已形成规模化的煤化工设计加工和风电设备制造能力，成为绿色生产的主力军。

一院作为首都环境保护重点单位，高度重视环境保护工作，开展了一系列绿色生产应用实践。一院完成对4个科研生产区废水排放口的在线监测系统建设，并与地方环境保护局监控系统联网，实现废水流量和主要污染物的实时监控。一院二一一厂通过电镀清洁生产审核，对电镀含氰、含铬漂洗水及地面散水从源头实施分流，平均减少废水排放量6169吨/年，减少危险废物45.62吨/年。

九、品牌战略和品牌效益日益凸显

一院持续加强品牌建设，目前拥有CALT、神箭、LM、航天长征等院属品牌，院属单位还持有品牌69项。院及所属单位两级品牌管理的组织机构已经建立，院设立了以院长为组长的品牌工作领导小组，院属所有军民结合单位和专业公司均成立了品牌工作领导小组，保证了院品牌建设与管理工作的顺畅进行。

一院确定了“长征”和“万源”两个公司商号谱系，院公司品牌按照谱系化进行管理；确定了院产品品牌实行归核管理的原则，按照母子品牌构架和品牌分类原则，对产品品牌进行分类管理；制定院品牌管理规定、院公司商号管理办法等管理制度，加强品牌的规范化管理；进一步加强品牌法律保护，探索品牌授权模式，树立航天品牌正面形象；积极宣传与弘扬航天品牌，开展航天成就宣讲22场，利用重大宇航发射活动和大型展会提高航天品牌知名度，一院品牌在2014年第十届珠海航展中得到充分展示，签订采购合同和合作协议金额超过87亿元人民币。

十、国际竞争与国际合作成果显著

近年来，一院坚定地贯彻落实国家“走出去”战略，在开拓军贸产品新市场、寻求发射服务新突破、推动民用产业新发展、提升技术交流新平台等方面加大力度，不断提升国际化竞争力，均取得了不同程度的收获。2014年一院国际化经营收入达到42.39亿元，同比增长301%。其中，军贸国际市场开拓次实现了欧洲市场零的突破，航天技术应用及服务业国际化经营收入连年实现新超越，市场覆盖美国、俄罗斯、欧盟、韩国、印度、以色列、南非、老挝、中东等诸多国家和地区，并在香港、新加坡进行了销售服务网络建设。依托中英航天机电技术联合实验室成立的航天机电系统技术国际联合研究中心获科技部批复，成为一院首个国家级国际联合研究中心。

实施“制高点”战略 走绿色发展创新之路 打造世界级工业标杆

北新集团建材股份有限公司

北新集团建材股份有限公司（简称北新建材）是国务院国资委直属中央企业中国建材集团有限公司旗下 A 股上市公司（000786. SZ），1979 年在邓小平同志的亲切关怀和指示下成立，目前是全球最大的石膏板产业集团和中国最大的

中央企业瘦身健体提质增效
工作简报
第 41 期
提质增效工作领导小组办公室　　2016 年 10 月 22 日

中国建材所属北新建材依托“制高点”战略
打造传统制造业转型发展新典范

近年来，面对建材行业下行压力持续加大、多数石膏板企业亏损甚至关停的困难形势，中国建材集团有限公司所属北新集团建材股份有限公司（以下简称北新建材）率先改变行业依赖低价恶性竞争的传统模式，创造性地提出“制高点”战略，以技术和品牌为引擎，以精益管理为保障，专注于石膏板产业的突破和创新，2005 年以来实现持续稳健快速发展的“黄金十年”：年均净利润复合增长率达 30%，年均净资产回报率超过 20%，利润总额从不足亿元增长到近 17 亿元，增长了近 20 倍，石膏板产能从中国第三跃居全球第一，成为在技术、质量、效益等方面全面超越世界 500 强外资同

— 1 —

2016 年，北新建材被国务院国资委作为“打造传统制造业转型发展新典范”，以专刊形式报国务院领导同志，印送有关部门及各中央企业

新型建材产业集团，2004年以来实现年均30%的净利润复合增长率。北新建材是科技部等部委联合认定的国家级创新型企业，工信部等部委联合认定的国家技术创新示范企业，是全国“两型”企业示范企业、全国十大资源综合利用先进企业、全国专利工作先进单位、全国工业企业质量标杆企业，荣获全国管理现代化创新成果一等奖、全国国企管理创新一等奖、中国最佳股东回报上市公司、全国五一劳动奖状、全球石膏工业突出贡献奖等殊荣。

北新建材以“绿色建筑未来”为产业理念，致力于推动建筑、城市和人居环境的绿色化，制订了“制高点”战略，以品牌建设和技术创新作为战略引擎，以“双线择优精益管理体系”为保障，打造了全生命周期的绿色建筑产业链，为国家节能减排、生态文明做出贡献。北新建材积极发展循环经济、推进绿色制造和智能制造，践行新型工业化道路，是质量、技术和经济效益都全面超越外资世界500强同行的中国高端自主品牌之一，全面推行“投资1亿，净利润5000万”的六星标杆企业计划，走绿色发展、创新发展之路，致力于打造世界级工业企业标杆。

石膏板是一种节能环保的绿色建筑新材料，长期以来是欧美老牌世界500强等百年企业的天下。石膏板是充分竞争、完全开放的普通制造业，国企和民营石膏板企业遍布全国。1996年起，包括世界500强企业在内的多家外资石膏板品牌大规模进入中国市场，中国石膏板的市场竞争日趋白热化。近几年建材行业下行压力持续加大后，石膏板行业低价恶性竞争，多家石膏板国企、外企和民企纷纷亏损关停、转让退出。

北新建材从2004年开始确立石膏板为核心主业，用8年时间从行业第三跃居全球第一，目前拥有覆盖全国的60个基地，石膏板业务规模达20亿平方米。2004年以来实现年均净利润复合增长率达30%，主营业务毛利率达30%，资产负债率降至30%，连续5年按可分配利润的30%进行现金分红，在一个充分竞争、完全开放的普通制造业实现市场份额达50%，打造了一个比世界500强外资品牌卖得贵、卖得好的中国高端自主品牌，彰显了中国工业自信、品牌自信、国企自信。2016年，北新建材被国务院国资委作为“打造传统制造业转型发展新典范”，以专刊形式编印了“中央企业瘦身健体提质增效工作简报”，呈报马凯同志、王勇同志、李克强总理办公室，抄送中央纪委、中组部、国办等有关部门，送国资委有关部门及各中央企业。

一、自主创新转型升级，推动世界石膏板工业创新发展

作为新型建材行业唯一的国家级创新型企业，北新建材多年来专注于石膏板产业的自主创新和技术突破，目前产品质量技术性能指标已经超过外资品牌产品，生产线成套技术装备达到世界先进水平，并且拥有100%自主知识产权。公司的净醛石膏板各项指标远超各大外资品牌，成为北京APEC（亚太经济合作组织）会场和杭州G20（二十国集团）会场指定产品，为国家领导人和全球领导人提供节能环保的会场和住宿环境；公司全球原创研发的相变恒温石膏板被认定为国家级重点新产品，将致力于将建筑本身变成节能储能的调节器。北新建材2009、2010年连续两年被全球石膏板大会授予“年度石膏公司”大奖称号，成为历史上唯一蝉联此殊荣的企业，获得世界同行的认同。2013年，为了表彰北新建材对于引领世界石膏板工业技术创新和产业发展的巨大贡献，将世界石膏板产业中心从欧洲美国转移到中国这样的发展中国家，北新建材被全球石膏协会授予“全球石膏行业杰出贡献奖”。

北新建材每年将销售额的3%～4%用于科技投入，促进研发与企业发展的良性循环。北新建材拥有国家级企业技术中心、国家级中心实验室和十多个专业实验室，设有博士后工作站，并在北京“未来科技城”投资建设23万平方米研发基地（技术创新研发基地与高级人才引进基地）。北新建材建立了完善、合理的科研梯队，并以自有的技术研发机构为依托，借助与各大科研院所的合作，围绕产品端、生产技术端、应用技术端，在总部的研发中心、技术工程部、整合营销部和覆盖全国的60个产业基地等多个层面构建了协同、开放、立体的技术创新体系。

北新建材独立自主开发的“以脱硫石膏为原料的年产3000万/6000万平方米纸面石膏板生产线成套技术”打破了国外技术垄断，并率先在国内推广应用，为燃煤火电厂工业副产品脱硫石膏的高效循环利用提供了新途径。按目前北新

北新建材在北京未来科技城投资建设的23万平方米研发基地

建材20亿平方米石膏板产业规模计算，每年可消纳工业副产石膏2000万吨，折合减排二氧化硫约750万吨，减少碳排放约360万吨，产品替代实心粘土砖可以减少耕地破坏约3万亩，为我国发展循环经济和节能减排事业做出了重大贡献，成为建材行业实施清洁生产的标杆，被列为国家发改委循环经济高技术产业化重大专项。北新建材被评为全国十大循环经济示范企业、全国“资源节约型环境友好型”企业示范企业，成为绿色发展的先行者。

北新建材坚持按国际标准和国际先进标准生产，坚持以超过世界500强外资品牌的标准控制原料品质和产品质量，持续推动中国标准的升级。北新建材是住房和城乡建设部建筑制品技术标准委员会副主任单位，也是唯一一家企业代表出任国家最高标准制定领导机构副主任单位，以主要参编单位身份参与39个国家标准和行业标准的起草制定（修订）工作。北新建材积极研发和推广以“板式复合墙体”为核心的装配式墙体和装配式建筑，大力推进板式复合墙体在各类建筑中的应用，推进住宅产业化，推动我国墙体改革进行到底。

北新建材是建材行业唯一主持了国家“十一五”科技攻关项目的企业，

2016年又作为牵头单位组织中国科学院、清华大学等29家知名高校、科研院所和企业承担了科技部“十三五”绿色建材国家重点研发计划项目“功能型装饰装修材料的关键技术研究与应用”。截至2016年9月底，公司累计申请专利约3000件，授权2287件，申请PCT国际专利15件，已获得授权2件，专利申请量和保有量一直保持全国建材工业企业第一，在高科技企业云集的中关村地区位列前五，被北京市授予“中关村科技园区20周年突出贡献奖”，被确认为第一批中关村国家自主创新示范区标准创新试点单位，2015年被工业和信息化部评为建材行业唯一一家“国家技术创新示范企业”。

二、坚持品牌自信，打造超越外资的中国自主品牌

中国工业要实现从“中国制造”到“中国创造”，必须要打造“中国技术”“中国质量”为基础的“中国品牌”。中国自信需要工业自信，工业自信需要品牌自信。北新建材是建材行业中首家将品牌建设提升至公司战略层面的企业，明确打造高端品牌，不搞低价竞争，以超越外资品牌为目标，着力打造绿色建筑新材料行业的世界一流品牌。北新建材“龙牌”石膏板和轻钢龙骨是中国制造业中为数不多的、比世界500强外资品牌卖得贵、卖得好的中国品牌之一。据世界品牌实验室评估，2016年北新建材品牌价值高达405.28亿元，位列“中国500最具价值品牌”排行榜第75位。

国家重点工程、地标建筑、五星级酒店等对建材质量和技术性能要求极高，这些高端建筑项目往往也是世界500强外资品牌主导，北新建材把抢占这些高端市场作为“制高点”战略的核心战场，首先要在高端市场抢占主导优势。北新建材超越传统建材企业销售产品的层次，为项目提供整套的应用技术解决方案，解决了很多设计院都解决不了的关键节点难题。北新建材“以客户之心为心”，提供全产品全业务全服务链条的增值型合作，与客户结成了利益共同体，实现其他供应商无法提供的客户价值，通过产品、技术和服务，让“龙牌 inside”和“北新 partner”成为客户品质的保障和名片。

从天安门城楼粉刷、人民大会堂墙体吊顶等国家重点工程，到奥运会、世

博会、APEC 会议、G20 峰会等场馆建设，从北京国贸三期、上海中心、深圳平安金融中心、广州西塔东塔、澳门威尼斯人酒店等全国各地第一高楼和地标建筑，到中国工商银行、国家电网、联想、阿里巴巴、腾讯、三星等企业总部，从香格里拉、万豪、凯宾斯基、希尔顿、喜来登等五星级酒店，到奔驰、宝马、三星、华为、大众、富士康等工业厂房，都全面采用北新建材的龙牌系列新型建材。“龙牌”石膏板是中国五星级饭店装饰材料首选品牌（行业唯一），先后荣获“中国名牌”“中国驰名商标”“国家免检”“国家环境标志产品认证”、全国建筑工程装饰奖选材之最、“鲁班奖工程功勋供应商”等多项国家及行业顶级荣誉。荣获国家级建筑工程奖的建筑 90% 都采用了北新建材“龙牌”石膏板系统。

三、“双线择优”精益管理，打造世界级工业标杆

北新建材坚持“审慎投资、稳健经营、严控风险、有机增长”的经营原则，通过持续追求精益管理制高点，不断提升经营业绩和经营质量，努力成为“战略、经营、管理超越外资同行，成本、效率、服务超越民营同行”的国有上市公司蓝筹股，打造世界级工业标杆。

北新建材按照“聚焦 + 协同”原则，将总部职能部门和业务支持部门精简整合，将经营部门组建成以虚拟区域公司为旗舰的扁平化快速反应战斗群。通过改革，公司机构减少 50%，人员减少 30%，全面实现了“小总部、大业务”。目前，北新建材单位产品的人工成本不仅低于外资同行，也低于民营同行企业，劳动生产率领先同行，极大地增强了企业的竞争优势。

为解决“一抓就死、一放就乱”的大企业管理难题，北新建材确立“四个充分”（充分信任、充分授权、充分透明、充分监督）管理理念，探索形成了独具特色的“双线择优”管理模式，既不同于传统的金字塔管理层级架构，也不同于外企的矩阵式管理架构，而是在落实区域公司经营主体地位的同时，在总部设立产供销和项目建设的双线择优部门。通过明确主责部门，不让一个部门“黑匣子”运作，双线部门全程参与、交叉审核，提出竞

争性替代方案。“双线择优”管理模式荣获 2016 全国国有企业管理创新成果一等奖。

北新建材以著名投资人巴菲特旗下的美国石膏公司作为对标企业，努力打造“业绩良好、管理精细、环保一流、品牌知名、先进简约、安全稳定”的六星级企业。北新建材全面推进“投资 1 亿、年净利润 5000 万”六星标杆企业计划，努力在“黄金十年”的基础上再创“钻石十年”。目前，所属全国 60 家基地已有 6 家实现六星标杆企业目标。2015 年，北新建材荣获中国“最佳股东回报上市公司”。

创新引领发展　“智造”驱动未来

亨通集团有限公司

亨通集团，是服务于光纤光网和电力电网及网络建设运营、金融服务、资本投资、产业互联网、文旅地产等多元领域的国家级创新企业，拥有全资及控股公司50家（其中3家公司在上海主板、新加坡和中国香港、印度尼西亚上市），在全国10省市和欧洲、南美、南非、南亚、东南亚设立产业基地，全球30多个国家和地区设立营销技术服务分公司，产品覆盖120多个国家和地区。

矢志创新、勇担社会责任，不仅是亨通的责任和追求，也是亨通核心竞争力的来源。25年来，亨通通过不断加大创新力度，优化产业结构，走高端发展之路，并扎实推进智能工厂建设，加快国际化发展步伐。通过20多年的持续创新，亨通始终保持年均25%以上的发展，并已发展成为中国光纤光网、电力电网领域规模最大的系统集成商与网络服务商，跻身中国企业500强、中国民企100强、全球光纤通信前3强。

一、构筑创新高地，引领企业发展

创新是企业进步的动力，也是企业发展的灵魂。亨通集团董事局主席崔根良指出：“企业唯有不断变革创新，才能让自己立于不败之地；一个企业如果不识变、不应变、不求变，就可能陷入战略被动。企业只有依靠创新，才能实现超越；今天不创新，明天就会落后，后天就会淘汰。”

亨通打造了“以战略创新为前提、以人才创新为依托、以技术为重点、以机制创新为保障、以资本创新为纽带”的全方位创新体系。以技术创新为驱动，以信息化制造为手段，亨通不断提升在中国乃至全球的产业地位。

信息通信是高度全球化的产业，许多核心技术被国外垄断。通信企业要创新，就必须做别人做不成的事，敢走别人没有走过的路。光纤预制棒生产技术是光纤通信领域中最尖端的核心技术，可以说，谁拥有了光棒，谁就拥有了世界光纤通信产业的话语权。2006 年以前大部分依赖进口。国内科研院所从 20 世纪 70 年代开始研制，二三十年下来无果而终，中国光纤通信发展仍受制于人，这不但是亨通向前的一道坎，也是整个行业的痛点。在崔根良的带领下，亨通的研发团队屡战屡败、屡败屡战，经过 1200 多个日夜，终于攻克了这项世界难题，为中国在世界光纤通信领域赢得了话语权。此后，亨通还相继完成了光棒产业化核心装备、制造工艺、控制软件的自主研发，成为中国唯一掌握光棒尖端技术自主知识产权的民族企业，为中国大力发展光纤通讯奠定了雄厚的技术基础，不但结束了国外光纤垄断中国的历史，而且也把光纤网络、互联网建设成本与用户资费降了七成。如今，亨通生产的光棒占据了全球市场的 13%，中国每 4 千米光纤中，就有 1 千米是亨通制造，为我国光纤光网、大数据、物联网、宽带中国、网络强国发展做出了重要贡献。

成功研发光纤预制棒只是亨通坚持创新发展、转型升级战略的一个缩影。这些年来，亨通一次次打破国外技术垄断，掌握了一项项核心技术，创造出一个个具有国际领先水平的高科技产品，自主研发超大尺寸光棒（直径 200mm、长度 6000mm、单棒拉丝长度 15000km）拉丝长度全球第一；全球首推“全波段超低损耗、超长距离、超大容量”光纤通信系统；全国首推 400G 大容量超低损耗光纤，并中标国家“工业强基工程”项目；全国首创 UUA 超低损耗、超大有效面积单模光纤；完成全球首个电信级“大有效面积光纤”陆地光缆（G. 654E）工程应用；巴西亚马逊 OPGW 工程创“大截面、大跨度”两个全球第一；参与世界首条 ±1100kV 特高压直流输电线路工程建设（国家电网昌吉－古泉特高压直流工程，输电电压最高、输送容量最大、送电距离最长）；大长度、大截面、高电压等级海底电缆生产技术突破了世界海缆最高电压等级、最大长度、最大截面技术壁垒；海底光缆国内第一家通过 4000 米水深海试，实际应用水深达8000米；海光缆单根段长315千米更是创造了国内最长海光缆纪录。亨通的产品和解决方案已全面服务于智慧城市及社区、特高压及智能电网、新能源与海洋工程宽带中国、大数据、物联网、移动互联网、高铁地铁及航空航天、国防军工等高端市场高端领域，在国内外重大工程中创造了多项“世界之最”。

依托国家级企业技术中心、重点实验室、院士工作站、博士后工作站等创新平台，亨通已相继承担国家863、自然科学基金项目、国家级科技项目等190余项，参与国家及行业标准制订170余项，拥有国家授权专利2000多项，标准制订和专利数均位居国内同行首位。先后被授予国家科技创新示范企业、国家重点高新技术企业、国家级两化深度融合示范企业、国家火炬计划重点高技术企业、国家工业强基工程企业。

二、定位高端促转型，聚力升级谋未来

当前，随着中国经济进入“三期叠加”的新常态，中国经济已经告别高速增长，开始从投资拉动增长转向创新驱动增长。随着“互联网+”深入推进，“高精尖”产业成为创新驱动的“金钥匙”。习近平总书记多次指出，我国经济发展进入新常态，新常态要有新动力。近年来，亨通确立了“四大转型”（生产研发型企业向创新创造型企业转型，产品供应商向全价值链集成服务商转型，制造型企业向平台服务型企业转型，本土型企业向国际化企业转型）发展战略，大力实施“四大融合”（产业经营与资本经营融合、制造服务与互联网融合、国内资源与国际资源融合、本土文化与外域文化的融合），不断延伸产业链，积极拓展“互联网+”发展新空间，不断布局大数据、物联网、网络安全、智慧社区等新兴领域。

加码量子通信，构筑未来通信蓝图。在中国通信行业，亨通是量子通信领域的先行者。亨通凭借强大的光纤通信研发能力，抓住机遇，积极布局量子通信产业。亨通与中科大（安徽问天量子科技股份有限公司）合作成立江苏亨通问天量子信息研究院有限公司，双方强强联合、优势互补，加快启动量子网络

建设，开拓量子保密通信在特定应用领域的运用，特别针对电力电网、智慧城市、IDC（互联网数据中心）、税务、公安、金融、政务等行业，并对量子保密通信与上述特定通信网络在接口接入、通信协议、功能协同、技术兼容等方面开展技术研发，促进量子保密通信与各行业专用网络的融合发展。此外，亨通还与北京邮电大学共建北邮—亨通量子光电子实验室，开展量子光电子器件前沿研究，开发量子光电子通信核心器件。

高起点迈入大数据与网络安全领域。2015 年，亨通成功收购深圳优网科技有限公司。该公司是国内领先的涉及电信大数据的采集、处理、分析、应用和网络安全的企业，通过收购为亨通持续构建多元化多层次的大数据业务生态圈打开了通道。优网科技已先后完成中国移动全国及部分省区信息安全态势感知统一平台研发与上线运行；为上海迪士尼乐园提供实时网络保障和监控服务；并与 IBM（国际商业机器公司）联合在北京、上海举办网络安全巡展会，共同开发中国网络安全市场。

构建智慧社区/城市应用平台，抢占发展制高点。2014 年，亨通加快业务模式的转型，延伸产业链，先后成立了亨通光网、亨通网智、亨通智慧社区事业部等专业从事宽带接入、智慧城市与智能社区建设及运维的公司，并通过收购具有设计、施工、监理资质的黑龙江电信国脉工程股份有限公司，从而具备了通信网络设计、EPC 工程总包、移动互联网服务等多种能力。2015 年，亨通相继取得了互联网服务提供商（ISP）和苏锡常三市宽带驻地网运营牌照。亨通将搭建智慧社区大数据管理云平台，整合各类智慧应用内容与服务资源，为社区及家庭提供智慧应用综合服务，成为国内一流的智慧社区互联网平台运营服务商。

进军蓝色海洋，迎接海洋通信新时代。亨通是国内极少数自主研发海底光缆、海底超高压电缆的厂商，几年来成功制造出了国内最大长度（245km）的双层内铠铜管结构的海底光缆，取得国际权威的 UQJ、UJ 认证，突破大长度海底光缆铜管氩弧焊连续制造的技术瓶颈，实现了多缆型自然过渡；海底光纤通信系统国内首家实现 4000 米深海试，目前可实际应用于深海 8000 米；公司牵头制定的额定电压 500kV 及以下直流输电用挤包绝缘电力电缆、220kV 海底电缆等国家标准填补海缆国标空白，自主研发的海缆软接头技术获国家发明专利，达到国际先进水平。亨通还与同济大学合作成立海洋工程技术研发中心，加速布局海底观测网和高端海洋装备。为亨通全面、快速进入国际海缆市场，奠定了坚实的基础。

全面构建新能源汽车产业链。亨通与清华大学合作成立江苏亨通新能源智控科技有限公司，围绕“线束—电机—电控系统”以及新能源汽车智能充电桩、充电站的建设运营，加快新能源汽车全产业链布局。

此外，亨通还充分发挥产业链领军企业优势，整合产业资源，积极布局大宗商品电商、产业互联网电商等领域并获取商业模式成功，构筑集团产业互联网业务体系。

三、全力打造“三化企业”，吹响“智能制造”集结号

当“互联网+”大潮席卷而来，当制造业转型走到关键时点，智能制造便成为提升竞争力的重要一环。《中国制造2025》明确提出，通过建设智能工厂，推进中国制造业的全面变革。

为顺应全球智能化科技革命和新一代信息技术与制造业融合，亨通结合“中国制造2025”及“互联网+”国家战略，确立了以“三化促一化，一化带三化”的发展思路，全力打造“三化企业”（“一化”即国际化，“三化”即工厂智能化、管理信息化、制造精益化）。

2013年起，亨通“三化融合智能企业”建设全面启动。在工厂智能化方面，亨通自主开发了具有全球领先水平的光纤、光纤预制棒制造全套自动化装备及控制软件，并被评为全省首批智能化示范车间；在管理信息化方面，亨通正系统推进5大信息系统建设（SAP、CRM、SRM、MES、OA），实现从供应链直至到客户端的信息互联互通；在制造精益化方面，亨通正加快实现柔性化生产、定制化制造，达到成本、质量、服务的最优化，提供全产业链的解决方案和终端运营维护服务。截至目前，亨通已有6个车间上榜“江苏省示范智能车间”，这标志着亨通的智能工厂建设已走在了行业前列。

亨通规划三年内力争同等产能人员减半、效能翻番的目标，实现“能用机器人的不用工人，能用机器手的不用人手”，尽量减少人为误差，通过数字化、自动化、智能化，从源头上实现制造质量的精准控制，并通过打造“工匠精神”，培育职业化“匠人阶层”。

通过高端制造体系的支撑，亨通赢得了更高质量的品牌信誉，先后获江苏省质量奖、中国质量奖、国家质量标杆示范企业、国家出口质量示范企业、全球卓越绩效最高奖，打造了中国质量世界品牌。

四、加速启航“走出去”，争做全球领跑者

中国制造要成为强国，必须走全球化之路；中国企业要发展，必须全球市场定位。

亨通的国际化自2000年起步，十五年来，迈出了市场国际化、资本国际化、品牌国际化“三步曲”。虽然期间遇到了种种困难、曲折和教训，但亨通国际化的信念从未动摇过：企业要发展，必须全球市场定位，国际化是百年亨通的必由之路。

在布局国际化的过程中，亨通确立了国际化“5－5－5”目标，即50%以上的产品销往海外，50%以上的资本为海外资本，50%以上的人才为国际化人才，始终坚持“市场国际化、资本国际化、品牌国际化”“三步走”的国际化方针，充分利用国内国外两大市场、境内境外两类资本、国内国外两种资源。

为顺应“一带一路”国家战略，亨通提出：看着世界地图做企业，沿着“一带一路”走出去。“一带一路”是亨通品牌迈向世界的桥头堡。亨通成功交付代表中国最高制造水平的马来西亚超长海光缆系统；与泰国运营商合作使亨通宽带接入系统在泰国全境推广；在中国电力电缆行业率先通过哈萨克斯坦质量体系认证；携手埃及企业共同擘画埃及智慧能源互联网络建设蓝图；俄罗斯能源部部长诺瓦克亲自向崔根良颁发“俄罗斯能源工程突出贡献奖”。亨通还先后中标巴基斯坦、哈萨克斯坦等多项重点工程项目，涉及铁路、新能源、智能电网等领域，成为当之无愧的“马前卒”。

在“走出去”的过程中，海外并购已成为亨通全球布局的“先手棋”。特别是在2015年年末，亨通在国际市场连出大手笔，先是与印尼最大的线缆上市企业VOKSEL签署股权收购协议，成为其最大股东。在南非、西班牙、葡萄牙，亨通也频频出手，上演一幕幕并购大戏。

经过十五年的经验积累，亨通取得了丰硕成果，先后在欧洲、南美、南非、东南亚等设立8个产业基地，在30多个国家设立海外技术营销服务分公司，在100多个国家和地区注册海外商标，目前业务覆盖到120多个国家和地区。亨通近几年新的增长主要依靠国际市场，海外营业收入连续多年实现每年翻一番。

五、践行绿色发展理念，勇担企业社会责任

25年来，亨通始终以实际行动践行对社会的贡献之责、对利益相关者的共赢之责、对员工的关爱之责、对环境的保护之责，突出绿色发展、循环发展、低碳发展理念，围绕客户的需求持续推进绿色环保技术和产品创新，并始终致力于社会公益慈善事业。

亨通认为，发展经济绝不能以牺牲环境为代价。集团每年都与下属公司签订节能减排技改责任书，把资源消耗、环境损害、生态效益等生态文明建设指标纳入业绩考评体系；在经营活动中积极采取措施，最大限度减少废弃物，防止产生空气污染、水污染及其他污染，安全并负责任地处置废弃物，有效防范各类可能污染物的排放；高度重视企业环境安全工作，在进行风险识别基础上，开展有效的风险防范工作，大力推行企业清洁生产工作；通过ISO 4001环境管理体系认证，积极创建环境友好型企业。

多年来，亨通始终以资源节约与环境友好型企业创建为目标，持续推进节能减排的专项工作和系统性改善，荣膺首批国家五星级能效之星企业，还先后获省市节水先进企业、循环经济示范企业、苏州市“能效之星”五星级企业，二十多款新产品评为“国家绿色环保产品”，气吹微型光缆被工信部授予“中国通信产业绿色节能创新奖”。2016年，亨通研发的“绿色环保型兼容型光交箱”荣膺有“人居环境奥斯卡”之称的“全球人居环境绿色技术（产品）范例”大奖。

在发展企业的同时，亨通始终积极投身社会慈善公益事业和光彩事业，累计捐款超5亿元。先后参与国家民政部“鹤轩安耆工程”，旨在提高江西革命老区敬老院鳏寡老人的生活条件；联合中华慈善总会开展云南少数民族困难家庭儿童先天性心脏病专项救治项目，焕发这些儿童新的生命；参与中国光彩会重庆留守儿童关怀救助项目，开启了社会组织协助政府解决社会留守儿童问题的探索先河；长期致力于残疾人事业，持续实施“残疾人现代家庭圆梦行动”，为2000多名残疾人提供就业，使他们从“家庭包袱”成为“社会有用之人”；持续不断开展爱心助学活动，捐款成立教育基金、援建希望学校、实施“贫困学生就学就业行动”，等等，先后参与扶贫、济弱、助残、敬老、赈灾等三百多项公益慈善活动。亨通成立了由国家民政部直管的、非公募——亨通慈善基金会，致力于社会责任常态化落实，公益慈善活动规范化推进，更好地将善款爱心用到社会上最需要得到救助的弱势群体、特困群体，以引导全社会更多地关注参与公益慈善事业，为推动和谐社会、建设小康社会，尽到企业应尽的责任。

面向未来，亨通将秉承“创新永无止境、创业永不停歇”的发展理念，围绕“四大战略转型”（生产研发型企业向创新创造型企业转型、产品供应商向全价值链集成服务商转型、制造型企业向平台服务型企业转型、本土企业向国际化企业转型），到“十三五”末，力争把亨通打造成为超千亿级、高科技国际化公司，为实现科技强国、制造强国贡献自己应有的力量！

用世界眼光　做民族企业

江苏法尔胜泓昇集团有限公司

法尔胜泓昇集团有限公司（以下简称法尔胜）成立于1964年，是一家以金属线材制品为主，产业涉及光通信、新材料、现代服务业的多元化企业集团，系国家首批创新型企业和国家技术创新示范企业。目前，集团公司拥有控股、参股企业40余家，2015年实现销售收入185亿元，利税12.8亿元，出口创汇3.2亿美元，自1990年以来，综合实力连续26年保持国内同行第一，进入全球第三，并连续多年位列中国企业500强、中国民营企业500强。集团公司成立以来累计入库税金超百亿，引进外资超10亿美元，系“江苏省首届慈善之星”并连续五年蝉联“中国优秀企业公民”称号。集团公司52年的创新发展凝练成“创新、极致、诚信、和谐”的企业精神，目前正朝着“打造具有国际视野的高科技产业集团”的目标而全力奋进。

一、转型升级兴百年

法尔胜50多年的发展，先后经历了从麻绳、钢绳、光绳，再到制造业+服务业的三次“转型升级”：从20世纪60年代末生产麻绳转型为钢丝绳起，法尔胜在金属线材制品行业大展拳脚，先后生产出我国第一条输送带用镀锌钢丝绳、子午线轮胎用钢帘线，出口了第一批输送带用钢丝绳，参建我国第一座悬索桥——虎门大桥等。集团公司在金属线材制品领域相继开发了具有“高、精、尖、小”特色的18大系列800多个品种钢丝、钢丝绳和缆索，广泛应用于航空航天、军工、汽车、机械、海洋、农林、矿产能源、冶金、交通、建筑等领域。目前，法尔胜拥有全球最大的输送带用钢丝绳生产基地、最大的桥梁缆索生产基地、全球领先的精细钢丝绳生产基地、全球领先的轮胎用钢帘线生产基地和中国品种最全的不锈钢制品生产基地，同时法尔胜正在加快“走出去”步伐，把“法尔胜”品牌桥梁缆索推向全世界。法尔胜计划到“十三五”末参与1000座桥梁索结构产品的供应，实现法尔胜的“千桥梦”，为“一带一路”等国家重要战略做出贡献。20世纪90年代末，法尔胜进军光通信行业，开发了光纤预制棒、特种光纤、特种光缆、光器件、光纤传感等产品，广泛应用于国防、航天、安防等领域，成为中国光纤光缆行业十大影响力企业之一。2012年，法尔胜与央企中国普天建立了合资公司，探索新型混合所有制经济，强化了企业发展的内动力。迈入新世纪，企业转型也步入了传统制造业和现代服务业深度融合新的发展模式，新增外贸服务、桥梁建设增值服务、技术和产品研发服务、检测服务等。

近两年来，随着中国经济的结构性调整和全面深化改革，公司致力于从“制造业＋服务业”转为“制造业＋金融＋互联网”的第四次“转型升级”：集团公司成立金融投资事业部和信息中心，从集团层面全力推动主产业与金融、互联网的融合。

五十多年的坚守，半个世纪的跨越，历经四次转型升级，法尔胜以“钢铁”般坚忍不拔的意志和“绳子”般不屈不挠的韧性编织着民族企业的世界经纬。

二、创新驱动谋发展

法尔胜始终秉承“科技立厂、创新兴企”的战略宗旨，争当创新领跑者，长期致力于创新驱动的发展模式，每年投入占企业全年销售收入3%的资金用于科技研发。集团公司早在1991年就建立了行业内第一个专业研究机构——江阴金属制品研究所。目前已建成国家认定企业技术中心、国家金属线材制品工程技术研究中心和博士后科研工作站等研发平台，在推动集团公司创新发展的同时引领行业科技进步。公司制定了包括决策、管理、考核、奖励、标准、专利等在内的完善的创新管理制度和机制。建立以应用基础理论研究和重大核心技术为主要任务的创新核心层，专注新产品、新工艺和新装备开发的创新中间层和以基层员工为主体的基层创新的三个创新层次，实现全员创新体系。集团公司连续18年召开创新大会，通过创新大会对创新工作进行系统规划，奖励在过去的一年中取得突出贡献的集体和个人，并且规定科研项目成果产业化后取得净利润第一年的20%和第二年的10%奖励给项目组成员。

在50多年持续不断的创新实践过程中，法尔胜先后承担国家“十五”重点科技攻关项目2项、国家“十一五”科技支撑计划课题6项、国家863（即国家高技术研究发展计划）课题4项、国防科工委民口配套研制计划课题3项，其他国家科技计划7项，省、市级科研项目40多项。先后荣获国家科技进步一等奖1项、二等奖2项，省部级科技进步奖10多项。公司拥有授权专利462项，其中发明专利87项，并申请PCT专利7项。

五十年磨剑终成锋。法尔胜依托“科技立厂、创新兴企”的理念，不断突破创新，成为产业的先行者，行业的领军者，市场的开拓者，跻身于苏南地区首批、首家国家级“创新型企业”。

三、敢为人先破瓶颈

五十多年的发展历程，法尔胜在坚持企业自主创新的同时，解决了行业发展面临的诸多瓶颈技术和产品，不仅全面提升了金属线材制品、光通信等行业的国际竞争力和话语权，而且为相关产业发展奠定了基础，为国民经济、行业竞争力和地方经济均做出了巨大贡献。

1978年，我国绝大多数的钢丝绳都要从日本、比利时等发达国家进口，由于国外的技术垄断，钢丝绳的下游行业要花高价从国际市场购买钢丝绳产品。法尔胜为了打破这种垄断局面，在车间里搭了一个简陋的塑料棚里作为生产专线，通过多次技术改造和试验，终于摸索出最佳的工艺参数，生产出了与进口产品质量相当的输送带用钢丝绳。法尔胜生产的钢丝绳应用于第一条国产化钢丝绳的输送带中，结束了我国进口输送带用钢丝绳的历史，我国矿山、码头大量使用的输送带终于有了“中国芯”。此后，法尔胜相继研制开发了我国短缺的钢帘线、光缆用钢丝和钢绞线、不锈钢丝绳等 10 多个具有“高、精、尖、小”特色的产品顶替进口，不仅填补了国家空白，还将产品出口到美国、德国、中国香港等 100 多个国家和地区。如今，“输送带用钢丝绳”作为公司的拳头产品，全球市场占有率已超过了 70%，并成功迫使发达国家竞争对手放弃了该产品的研究开发和生产。

进入 20 世纪 90 年代，国家加大基本建设投资，一座座大跨度桥梁横跨大江南北。但大桥的关键材料桥梁缆索用镀锌钢丝、钢绞线由于技术含量高、生产难度大，国内一直无法配套，上海南浦大桥、杨浦大桥所用的镀锌钢丝主要依靠国外进口。面对这一局面，当时已经是金属线材制品行业龙头企业的法尔胜义不容辞地担当了这一重任。1993 年，法尔胜设计开发了国家级新产品——大桥缆索用钢丝，该产品在广东虎门大桥用钢缆的国际招标中，力挫美、英、日、比等十二强国一举中标，为实现大跨度悬索桥主缆、斜拉桥拉索国产化迈出了重要的一步。1998 年，法尔胜设立了专业的桥梁缆索制造公司。此后，法尔胜先后承担国家“十一五”科技支撑计划等多项国家科研计划，以高强度、长寿命、抗风雨激振和智能监测四大核心技术为依托，奠定了法尔胜在该领域的国际领先地位。目前，法尔胜已经建成全球技术最先进、规模最大的桥梁缆索研究和生产基地，公司产品多次刷新世界纪录并大量出口到发达国家，全球主跨前 10 位的悬索桥和斜拉桥中，分别有 6 座大桥使用了法尔胜的缆索产品。目前，法尔胜桥梁缆索占有国内 65% 以上市场份额，国内大型悬拉索和斜拉索桥梁中，90% 使用的都是法尔胜的缆索产品。截至现在，已经承接了国内外 700 多座桥梁的缆索供应，其中包括 62 座海外桥梁，产品远销欧美及亚洲发达国家地区。目前，法尔胜在桥梁缆索领域主持制定的两项国际标准——《桥梁缆索用热镀锌及锌铝合金镀层高强度钢丝》和《悬索桥主缆用预制平行钢丝索股》已在包括美国、英国、法国、日本、意大利、比利时等金属线材制品强国在内的技术委员会征求意见，其中《桥梁缆索用热镀锌及锌铝合金镀层高强度钢丝》将于明后年出版。法尔胜主持制订国际标准，一方面标志着我们在该领域已真正做到了引领全球行业发展，另一方面可以为我们的产品和技术大量出口奠定基础，今后全世界更多的标志性建筑将使用“中国缆”。

2001年，法尔胜了解到决定光纤通信产业成本和性能的瓶颈产品——光纤预制棒在国内必须依靠进口，而发达国家在该方面对我国进行技术封锁，不愿意技术转让。为此，集团公司毅然进军光通信领域，承担国家“十五”科技攻关计划，迅速进行了技术突破并进行了产业化，有效打破了发达国家对该产业核心技术的持续垄断。2003年，发达国家在航天和国防产业惯性制导用保偏光纤生产技术方面对我国实施禁运，法尔胜再次迎难而上，利用其拥有光纤预制棒生产技术的优势，承担国家863计划，成功开发出了系列保偏光纤。如今，神州系列和天宫一号上都有法尔胜生产的保偏光纤，“中国纤”遨游太空壮国威。

四、卓越管理出成效

法尔胜全面推行信息化管理模式，致力推进基础管理与信息化融合，实现管理活动与信息系统一体化运行，建立从合同到回款、从采购到付款、从生产到销售等业务链端到端的标准流程，实现管理效能、经济效益和服务效率的全面提升。在质量管理与品牌建设方面，法尔胜把产品质量作为企业的生命底线，始终追求质量管理放在重中之重的地位。以确保“质量零缺陷”为指导思想，自2005年开始全面推行卓越绩效管理模式，将卓越绩效管理模式与公司的实际情况紧密结合，形成先进、高效、务实的质量管理工作体系。目前，公司及下属企业拥有ISO 9001质量管理体系认证证书20多张，核心企业还通过了JIS产品认证和ISO/TS 16949质量管理体系认证。公司系全国质量管理先进企业，先后获无锡市市长质量奖和江阴市市长质量奖等荣誉，并多次获江苏省质量管理奖。公司生产的“法尔胜”牌金属线材制品至今仍是众多发达国家唯一认可的中国品牌。2004年，公司生产的“法尔胜”牌钢丝绳被评为全国冶金领域首批中国名牌产品；2010年“法尔胜”商标荣获“中国驰名商标”称号；2013年，公司生产的“法尔胜”牌输送带用绳获国家出口免验称号。

集团公司坚持“标准引领发展”的战略思想，先后主持制定国家和行业标准27项并获得“中国标准创新贡献奖”二等奖1项。法尔胜2008年开始承担全国钢标委钢丝绳分技术委员会秘书处，至今已带领国内同行完成了22项国家和行业标准的制修订。法尔胜2011年代表中国承担国际标准化组织钢丝绳技术委员会（ISO/TC 105）秘书处，是我国仅有的几个由企业独立承担国际标准组织秘书处的单位之一，先后在中国、英国和美国三次主持召开国际标准化会议。目前，公司正在主持制订国际标准2项，并指导国内同行修订国际标准3项。

五、绿色制造可持续

绿色发展不仅仅是绿化美化和清洁生产，还是节能降耗、控制排污、循环利用的可持续发展。法尔胜主要成员均通过环境管理体系认证，严格遵守国家环境保护法律法规，申报备案的每个项目全部通过环保局组织的验收。公司将节能降耗与加速装备更新、技术改造和工艺创新结合起来，万元产值能耗仅为0.1679吨标准煤，远低于工业企业万元产值能耗1吨标准煤的平均水平，企业“三废”全部达标排放，并且回用率高达80%，废气、固体废弃物都得到了妥善处理，避免环境污染。公司利用国家金属线材制品工程技术研究中心的平台技术优势，积极开发水浴淬火、废润滑液处理等节能环保新技术和各类智能装备，实现无污染生产并大幅度降低工人劳动强度，提高能源效率，并且将有关节能环保技术向行业推广，为全行业的节能减排提供技术支撑。法尔胜成功创建了绿色节能型企业，荣获了“江苏省节水型企业”“江苏省职工节能减排先进单位”等多项省级荣誉。

在当前新常态的中国经济下，经济发展将实现“制造业2025”和“互联网+N”服务业有机对接、金融产业和科技产业携手联姻、信息化和新型工业化深度融合的服务新时代。法尔胜，作为中国千千万万工业企业的一员，未来将继续坚持创新驱动发展的核心理念，继续推进传统制造业向智能制造转型，继续推进制造业与金融、互联网的深度融合，努力打造一个以科技创新为支撑、担纲责任为己任、和谐共荣为目标的具有国际竞争力的现代化百年长兴企业。在振兴民族工业的百年征程上，在法尔胜打造千亿级企业集团的恢宏长卷上，浓墨重彩地写下真正属于法尔胜人的华美篇章！

坚持创新驱动　打造中药国际化的“升级版”

天士力控股集团有限公司

党的十八大提出，要实施创新驱动发展战略，强调科技创新是提高社会生产和综合国力的战略支撑，必须摆在国家发展全局的核心位置。党的十八届五中全会把“创新发展”放在五大发展理念之首，提出创新是引领发展的第一动力。国家“十三五”规划中，全面贯彻了创新驱动的作用，把发展基点放在创新上，推动全方位创新。

推进健康中国建设，是国家在“十三五”时期的重大战略举措。“十三五”规划也提出，“促进中医药继承与发展”。在这一战略引领下，中医药展现出前所未有的开放性、融合性、持续性和适应性，这一文化瑰宝的魅力受到越来越深度的关切。让中医药走向现代化、走向国际化，正展现出中华民族对中医药的强大自信心和坚定性。

面对新形势、新机遇，天士力对现代中药产业的发展思路也更加清晰，用“现代话”与“现代化”的融合，推动中药国际化标准，带动全产业链提升，就是应用现代科技手段和方法，经过现代实验科学的深入研究和临床验证，实现中药的循证性、追溯性、可靠性，并转化成“现代话”（科技语言、数字语言），推动现代中药走向国际主流医药市场。

20 世纪 90 年代中期，国家倡导和推动中药国际化战略，天士力积极响应，从 1996 年开始，现代中药复方丹参滴丸申报美国 FDA（美国食品药品监督管理局，简称 FDA），经历了从探索、坚持、创新，到实践、积累、再创新，取得了一系列创新成果和发展成就，带动了天士力产品研发、先进制造和技术创新的全面升级，使传统中药发生了脱胎换骨的变化，实现了中药数字化、标准化、国际化的重大突破。

一、中药国际化：一路坚持，矢志不移

中药国际化是一个不断探索的过程，在这个过程中，要依据疾病谱的变化和国际市场的不同需求，力求分类突破、分类普及、分类覆盖；在不同类别的市场区域中，找到定位，找到路径，找到突破口，创造国际化之路的新模式。

天士力的中药国际化采取“三步走”的战略。第一步“走出去”，就是要走出国门，体现中药产品和中药企业的一种创新精神；第二步“走进去”，就是要实现中医药科技和标准的国际化对接，实现技术升级，使中药真正成为“国际药品”；第三步，“走上去”，走上高端市场，成为国外医生、患者和医保机构都能够接受并使用的临床一线用药。通过这三个步骤，中药才能通过国际药政注册，达到技术标准接轨，语言文化无障碍，产品有亲和力，消费者有信赖感。

1. 让中药“走出去”，直面国外消费者

天士力以应用传统药物比较广泛的东亚、东南亚地区以及经济欠发达、医药资源紧张的非洲地区为主，建立国际营销体系，在区域市场搭建中药企业和中药产品走向世界的通路，因为这些国家或地区有应用传统药物的历史，对天然药物有较高的认同感，人均医疗保障水平低，对“简便验廉”的天然药物有较强接受性。

截至目前，有复方丹参滴丸、养血清脑颗粒、荆花胃康胶丸、穿心莲内酯滴丸、复方蒿甲醚片、藿香正气滴丸 6 种药物作为处方药，进入俄罗斯、古巴、蒙古、越南、菲律宾等 8 个国家；复方丹参滴丸作为非处方药，进入韩国、阿联酋；复方丹参滴丸、藿香正气滴丸、柴胡滴丸、人参胶囊、天美素胶囊、复方虫草胶囊、天士茶等产品作为中成药，进入新加坡和中国香港地区。护心丹、养血清脑颗粒作为补充药、草药制剂或食品补充剂，进入南非、尼日利亚、贝宁、科特迪瓦、乌干达。在不同地区，中药作为处方药、OTC 药（非处方药）、

传统药、食物补充剂销售，积累针对不同地域、不同种族人群的市场认可度和临床应用效果。

2. 让中药“走进去”，进入发达国家主流医药市场的研究和注册体系

“走进去”，就是要让中药获得欧美发达国家药政机构的许可，这是一个技术、标准接轨的过程，也是文化、习惯融合的过程。宏观上讲，中医药是“实践医学”，西医是“实验医学”，欧美国家和地区长期推行的是“实验医学”，具有严格的药政审批标准与流程，把传统“实践医学”的中药产品通过科技手段，挑战西医的标准“极限”，达到数字化、标准化，提高现代中药的“含金量”，使现代中药与化学药、生物药构成世界医药体系三足鼎立之势，是我们这一代人的历史责任。

天士力的中药国际化走过了一段艰难曲折而又坚持不懈的历程。从 1997 年复方丹参滴丸第一个作为复方中成药制剂通过美国 FDA IND，到 2009 年顺利完成Ⅱ期临床试验，天士力通过十余年艰苦卓绝的努力，取得了中药国际化的历史性突破：创新了一种研究方法，突破了一些研究瓶颈，搭建了一个研究平台，建立了一条对话通道，锻炼了一支人才队伍，创造了一个药物新剂型。2010 年 7 月，美国 FDA 充分认可复方丹参滴丸的研究结果，同意进入Ⅲ期临床试验。2016 年 3 月，现代中药复方丹参滴丸在全球 9 个国家和地区的 127 个临床中心顺利完成美国 FDAⅢ期临床试验，进入数据统计和新药申报准备阶段。这是全球首例完成 FDA Ⅲ期临床试验的中药复方制剂，对中药国际化事业具有里程碑意义。

3. 让中药“走上去”，走向产业高端，走向临床一线

“走上去”的过程，就是要使现代中药成为国际临床一线用药，成为医生和患者都能接受和使用的药物，能够被医保机构接纳，进入医疗保险用药目录体系。

“走上去”的过程，既是现代中药全产业链优化升级、带动先进制造全面提升的过程，也是天士力人推动中医药文化、品牌走向国际化，带动传统产业走向高端产业，服务人类健康的目标所在。

二、中药国际化带动产业升级

在现代中药复方丹参滴丸国际申报的过程中，我们体会到，国际社会的药政部门，比如美国 FDA（食品和药物管理局），对中药的国际申报态度是积极的，评审过程具有开放性、探讨性、互动性；对现代中药评审标准的制订是科学、严谨的，与化学药的审批同等对待，尊重临床效果，以临床的安全性、有效性作为评价依据；重视方案设计、系统控制和临床效果，在原则问题上非常严格、没有讨论的余地，在具体问题上，策略是灵活的，可以探讨、争论、协商。

天士力国际化研究，是以大平台为基础，持续推动多产品的国际化。截至目前，天士力的国际化研发项目达到 13 项，其中重点项目 8 项，主要分为面向申报美国 FDA 的国际化研发项目，以及面向欧盟申报的研发项目。柴胡滴丸、芪参益气滴丸、藿香正气滴丸、穿心莲内酯滴丸、水飞蓟宾胶囊已经注册批准成为加拿大天然健康品。2016 年 1 月，天士力的丹参胶囊顺利获得欧盟植物药品注册批件，成功以药品身份进入欧洲市场，揭开了中药进入欧盟市场的新篇章。基于天士力国际化研究水平的突破，2015 年 10 月，天士力成功获批国家科技部“创新中药关键技术国家重点实验室”，为创新中药研发、中药国际化奠定技术支撑平台。

天士力国际化的研发实践，为国内其他中药企业提供了示范。在国家中医药管理局指导下，天士力与 12 家企业、6 家科研院所联合，以市场化模式，搭建中药国际化科研平台——中医药世界联盟。目前已有 7 家单位 8 个产品依托联盟的力量进入国际申报，形成中药国际化的集团军。

现代中药国际化研究带动了多组分药物质量控制标准体系的建立。以组分中药作为主要研发模式，从 FDA Ⅲ期临床研究和 CMC（Chemical，Manufacturing and Control，化学、制造和质量控制）研究，始终紧紧围绕着“安全、有效、质量一致”的主题，取得了重要突破，达到了有效物质基础一致性，质量评价的一致性，临床疗效的一致性。

贯彻“质量源于设计”的理念。按照ICH（人用药品注册技术要求国际协调会）和美国FDA的指南，将药品的生产质量控制体系，在研发阶段就进行设计，予以规划。

基于质量管控风险。本着“基于风险”和“基于科学”两大原则，项目中的工艺变更、标准变更和设备设施的变更，都力求避免产品质量风险。关键质量属性和关键工艺参数的确定，都基于产品工艺过程的风险管控。

强化过程控制。药材、辅料、内外包装材料以及工艺过程中所用溶剂和物料，都在风险评估的基础上，采用全面质量管控，达到法规要求。

实施全面验证。按照产品生命周期设计进行验证，从“纸工厂”到新车间建设运行，从技术转移到工艺验证，实现全覆盖，从而实现流程管控和精益生产达到标准化。

从源头保障药材质量。将道地药材与数字科技相融合，将中药材电子交易、中药材第三方检测和产品溯源三大核心功能进行融会贯通，破解了中药产业链的“瓶颈”。天士力与河北省安国市共建安国数字中药都，将传统药都赋予现代科技、数字概念，实现中药材运营数字化、标准化、国际化。目前一期工程已完成配套设施和招商工作，开始运营。该项目为省部联建重点工程，列入京津冀协同发展示范项目。

国际化带动了中药制药技术和制药装备的创新。根据标准化、规模化、智能化的要求，天士力确定了技术升级目标、升级路线和升级标准，逐步打造出与国际标准接轨的现代中药先进技术制造平台，实现装备数据集成化、智能化，保证了制药技术数据的完整性。2015年4月，天士力顺利通过现代中药制造领域数字化创新生产能力“两化融合管理体系”认定，成为全国首批、天津制药行业首家通过认定的企业。

创造微滴丸胶囊新剂型及其制剂装备，微滴丸高速滴制与深冷气体成型技术与装备，建设了全新的提取数控模型与智能生产线，实现现代中药生产和质控等关键技术的突破，使产品达到科技内涵丰富、质量安全可控、标准体系完备、制造全程追踪、数字系统精准的要求。2016年1月获批国家发改委“中药先进制造技术国家地方联合工程实验室”。

2016 年 10 月，国家发布《健康中国 2030 规划纲要》，明确提出，要充分发挥中医药独特优势，加快打造全产业链的跨国公司和国际知名的中国品牌，推动中医药走向世界。天士力将在国家战略的引领下，整合国内资源，推动中医药产业进入国际医疗终端市场，真正从市场化实现中医药走向世界，人类共享。

打造“四个示范”　实现绿色强企梦想

黄陵矿业集团有限责任公司

黄陵矿业集团有限责任公司位于陕西省延安市黄陵县店头镇，是陕西煤业化工集团所属核心骨干企业，始建于1989年9月，现已发展成为煤、化、电、路、建筑建材、生态农业等产业多元互补、循环发展的大型现代能源化工企业。公司有四对矿井，总产能1600万吨；有年产260万吨焦炭、50万吨化产的煤化工园区；总装机容量730MW的煤矸石电厂；年运输能力2000万吨、长50千米的铁路专用线；年产100万吨粉煤灰水泥厂和年产1亿块粉煤灰制砖厂；正在建设2×660MW，规划建设2×1000MW燃煤电厂。目前，公司总资产255亿元，员工10000余人。

作为全国文明单位，黄陵矿业认真学习习近平总书记系列重要讲话，以“四个全面”战略布局为统领，牢固树立“五大发展”理念，奋力打造企业文化、循环经济、精细化管理、和谐发展“四个示范”，实现绿色强企梦想，为我国煤炭工业和社会发展做出了重要贡献。

一、以创新发展的理念助推产业升级

公司以煤炭绿色安全高效开采和清洁高效利用为主线，依托两化融合、全员创新实现产业升级。

（一）“两化融合”推动智能化矿区建设

公司积极探索“互联网+煤炭产业”新模式，建成全国一流的数字化生产控制指挥中心、信息化集成和 BQ 商业智能平台，实现采掘机运通等主要生产系统远程控制和能源互联网交易。成为国家首批“两化”融合先进贯标单位和陕西省“两化”融合示范企业。

（二）全员创新驱动企业发展

公司建成绿色安全高效开采工程研究中心，开展全员创新。“十二五”期间，144 项科技成果达到国际、国内领先及先进水平；183 项职工创新成果获得国家专利。公司成为全国首批“机械化换人、自动化减人”示范企业。

（三）多项技术填补国内空白

（1）智能化无人开采技术填补国内空白。2014 年，公司在国内率先实现地面远程操控采煤常态化，达到国际领先水平，入选 2014 年中国煤炭行业十大新闻和六大技术创新成果；2015 年，全国煤矿自动化开采技术现场会在公司召开；2016 年，我国首家煤矿智能化开采技术创新中心落户黄陵矿区。

（2）建成全国最大的焦炉煤气制甲醇项目。2013 年，公司建成 30 万吨焦炉煤气制甲醇项目，解决了焦炉煤气空排或“点天灯”造成环境污染的问题，对促进我国新型煤化工产业发展具有重要意义，入选 2013 年中国矿业大事记。

（3）建成全国首台套汽轮机带动压缩机生产液态氨系统。2014 年，公司建成 10 万吨汽轮机带动压缩机合成氨项目，实现了工业烟气零排放，该项目充分利用富余蒸汽，每台机组每小时可节约 800 多元，仅此一项每年可节约成本 693 万元。

（4）建成西部最大的煤矸石发电项目。2015 年，公司采用两台 1057t/h 亚临界循环流化床锅炉和直接空冷凝气式汽轮机，建成 2 × 300MW 煤矸石发电项目。按照 5000 小时/年计算，每年发电约 30 亿度，年产值约 11 亿元，可实现利润 2. 7 亿元。

二、以绿色发展的理念引领传统能源企业转型

公司积极转变发展方式，在生产侧，研究探索绿色高效开采技术，节约有

限资源；在消费侧，实施清洁利用、超低排放，实现黑色煤炭向绿色发展转型。

（一）实施绿色开采，提高资源回收利用率

公司先后经历了房柱式开采、综采、大采/高600万吨综采、智能化开采四个阶段。通过改变采煤工艺，使工作面回采率达98%，盘区回采率达82%，居全国领先水平。通过推进绿色开采研究，加大沿空留巷、快速掘进、无尘化开采等科技攻关力度，解放劳动力、改善作业环境、提高资源回收率。

（二）发展循环经济，实现煤炭清洁高效利用

公司建成“煤炭洗选—精煤炼焦—焦炉煤气制甲醇—驰放气制合成氨”和“煤炭洗选—煤泥煤矸石煤矿疏干水发电—发电灰渣制建材”两条产业链，实现煤炭资源有效价值的“吃干榨净”，固体废弃物与废水的“零排放”，气体的达标排放。公司被评为全国资源综合利用十佳企业、联合国清洁煤技术示范和推广企业等荣誉称号，所属两对矿井均被评为中国最美矿山和国家级绿色矿山建设试点单位。

三、以高效发展的理念深化企业改革与管理创新

面对经济新常态，公司以社会主义核心价值观为引领建设企业文化，以精细化管理提升企业发展质量与效益，使企业始终保持良好的发展态势。

（一）建设企业文化，践行社会主义核心价值观

通过“举旗、铸魂、塑形、固本”，公司形成了企业文化的理念、行为和视觉三大识别系统，完善了安全文化、质量文化、廉政文化等分支文化。以社会主义核心价值观为引领，深入开展社会公德、职业道德、家庭美德、个人品德“四德”教育，涌现出全国劳模曲志欣等先进人物。2015年，陕西省企业培育和践行社会主义核心价值观现场会在矿区召开。

（二）推行精细化管理，探索集约高效发展之路

公司分六个阶段实施精细化管理：实行 ABC 三卡考核、推行“三工”转换的基础阶段；人本精细化管理六项要素的修炼阶段；“5 + 5”岗位管理文化品牌的建塑阶段；岗位价值精细管理模式的实践阶段；五精岗位、五精现场的打造阶段；岗位自主管理的实现阶段。通过推进精细化管理，达到了岗位增值、员工增收、企业增效、保障安全的目的，被中央政治局委员、中组部部长、原陕西省省委书记赵乐际称为“真正体现了人人都是经营者，岗位都是利润源”。

（三）坚持质量与名牌战略，塑造行业知名品牌形象

公司坚持以客户为中心、以市场为导向，率先提出“煤炭定制化”营销策略，使企业由“采什么卖什么”向差异化的“定制产品”提供服务商转变；率先构建严格的质量管理体系，建成具有国内一流水平和国家级认证资格的煤质检验中心；率先提出向客户提供零距离服务，对用户的质量异议做到省内 12 小时，省外 48 小时到达现场处理。“黄灵”煤和“黄灵一号”两个品牌被列入国家免检产品。

四、以安全发展的理念筑牢企业发展根基

黄陵矿业涉足煤、化、电、路四大高危产业，公司通过实施“四线”安全管理法，推动高危产业向本质安全型转变。

（一）强化红线意识

按照习总书记“红线意识”的要求，树立“安全至高无上”理念，坚持“安全才能生产，生产必须安全”原则，使“安全为了自己、依靠自己、需要人人负责”成为共识，确保了企业长治久安。

（二）坚守底线思维

坚持灾害治理不达标不生产，进一步提高安全管理标准，将隐患视为事故，消灭在萌芽状态。所属矿井全部达到国家一级安全质量标准化水平，一号煤矿被评为全国煤炭工业特级安全高效矿井。

（三）加强一线管控

积极推行“双险双控”“机环双检”安全管理，倡导岗位安全自主管理，堵塞管理漏洞；实施无尘化开采，创造良好生产环境，加强劳动保护和职业病防治，保障职工身体健康，杜绝了尘肺病的发生。

（四）确保防线牢固

将现场作业过程控制与“干部走动式管理”等安全管理措施相结合，坚持党政工团齐抓共管，建立专职家属协管员队伍，筑牢安全生产防线。公司连续四年实现安全零死亡、瓦斯零超限、生产零伤害“三零”目标。

五、以协调、共享发展的理念履行国企社会责任

公司认真履行社会责任，推进企业与地方、企业与员工、企业与青山绿水的和谐共融。

（一）建设生态文明，保护圣地碧水蓝天

坚持经济发展与生态建设并重，走出了一条“煤矿不见煤、采面不见人、矸石不排放、废水全利用”的低碳运行模式；与地方政府共同投资 10 亿元，对“一河两岸”进行系统治理，改善沮河水质，优化了周边环境。

（二）坚持全员共享，提升职工幸福生活指数

大力建设民生工程，建成大学生公寓、职工公寓及 31 栋住宅楼，1845 户职

工喜迁新居；小区配套建设了幼儿园、生活超市、文体中心等公用设施，使职工行有车、住有房、乐有场、难有帮。公司荣获全国煤炭系统和谐社区建设先进单位。

（三）实施企地共建，支持老区统筹城乡发展

累计投资近3亿元改造交通道路、建设水利设施；投资1亿多元建设的南河寨移民新村成为黄陵县新农村建设示范村；投资建设储存能力5000吨的生态果蔬中心，解决了黄陵果蔬储销难题；帮扶的8个村近两年人均增收超过1000元，被授予陕西省“千企千村”帮扶先进单位；与地方政府共同投资25亿元建设污水处理厂等21个基础设施项目，使身处边远山区的职工群众能够同时享受山水乡恋与城市文明。

“十三五”期间，黄陵矿业将按照“升级转型、创新驱动、安全高效、和谐幸福”的工作方针，坚持走新型工业化道路，实现安全高效创新发展，切实把矿区建成职工干事创业的乐园、成长成才的校园、幸福生活的家园，使黄陵矿业人岗位自主、学习自觉、生活自信、人生自豪，努力彰显国有企业在经济发展中的影响力和带动力。

源于制造　超越制造　以绿色智慧驱动美好未来

陕西鼓风机（集团）有限公司

陕西鼓风机（集团）有限公司（以下简称陕鼓）坐落于“一带一路”的起点上，是中国重大装备制造的龙头企业，中国风机行业的排头兵，也是能量转换领域的领先企业。

作为分布式能源领域的系统解决方案商、系统服务商和系统集成商，通过多年来持续的深化转型，陕鼓的系统解决方案和系统服务已覆盖“能量转换设备制造、工业服务、能源基础设施运营”三大业务板块，支撑着石油、化工、冶金、空分、电力（包括核电）、城建（地铁）、环保、制药等国民经济支柱及城镇化建设产业的发展。陕鼓先后六次荣获国家科学技术进步奖，被评为“在振兴装备制造业工作中做出重要贡献”的单位，并获得“中国工业大奖提名奖”、“全国五一劳动奖状”、“全国质量奖”、“中国质量奖提名奖”、国家首批“工业品牌培育示范企业”等荣誉，连续11年入选中国工业企业行业排头兵。

在发展过程中，陕鼓把脉市场趋势，践行“两个转变”战略（从单一产品制造商向系统解决方案商和系统服务商转变，从产品运营向品牌经营和资本运营转变），通过“同心圆”放大，率先打造制造服务业，取得了积极的发展成效。近年来，中国经济从高速增长步入中高速增长，在经济结构不断调整、市场变化加剧的“新常态”下，陕鼓呼应国家“一带一路”和《中国制造2025》战略规划，直面挑战，在持续深化企业“两个转变”战略转型中，创新思维、深化变革、主动作为，推动供给侧结构改革，成为我国装备制造业转型升级的一面旗帜。

一、“两个转变”显成效

随着国民经济的快速发展，当基础工业发展到一定成熟阶段之后，服务将是流程工业发展的未来需求。陕鼓早在20世纪末就认识到，国际一流企业的今天就是陕鼓的明天，转型是企业发展迫切且必由之路。

基于对用户需求、市场趋势的判断，基于对国外同行发展趋势的分析和打造陕鼓核心竞争能力的考虑，2005年陕鼓做出了战略转型的抉择，开始从“单一产品制造商向系统解决方案商和系统服务商转变；从产品经营向品牌经营、资本运营转变”的探索。

“同行都在干的，我们尽量少干或不干，我们选择满足市场需求但同行所不为的，聚焦高端，走差异化竞争之路，实现企业‘源于制造、超越制造’。”陕鼓集团董事长印建安这样说。

十余年转型，陕鼓实施一系列体制机制创新、股权化结构改革，以及“去行政化、归零赛马”等内部系列管理变革，持续深化国企改革。通过“有所不为，有所作为”，放弃了设备维修、铸造等18个非核心业务环节，并围绕市场需求，进行重心转移，新增并强化工程、气体运营等18种核心业务，通过“同心圆”放大，进一步强化了高端价值链能力建设。其目的是要突破行业边界，从而满足和引领客户需求，提升企业经营质量和抗风险能力。

持续转型使陕鼓形成了“能量转换设备制造、工业服务、能源基础设施运营”三大业务板块，保持了良好的发展态势，截至2016年9月，陕鼓产值已占到全国风机行业13.14%，利润名列行业前茅。陕鼓工业服务和能源基础设施运营板块实现销售订货已占到总订货量的70.89%，企业经营质量持续提升。

同时，陕鼓转型实践也得到了社会各界认可。2013年，陕鼓作为装备制造业转型升级的典型代表，入选新中国成立以来第一部记录我国装备制造业发展历程的央视大型纪录片《大国重器》。2014年，工信部部长苗圩来陕鼓调研后指出：陕鼓突破了卖产品的模式，转向卖服务，为用户提供解决方案，这种制造业服务化的思路好、定位准。陕鼓品牌影响力进一步增强，已入选中国品牌500

强，成为工信部首批“工业企业品牌培育示范企业”。

二、聚焦“新风口”发力分布式能源

经济发展新常态下，一方面，传统领域产能过剩；另一方面，互联网思维下的消费升级，“喝牛奶的人不再养牛”，用户需求向专业化、个性化的系统解决方案转变；与此同时，随着工业化和城镇化进程的加快和节能环保要求的不断提升，分布式（可再生）能源的利用和发展已成为落实国家能源结构调整，推进供给侧改革的着力点。这催生出分布式能源产业的亿万级市场，使之成为解决新常态下工业领域节能减排矛盾及能源高效利用的有力抓手。

陕鼓深刻认识新常态、构建新思维、推行新举措，从供给侧结构改革入手，用系统化思维进行顶层设计，聚焦分布式能源产业进行能源供给侧结构创新，推进企业的第二次战略转型，将企业从百亿产值的风机行业拉动到分布式能源领域的万亿市场“新风口”中。

为推动能源供给侧结构性改革，陕鼓积极整合资源，在流程工业升级改造、综合能源智能一体化园区建设、垃圾固废处理及生物质发电等分布式能源领域进行产业布局，为中国制造业的转型升级助力。

“基于对新常态的理解和对市场需求变化的认识，陕鼓战略聚焦分布式能源产业，从节能、减排、降耗等方面入手的传统流程工业提升改造、从垃圾处理等方面入手的新型城镇化建设、‘一带一路’建设等，都将是陕鼓重点布局和发展的分布式能源产业领域。”陕鼓集团董事长印建安如是说。

目前，基于在分布式能源领域的能力和优势，经过长时间的技术和商业模式研发，陕鼓已形成园区“能源互联岛”系统解决方案，因地制宜、量体裁衣方式将城镇区域等园区内的冷、热、电、风、水、废等统一规划和管理，推进能源消费本地化，实现能源的转换利用综合平衡，系统优化叠加、能量梯级利用、资源互为物料。为用户提供从能源供给端到排放端的全生命周期智能一体化综合解决方案，实现土地集约、功能集约、设备集约、运营集约。陕鼓分布式能源系统解决方案，在诸多项目上取得了实质性进展，也得到了用户的广泛认可，陕鼓围绕“能源互联岛”方案正在实施的全国首个分布式能源智能综合利用一体化项目，已通过专家论证，处于国际领先水平。

同时，为抢抓清洁能源及环保产业机遇，陕鼓先后发起成立了陕西省天然气管线配套产业联盟、陕西省三废综合处理及资源化利用环保产业联盟，聚合区域企业优势，抱团取暖，促进了我国工业经济的持续健康发展。

三、“借船出海”，谋篇布局强核心

随着产业结构的不断升级，对接绿色发展需求下中国工业转型升级新要求，陕鼓认识到“全产业链综合竞争能力”将成为最终赢得市场的核心所在。

为迎接新常态下的新挑战，2015 年，响应国家“走出去”的号召，按照企业国际化发展战略，陕鼓动力与捷克 EKOL 汽轮机公司正式签订《股权收购协议书》，正式收购其 75% 股权，完善了企业透平全产业链布局，也让陕鼓成为中国在捷克制造业的最大投资商。

同时，为强化企业在分布式能源领域的技术能力，陕鼓整合国际资源，依托捷克 EKOL 公司，设立欧洲研发中心，创建分布式能源技术装备创新中心，对共性关键技术进行研究和突破，实现能源高效利用技术装备的产业化发展。通过国际并购完善透平全产业链布局，促进了“压缩机 + 工业汽轮机”、生物质发电、综合能源一体化等分布式能源系统解决方案和服务方案能力的提升。同时打造企业在欧洲的人才平台和金融平台。

2016 年 3 月，作为在捷克制造业投资最大的中资企业代表，陕鼓董事长印建安应邀出席了由中捷双方国家领导人主持的中捷经贸合作圆桌会等系列活动，彰显了国家对陕鼓紧抓“一带一路”机遇，积极实践“走出去”，以资本为纽带，借船出海，谋篇布局，促进国内装备制造企业转型升级的实践成果的肯定。

未来，陕鼓将在国家“走出去”战略号召下，通过建立海外融资平台和海外销售公司等方式，继续寻找并购机会，打造公司全产业链发展模式，提升企业核心竞争力。

四、“三位一体”助力中国“智”造

供给侧结构改革也为重大技术装备的大型、高效、环保、智能发展创造条件。在《中国制造2025》战略指引下，陕鼓提出了智能设计、智能制造、智能服务“三位一体”的智能制造服务型集成理念，进一步深化转型，助力“中国制造”向“中国‘智’造”发展。

2002年，陕鼓在行业率先探索和推广产品全生命周期健康管理服务，组建工业服务支持中心，开展智能化在线监测及诊断系统升级改造，提升行业关键核心设备的自动化监测和诊断水平。

在探索和实践企业从生产制造型向制造服务型转变的过程中，陕鼓积极寻找服务升级的有效途径，以“打造工业服务产业”为目标，面向全产业链系统流程开展智能化的服务升级，构建了远程在线监测诊断服务体系，为能量转换设备提供全生命周期健康管理。其中，“面向全生命周期的MRO核心软件行业应用”课题，是国内首个由企业牵头研究的863课题项目。

目前，陕鼓已为近千台机组安装了远程在线监测系统，有300余名技术专家在服务中心为包括法液空在内的58家客户、228台套动设备机组提供24小时在线服务。该技术使设备现场故障率降低80%，达到国际先进水平。

2015年，陕鼓《动力装备智能服务云平台试点示范》项目，在工信部启动的实施“智能制造试点示范专项行动”中，获全国首批46个智能制造试点示范项目；陕鼓《动力装备全生命周期智能设计制造及云服务系统标准验证》项目被列入全国76家智能制造专项项目；陕鼓也先后获得“国家级信息化和工业化深度融合示范企业”“中国机械行业两化融合标杆企业”等称号，并获2014年工信部全国首批两化融合管理体系贯标试点企业。陕鼓集团董事长印建安被聘为国家制造强国建设战略咨询委员会，企业品牌影响力进一步提升。

新常态下，陕鼓瞄准分布式能源领域，运用互联网思维，大力推进“陕鼓智造”，为客户提供能量转换领域的个性的、定制化的、系统的解决方案。陕鼓将通过产品智能化，在分布式能源领域形成包括能源互联岛、金融方案在内的

“专业化+一体化”的核心竞争能力；将通过服务智能化进一步完善远程监测系统，强化EAOC的研究，形成用户问题感知、方案形成与推送的智能化；将通过过程智能化促进精益设计和产业制造智能化的提升，成长为离散型智能制造的国际领先企业。中国工程院院长周济在调研陕鼓的智能制造后说：“陕鼓用‘产品智能化、过程智能化、服务智能化’的智能制造思路推动分布式能源领域市场开拓，为《中国制造2025》的落地树立了典范。”

五、创新驱动，为能源高效利用铸重器

重大装备制造业是国家经济的支柱产业。近年来，在创新驱动下，陕鼓以重大技术装备自主化和国产化为己任，通过持续不断的自主创新，推动了中国重大装备国产化的发展。2011年至2015年，陕鼓累计研发投入21.48亿元，平均研发投入占销售收入比重达8.4%。

陕鼓拥有国家级技术中心、博士后科研工作站、院士专家企业工作站和三秦学者工作站。设有陕鼓能源动力与自动化工程研究院、工程设计研究院，并在欧洲等地设置了海外研发中心，整合全产业链条上的研发合作资源。陕鼓发明专利数量达到189项，科技成果得到了有效转化和应用。

在分布式能源领域，陕鼓首创的“冶金余热余压能量回收同轴机组应用技术”已入选国际能效合作伙伴关系组织（IPEEC）国际“双十佳”最佳节能技术项目，并获得2016年捷克布尔诺国际工业博览会“金牌产品”奖，在国际舞台彰显了中国制造的实力。

目前，陕鼓已具备100万~500万吨/年催化裂化主风机组、2万~10万大型空分装置压缩机组、4000~5800立方米大型高炉鼓风机组自主设计、制造能力，研发制造水平达到国际先进。陕鼓多项产品和技术填补了国际国内空白，2007年，陕鼓凭借先进的“提高高炉冶炼强度的顶压能量回收系统（简称3H-TRT系统）”技术优势，击败日本、德国等一流公司，成功中标韩国现代制铁5250m^3高炉配套TRT项目，其技术指标作为重要技术参数，成为中国制造参与国际竞标的一项技术“壁垒”，在国际竞争中赢得了主动。

2014 年，陕鼓研制的国产化首台套连续式跨声速风洞压缩机在用户现场运行成功，填补了我国在风洞领域的技术空白，打破了国外技术垄断，展现了中国制造实力。

2015 年，陕鼓研制的全国产化首台套 5050m^3 高炉鼓风机组，在宝钢湛江现场试车成功，性能及设计标准达到国际先进水平，实现了大型高炉优质、高效、稳定的国产化目标。

陕鼓百万吨精对苯二甲酸（PAT）装置成套技术开发与应用、AV100－17 型轴流压缩机、高炉煤气余压透平机组等主导产品曾四次荣获国家科学技术进步二等奖。轴流压缩机和工业流程能量回收发电设备属高效节能环保产品，在 2004 年、2005 年相继获得“中国名牌”称号。

在一次次重大技术的创新和突破中，陕鼓为中国装备增添了国产化砝码，通过一系列节能环保装备的运行，也助力了能源的高效环保利用和能源结构调整。

近年来，陕鼓国产化产品共为国家节约外汇近二十亿美元，产品遍布德国、俄罗斯、韩国、巴西、印度、土耳其等十多个国家。同时，陕鼓注重专利技术及商标等知识产权保护，目前商标注册已覆盖海外全球 60 多个主要国家和地区。

六、质量取胜，成就品质陕鼓

精益求精的工匠精神和优良的产品质量是企业立足于市场，实现品质发展的基础。

一直以来，陕鼓以“产品质量、服务质量及流程质量”为基石，以“铁面文化、落实文化、改进文化、客户文化和工匠文化”为核心，深入推进质量文化建设。自 1994 年以来，先后通过了 ISO 9001 质量管理体系和武器装备质量管理体系认证，并引入先进质量理念和方法，推动了企业质量管理水平和产品质量的提高。

公司坚持推行“零缺陷工程”，形成了一套完整的推进“零缺陷”工程的模式。公司先后拿出近百万元对实施效果良好的项目进行重奖。通过“零缺陷”

工程的实施，延伸了产品概念，提高了服务水准。

陕鼓在质量管理方面近年来屡获殊荣，已获得全国质量奖首届中国质量奖提名奖。

七、文化引领，夯实发展根基

陕鼓集团董事长印建安说，“战略是指针，文化是基石”。陕鼓文化的落地有效地助推了企业的战略转型。

从2005年开始，陕鼓贯彻落实董事会关于企业文化主导企业发展的总方针，在“知、感、悟、行、化”中将文化打上“知与行”的烙印。陕鼓在发展中逐步提炼和确定了企业使命、愿景、核心价值观、企业精神等文化理念体系，并逐步形成了陕鼓“责任、诚信、规则、创新、感恩”五大特色文化，这些文化和理念都在潜移默化中影响着员工的思想和行为，并持续推动着企业的转型发展。

近年来，陕鼓秉承“为人类文明创造智慧绿色能源”的企业使命和“企业平台 学校”的企业愿景，持续构建“市场认知和开拓能力，资源认识与配置能力，诚信认识与塑造能力”三大核心竞争力，在“同心协力、脚踏实地、永葆激情、与时俱新”的企业精神感召下，在近50年发展积淀中，积累了宝贵的精神财富。

陕鼓人认为，文化是靠制度巩固和传承的，将制度管好，就是将文化做好。配合核心文化，陕鼓建立了陕鼓情基金、诚信档案、工间操、人行横道、竞聘制、轮岗制、巡回检查制等一系列制度去助力文化落地。为了将“向上向善”的文化落实为员工的进步，陕鼓提供了丰富的机会、平台、资源，有序推进关心员工、爱护员工的计划，真正让员工体会到“世界一流智慧绿色能源强企、成就事业梦想的平台、孕育杰出人才的学校”的愿景，在企业“价值共创共享”持续感恩员工的同时，进一步增强了企业的凝聚力，提升了员工的市场化意识和奋斗者精神。同时，在持续的特色文化建设和文化审计中，不断提升员工的认同感，并形成了推进企业战略转型的良好根基。

2011年，陕鼓动力凭借其独特的企业文化和前瞻性的发展理念，被中国企业联合会评为“全国企业文化示范基地”。

八、践行责任，实现共创共享

一直以来，陕鼓秉承“以人为本”“员工第一”“员工利益无小事”等理念，实现着企业与利益相关方的共创共享。

陕鼓通过实施人才战略，关注人才培养，为员工建立适合自身发展的职业通道，鼓励有能力、想干事、有激情的员工通过竞聘走上适合的岗位；建立了完善的薪酬福利保障体系；加强员工的职业健康保护，改善员工劳动保护待遇和工作生活环境；围绕价值共创共享，开展系列活动，与员工共享企业发展成果。

同时，公司在志愿者行动、精准扶贫、助残帮困、助学圆梦、紧急救助等公益活动中积极贡献力量。从2001年至今，公司共投入7000多万元用于公益慈善项目，获得了“中华慈善突出贡献单位”“最具责任感企业”等称号。

未来，站在中国重大装备制造转型升级的新起点，陕鼓将紧跟国家“一带一路”和“中国制造2025”战略规划，积极践行“走出去”、推动国际产能合作，并持续秉承创新驱动、绿色制造、智能制造的发展理念，深化企业转型升级，持续发力分布式能源新产业，寻求新突破，为推动我国供给侧结构创新担当“先行军”，助推中国从制造业大国向制造业强国迈进。

源于制造，超越制造。

以国际化视野整合全球资源　打造千亿级全球时尚产业集团

山东如意科技集团有限公司

山东如意科技集团的前身为始建于1972年的山东济宁毛纺织厂，经过44年的发展，现已成为全球知名的创新型技术纺织企业。创建企业44年以来，如意始终矢志不渝地坚持发展纺织服装产业，坚持“高端化、科技化、品牌化、国际化”发展战略，赢得了在国际国内的技术领先优势，通过有效整合全球资源，提升了企业的国际影响力。

近年来，山东如意坚持政企结合、产融结合的发展战略，大力实施弯道超越，通过并购重组、资本合资、收购、新建等多种途径，与政府、企业、服装品牌商共享资源，优势互补，创造出令世人惊叹的“如意速度”。成功收购澳大利亚罗伦杜牧场和卡比棉田，打造出全球规模最大的从原料基地直至品牌终端的毛纺服装、棉纺服装两条完整产业链，旗下企业已遍及日本、澳大利亚、新西兰、印度、英国、德国、意大利等国家，以及山东、重庆、新疆、上海、江苏、宁夏等地区。如意集团拥有国内A股和日本东京主板2个上市公司，20个全资和控股子公司，职工5万人，2015年营业收入485亿元，进出口总额突破30亿美元。2016年，山东如意位列中国纺织服装企业竞争力500强第1位，中国100大跨国公司第68位，中国制造业企业500强第139位，中国企业500强第282位，成为中国纺织服装行业科技含量最高、加工产能最大、产业门类最广、产业链最完整、品牌优势最强的国际化科技纺织集团。

一、以科技为引领，成就高端如意

山东如意自建立之初深入坚持“精品战略”不动摇，企业依靠国际领先的产品开发水平和技术创新能力，坚持高端产品定位，提高自身核心竞争力，成为代表中国纺织走向世界的领军企业。山东如意在意大利、英国、日本、韩国建立时尚设计中心，拥有首批国家级企业技术中心和博士后工作站、院士工作站，建立起千人科技研发队伍，获得了数百项专利技术和创新成果。在企业内部，建立起多学科，立体交叉的科研体系，通过科技创新，形成上接高端，下联大众的产业结构，既以高端品牌占领国际市场，又以质优价廉满足大众需求。公司研制开发纺织服装新产品上千种，产品具备时尚性、功能性和前瞻性，多次代表中国在国际和国内流行面料趋势发布会上高调亮相，成为中国纺织服装行业时尚引领风向标。新产品销售收入占企业总收入的60%以上，销售收入和利润在同行业遥遥领先。以如意纺技术生产的高品质羊绒产品，国际售价达到每米1000元人民币以上，占全球高端面料市场份额的20%。

①20世纪80年代多次荣获“国家金质奖章”。

②2002年，“赛络菲尔纺纱技术及系列产品”获国家科技进步二等奖。

③2009年，山东如意首家代表中国纺织获得世界第一视觉博览会——法国PV展会参展资格，实现了中国纺织人向全球发布最新面料信息和流行趋势的梦想。

④2010年，历时7年研究的“如意纺”纺纱技术，荣获国家科技进步一等奖，是新中国成立以来中国纺纱领域的最高奖项。这一至高荣誉落户如意，不仅令全球纺织界为之震惊，也带来了中国乃至世界纺织的新一轮革命。此项技术创造了5项国际发明专利，20多项国内发明专利，拥有纺织领先技术180多项，使如意一举登上世界纺纱技术水平的最高峰。

⑤2014年9月28日，国家科技部正式批准由如意承建“国家纺纱工程技术研究中心”，其实质意义标志着企业的科技研发技术水平跻身国家队行列。

⑥2014年，如意一举摘得首届“中国羊毛最优品质大奖”，成为中国纺织的

一面鲜明旗帜。

⑦2014 年，“如意纺”系列成衣分别亮相法国巴黎“如意·2014 中法时尚峰会”和首届中国齐鲁国际时装周，向全球时尚人士展示中华文化与科技纺织融合的独特魅力，更让如意品牌登上全球顶级时尚殿堂。

⑧如意连续十几年入围“中国流行面料”称号，2008 年、2011 年、2015 年，三次囊括中国国际面料设计大赛一等奖。2015 年，山东如意的参评作品“刚柔之美”获得大赛的唯一金奖，彰显了过硬的研发水平和科技实力。

⑨2015 年，时尚纺织品国家级工业设计中心正式落户如意，进一步确立研发设计在集团发展战略中的功能定位。

⑩全套引进全球最为顶级的智能化、数字化、自动化生产线，利用先进的信息化系统和智能化监控管理平台，使公司的软硬件配备达到世界领先水平，也有效保证了产品生产全过程的高端定位。

二、以品牌为主线，构筑国际如意

近几年，如意依靠自主原创技术的国际影响力，不断加大品牌集群建设，向“微笑曲线”两端延伸，成功收购百年服装品牌企业日本瑞纳株式会社、德国派纳和法国轻奢品牌 SMCP 集团，拥有了近百个服装品牌，也让如意集团从一个传统的制造企业一跃升级为品牌零售企业，实现了发展过程中的华丽转身。

企业自主品牌“皇家如意”利用如意纺技术，以全球稀缺的珍稀纤维为主打，原料以科技演绎奢华，立志打造中国版的顶级民族品牌。与英国合资合作的顶级品牌世家宝被誉为“用金钱所能买到的最好面料”，如意还拥有日本瑞纳旗下的都本、雅格狮丹等高端服装品牌，再加上以量身定制为主打的商务男装品牌“路嘉纳”、高端品牌“英迪龙”，以及并购的国内高端品牌——庄吉服饰，如意品牌在产业链上、中、下三个节点上完成了布局全球的战略构想，真正迈上了高速发展的快车道。

与此同时，全球布局的如意，积极整合资源，多点进击，掀起了新一轮国际并购潮。如意在全球 36 个国家和地区设有分公司、办事处和营销机构，覆盖世界六大洲，形成了纵览全球的立体营销网络。企业相继收购印度 GWA 毛纺公司、英国哈里斯花呢公司、英国泰勒毛纺公司、德国派纳公司、法国 SMCP 集团等国际知名品牌企业，连同前期收购的日本瑞纳品牌运营公司、澳大利亚罗伦杜牧场、卡比棉田，如意已逐步掌控全球最为优秀的原料、设计、制造、品牌资源，使企业的国际化发展道路狂飙突进，所向披靡。

2016 年，如意集团斥资 13 亿欧元完成收购法国轻奢品牌企业 SMCP 集团，刷新中国企业境外并购时尚品牌大宗交易金额，在国际时尚界引起强烈反响，国际知名媒体竞相报道，社会各界给予高度评价。此次如意收购 SMCP 集团是企业发展战略的需要，进一步完善了原料—制造—品牌零售终端的全产业链布局。交易完成标志着如意集团一举跻身全球前 10 大时尚品牌运营企业，提前实现由制造型企业向以科技制造为基础的时尚产业集团的华丽转型。

三、以信息为载体，打造数字如意

近年来，如意集团围绕工业化、信息化“两化”融合，将互联网、云计算、大数据、物联网为代表的新一代信息技术与工业技术进行深度跨界融合，制定出切实可行的信息化提升方案，先后投资 200 多亿元，对集团所属各产业实施全面整合，有力促进了产业的自动化、信息化、数字化转型升级。

如意深入实施工业 4.0 规划以及互联网 + 智能制造工程，推动了“如意制造”向“如意智造”“如意创造”的转变。如意集团加大对信息化、智能化和自动化方面的科研投入，投资 5 亿元架构“互联网 + 智能制造 + 个性化定制”纺织服装发展模式，高标准启动超仿真纺织面料设计系统、数字化服装设计与展示系统、三维立体人体测量系统、德国 Se - doTreepoint 数字印染工艺管理系统、产品生命周期管理系统（PLM）、纺织设备在线监控与管理系统等信息化智能化平台，全面启动公司两化融合建设和信息智能化系统升级换代，打造“互联网 + 智能制造 + 个性化定制”纺织服装发展新模式。通过企业建立的先进信息化智能化平台，可实现订单的远程控制、实时查询和快速交付功能。如意在数字化定制、一体化生产、智能化仓储、多媒体办公等领域均取得了鲜明的信息化创新成果。

如意不惜斥巨资从法国、意大利、德国、日本、美国等国家引进全球顶级面料和服装加工设备数千台套，采用国际最为先进的智能化、数字化、信息化手段，打造出近乎奢侈与豪华的生产线再次用实力向世人昭示，如意“智”造必将带给消费者最为尊贵、舒适、时尚与个性化的着装体验，成为引领世界潮流的风向标。围绕产业转型升级，建成的如意泰安时尚产业园是国内单体最大的、全自动、数字化高档西装生产示范基地。建设投产的宁夏如意生态纺织工业园，万锭用工仅 10 人，创造国家之最、国际领先，被称作全中国第一条最具智能化的、自动化生产线，是未来的纺织升级版，中国纺织协会授予“数字化、智能化的科技纺织示范基地”。金乡如意数码科技工业园以现代化数码印花技术为代表，采用无水、超低能耗数码印花技术和智能信息化管理技术等，成为中国现代印染产业转型升级的杰出典范。

在市场化、高度自动化和信息化的今天，如意致力于产品经济和基于消费的服务经济的融合打造高端服务型制造新产业形态。通过创新优化生产组织形式、运营管理方式和商业发展模式，不断增加服务要素在投入和产出中的比重，从生产制造为主向“制造 + 服务”转型。全力完善如意纺织服装产业链上下游延伸和价值链提升，有效提高全要素生产率、产品附加值和市场占有率，打造成中国“服务型制造”的典范。

四、发力“一带一路”，践行社会责任

山东如意作为中国纺织服装领军企业，以超前的眼光和胆识，以及自身的责任和担当，履行着振兴民族产业的光荣使命，为中国传统产业的转型升级做出突出贡献，也实现了企业的逆势增长、跨越发展。

山东如意近五年捐助救灾救助资金和物质超过 1 亿元，连续八年成为济宁市制造业纳税第一大户。特别是近三年来，如意积极响应国家号召，在“一带一路”和“中巴经济走廊”区域频频发力，不断扩大西部纺织板块的产业布局，先后在中国西部宁夏、新疆和巴基斯坦建设大型纺织服装、煤电能源项目，形

成璀璨夺目的“如意珍珠链”，在“一带一路”沿线共计解决2万多人就业，惠及相关农业、畜牧业人员超过30万人，成为中国纺织产业“走出去”和转型升级、产业西移的引领者和重要参与者。

如意以德载品质、竞显卓越、从严求实、至诚至善作为企业理念和价值诉求，初步实现和谐幸福的职工生活保障体系，初步实现居有其屋，老有所养，幼有所托，病有所医，难有所帮。公司发挥基层党组织的先进模范作用，建立了密切联系职工的制度体系，重组整合了10个困难企业，安置1.2万余名职工重新就业，建立了社会医疗保障以外的大病求助基金。

我们的愿景不仅仅是建设一个科技引领、品牌驱动的国际化如意，更是一个人人康乐、家家富足、事事和谐的幸福如意。

五、牢记总书记指示，推动传统产业升级

山东如意时刻铭记习近平总书记视察企业时指出的，企业是创新主体，掌握了一流技术，传统产业也可以变为朝阳产业，要深入实施以质取胜和市场多元化战略，全球布局产业链，加快形成出口竞争新优势。集团上下以总书记视察为契机，再次精准定位，实现企业转型升级，跨越式发展，掀起了全方位的发展和改革浪潮。

按照科技化、高端化、品牌化、国际化，构建百年如意，建设千亿级企业的战略规划，如意将以科技品牌双轮驱动促发展，积极转变集团经济增长方式，创新企业经营模式，坚持高端定位，加大全球营销体系建设，加强国际合作力度，构建全球范围内的供应链和产业链，打造“互联网+”时代下以科技纺织为基础的，以智能化、数字化、信息化为引领的千亿级时尚产业集团，做纺织行业“中国制造2025”的铺路人和“互联网+纺织服装”工业模式转变的引领者，为实现中国由“纺织大国”向“纺织强国”的转型升级做出新的更大贡献。

坚持工农业一体化　深度融合发展实践
中国工业新领域

新疆天业（集团）有限公司

一路砥砺奋进，一路春华秋实。新疆天业（集团）有限公司（以下简称天业集团）传承新疆兵团精神和军垦传统，将兵团一个20世纪80年代濒临倒闭的小厂发展成为引领中国氯碱化工、高效节水农业两大行业处于领军地位、全产业价值链效能领先的企业。天业集团组建于1996年7月，是新疆生产建设兵团的大型国有企业。集团控股的新疆天业股份有限公司于1997年6月在上海交易所上市、新疆天业节水灌溉股份有限公司于2006年2月在中国香港成功上市。公司专注智能节水农业、聚焦绿色现代化工，致力于发展循环经济，积极构建循环经济工农业深度融合发展的现代产业新体系。经过20年的发展，现已成为集电力、化工、电石、水泥、节水农业、物流商贸、建筑安装、食品加工、矿产开发、房地产等为一体的多元化综合性企业集团，居中国氯碱工业行业、节水灌溉行业第一位，是世界上生产规模和推广应用面积最大的节水滴灌综合服务企业。

天业集团被国家确定为全国第一批循环经济试点企业、技术创新示范企业、循环经济教育示范基地和“能效领跑者标杆企业”，连续6年进入中国企业500强，先后被授予全国国有企业创建“四好”领导班子先进集体、“全国五一劳动奖状”和“全国先进基层党组织”等荣誉称号。2014年“天业膜下滴灌节水灌溉工程项目”荣获第三届中国工业大奖表彰奖，2016年天业集团荣获第二届中国质量奖提名奖、国家智能制造试点示范企业和全国绿化模范先进单位。

一、坚定不移走中国特色新型工业化道路，推行工农业一体化深度融合循环经济产业发展

天业集团深入贯彻落实科学发展观，坚定不移走中国特色新型工业化道路，构建了工农业一体化发展之路，成功将绿色化工与节水农业紧密结合起来。通过延伸产业链，依托上下游深度融合，实现工业促进农业、农业推动工业融合发展。首创的大田膜下滴灌技术改变了传统农业栽培模式，带来了中国农业的一次革命；首创的氯碱化工循环经济新模式，建成了中国第一个“煤—电—电石—聚氯乙烯—电石渣水泥”循环经济产业园区，从根本上解决了传统氯碱工业的“三废”问题，并确立了以氯碱化工为基础，煤化工多联产为延伸，与碳一化学相结合的发展新格局。天业集团历经多年开发世界首创的高产、高效、优质、生态的国家“863”项目膜下滴灌水稻现代化栽培技术取得重大突破，亩产达到837公斤，对我国干旱半干旱缺水地区水稻高产节水种植起到了示范作用，该技术成为国家发展高效节水农业重点推广的技术，引领了中国农业种植模式革命。

二、坚定不移实施创新驱动发展战略，推动转型升级发展

天业集团加大原创技术研发、加快科技成果转化、加速新产品上线，拓展发展新空间，创造发展新机遇，打造发展新引擎，提升在核心技术、标准制定和产品价格等方面的话语权。承担了“等离子裂解煤制乙炔”“膜下滴灌水稻”“电石法氯乙烯固相非汞催化”“面向氯碱化工的节能环保与安全管控MES开发与应用”等4项国家“863计划”重大项目，实现了兵团企业承担“863计划”重大科技项目零的突破。自主研发的西部干旱地区节水技术及产品开发、节水滴灌技术创新工程、聚氯乙烯专用树脂系列产品的开发与产业化示范三个项目荣获国家科技进步二等奖。天业集团以“增品种、提品质、创品牌”为核心，加大供给侧结构性改革，提升全要素生产率，实施差异化精准营销，全力推进企业转型升级提质增效，实现了23个聚氯乙烯品种、“天业”和“亚西”牌双

品牌的差异化、多元化、高端化发展，产品销往全球108个国家和地区。一大批发明专利、“973”“863”、国家重大科技等项目和一大批经营管理人才、技术创新人才、专业技能人才及国家创新领军人才，奠定了企业由价值链低端向高端迈进的多元化、差异化循环发展之路。

三、坚定不移推进“两化”深度融合，提升智能高端发展

天业集团将物联网、大数据、云计算等新一代信息技术与设计、生产、管理、服务等制造活动的各个环节融合链接，有效缩短产品研制周期、提高生产效率、提升产品质量、降低资源能源消耗，推动制造业转型升级。通过信息化、自动化、智能化，构建了一套物料、能源和安全综合集成的智能管控的MES开发及应用项目系统，支撑了生产精细化管理水平，进一步提高装置的能效水平，实现了生产过程高效、节能、环保和安全的全方位闭环管控，系统运行后主要产品的物料消耗、能耗、单位成本指标均处于同行业先进指标，达到经济效益的最大化。通过以客户为中心，以核心技术和高端产品为支撑，开通了天业集团在线交易电子商务平台，中、英、俄多语言版本同步上线运营，成为全国氯碱制造行业首家线上运营的电商平台。天业集团以大宗商品传统型贸易为依托，以内外贸业务需求为主导，全面升级天业在线交易电子商务平台为天业商城电商平台，为构建连接全球的天业云中心奠定了扎实的基础。天业集团将充分发挥两个上市公司的平台作用，积极推进上下游一体化、工农业一体化、传统产业与战略性新兴产业、制造服务业与互联网、产业资本与金融资本的五大深度融合，全力推进企业稳步快速发展。

四、坚定不移实施“走出去”，落实国家“一带一路”发展战略

天业集团紧紧抓住“一带一路”机遇，以打造国际化物流中心为目标，充分占领国内国际“两个”市场，保证物流、信息流、资金流“三流”科学融汇，

力争形成公、水、铁、空最佳耦合的“四网”运输体系。2015 年 3 月，首次顺利运行西欧国际货运班列，从中国新疆石河子（天业站）发运一列天业产品聚氯乙烯和烧碱抵达俄罗斯科夏科夫卡站。同年 5 月，开通国际西行集装箱货运班列，从石河子（天业站）启运，目的地为车里雅宾斯克国际物流园。截至目前，已经完成新疆至俄罗斯等地的国际货运班列 23 列，不断扩大天业产品的国际影响力，开创了国际铁海联运的新运输途径，形成了新的经济增长点。天业集团先后承办了国际农业节水灌溉培训班 12 期（2 期国外），为来自中亚、南亚、中东和非洲等发展中国家的 200 多位学员传授中国节水农业技术，并引领中国农业节水技术成功输出应用到中亚及非洲的 15 个国家，使中国从农业节水技术“引进国”转变成为在国际市场上和以色列等节水灌溉技术强国有力竞争的“输出国”，为保障国家粮食安全、节约水资源、提高土地利用效率等做出了贡献，并可有效的保障农民增收、农业增效和政府节水等多方综合效益的实现。

作为节水农业的开拓者，绿色化工的引领者，兵团精神的传承者，屯垦戍边的守护者，伟大中国梦的实践者，天业集团按照“五位一体”总体布局和“四个全面”战略布局，牢固树立创新、协调、绿色、开放、共享发展理念，用科技引领未来，创新驱动发展，深入推进“十三五”发展战略，履行好国有企业的神圣职责，实践好中国氯碱碳—化工和高效节水农业两大行业的引领旗帜，助推中国制造、中国创造蓬勃发展，用激情与梦想，谱写绿色现代化工、智能节水农业未来的华彩乐章！为国家“一带一路”战略和工农业一体化深度融合发展做出更大贡献！

科技创新　科学管理　打造核心竞争力 实现跨越式发展

威高集团有限责任公司

威高集团自 1988 年成立以来，始终把落实科学发展观放在企业经营管理的首位，适应市场竞争机制，实施人才兴企，加强战略调整，完善企业产业链，形成产业集群效应、集团化运作、规模化发展。目前，公司拥有总资产 400 多亿元，下属 40 多个子公司，香港上市公司 1 个，建有国家级研发中心 3 个，国家级检测中心 1 个，是国家 863 产业化基地、国家火炬计划重点高新技术企业。2015 年公司实现销售收入 285 亿元、利税 42.2 亿元，是医疗器械行业唯一跻身中国 500 强的企业。在国家工信部 2013—2015 年度医药工业企业排名中，威高集团的主营业务收入和利润总额在所有医疗器械企业中三年排名均为第一。

一、科技创新，打造核心竞争力

针对医疗器械市场竞争激烈、利润空间不断减小的竞争态势，威高集团按照“构想一代、研发一代、储备一代、生产一代”的模式，瞄准国际前沿技术，加强产品结构调整，加速成果转化，培育新的增长点。

公司大力优化产品结构，发展拳头产品，重点发展了心脏支架及各种心内耗材、留置针及各种异型针、血液净化、骨科材料、可降解手术缝合线、人工种植体、生物诊断试剂、手术机器人、胰岛素泵、人造血浆及其他药品、非 PVC 原料等系列产品。目前，公司拥有 500 多种、8 万多个规格的医疗器械和药品，高端产品比重达到了 80% 以上，高新产品利润占到 90% 以上。心脏支架、留置针、血液净化设备及耗材、骨科材料、预灌注射器等 100 多个产品打破国外垄断，拥有专利 600 多项，其中发明专利 150 多项，获得了国家科技进步二等奖 1 项、国家技术发明二等奖 2 项，并参与制定、修订国家标准 3 项，行业标准 17 项。

（一）完善创新体系，构建创新平台

公司先后建立了国家级企业技术中心、医用植入器械国家工程实验室、院士科研工作站、泰山学者实验室、博士后工作站山东省血液净化工程技术研究中心、山东省植入器械技术重点实验室、山东省安全给药技术重点实验室等 10 多个省级以上研发平台，购置了国际先进的仪器和设备，提升了研发能力，实现了持续研发产品、改进产品，产品投放市场时间缩短了 50% 。另外，公司在长春、北京、深圳、上海和天津建立了研发中心，专门从事高分子新材料、心内耗材、神经介入、记忆合金材料、骨科材料等研究，使技术与市场无缝衔接。

公司自主研发的血液净化产品被俗称为人工肾，此前其核心技术只有美、日、德三国掌握，高昂的透析费用使大部分家庭无力承担，广大患者饱受病痛折磨和死亡威胁。威高成功地开发了血液透析产品，使我国成为世界上第四个掌握该技术的国家，目前威高血液已经成为中国透析领域的第一品牌。自主研发的可降解药物涂层心脏支架，各项技术指标达到国际先进水平，彻底改变了欧美企业的长期垄断局面，使产品从每支 4 万多元降到 8000 元。目前，在威高的引领下，国产支架已经抢占国内市场份额的 80% ，仅此一项每年可节省医疗支出 200 多亿元。

（二）整合社会资源，开展产学研合作

公司大量地引智、借智、用智，探索了一条市场化技术创新运作机制。通过采用课题招标、项目对接、成果转让、联建实验室等方式，先后与中科院各所及其长春应用化学研究所、大连化物所、沈阳金属研究所、301 医院、第三军医大学、沈阳药科大学等科研院校合作，在异地建起了 20 个技术研发中心或中

试基地，不断推动研发合作向多领域、深层次发展。2010 年，公司与中科院共同实施了中科院—威高集团高技术研究发展计划，在十年的时间里，每年投入 6000 万元，研发国际领先产品，共同提高自主创新能力和市场竞争力。

（三）开展国际合作，吸收先进技术

公司先后在美国、日本、德国、法国和英国建立了 5 个海外研发中心，主要开展血液净化、医用针及制品、介入器材、人工心肺、医用耗材等方面的研究，直接吸收国外医疗器械的最新技术，提高技术支撑能力。德国研发中心开发的人工肺，在德国的市场占有率达到 80% 以上；日本研发中心开发的医用针年销售量达到 60 亿支；与国际医疗器械知名的美敦力公司开展了 8 年的战略合作，研发的多种产品打破国外垄断。目前，公司建成了中国最大的骨科器械生产企业，打造了民族第一品牌，在创伤、脊柱、关节等技术领域跻身国际第一方队，拥有专利 50 多项，人工髋关节、膝关节拥有发明专利 11 项，其技术达到了国际领先。

二、科学管理，提升核心竞争力

（一）严抓质量管理，打造知名品牌

作为医疗器械企业，产品质量与患者的生命息息相关，对患者的生命负责，即是对企业的生命负责。因此，我们严格遵循《卓越绩效评价准则》坚持“满足并努力超越顾客的最大需求”的质量方针，树立 10000 - 1 = 0、“每一个产品关系到每一个生命”的理念，认真开展全面质量管理，向患者、顾客交上满意的答卷。公司建立了严密的质量管理体系，从集团到子公司均成立了质量管理部门，在每一个车间、工段、工序、班组设置了专职质检员，做到层层把关，严密控制，自建厂以来，省级（含）以上质检部门抽查产品合格率一直保持在 100%。1998 年在同行业首家通过了 ISO 9000 管理体系认证后，又先后通过了 CE 认证、医疗器械管理体系认证及美国 FDA510 许可等，公司的检测中心在行

业首家通过了国家实验室认可委员会认可。

（二）推进信息化管理，走新型工业化道路

公司积极引进最先进的管理思想，进行管理变革，推进科学管理。在行业首家实施 ERP 信息化工程，公司通过实施 ERP（企业资源管理）系统、PDM（产品数据管理）、Xtinfoseld 图档管理系统、OA 系统（办公自动化系统）、培训系统、CRM（客户关系管理系统）物流管理系统等对财务、制造、设备、产品等数据和信息进行管理，优化管理流程，实现集团公司与各子公司的全面信息化管理，为公司决策提供服务，提高管理水平和管理效率。优化整个公司供应链管理体系，从流程、成本、财务、质量等方面切入，提升公司的整体管理效率及核心竞争力，企业平均年度存货占企业全部流动资产的比例降低 9%，企业新产品平均开发周期缩短 40%，各项销售收入、利润、利税等主要经济指标年增速达 30% 以上。

（三）坚持以优质产品打造品牌，提升产品和企业知名度

在全国 30 多个省、自治区、直辖市建立了 100 多个销售办事机构，同全国 7000 多家医院、400 多家血站、1000 多家商业公司建立了长期稳定的关系，产品已远销美国、德国、意大利、俄罗斯、英国、澳大利亚、巴西等 100 多个国家和地区，产品在国内三级医院覆盖率达 85%，血站覆盖率达 77.4%。洁瑞商标获得中国医疗器械行业第一个中国驰名商标，洁瑞牌系列产品获评中国名牌产品。

三、人才兴企，奠定发展根基

威高集团坚持实施人才强企战略，以人为本，重视人才，尊重人才，从国内外先进企业引进了一批职业经理人，从各大院校招聘了一批教授级管理专家，人才结构不断优化，并有 100 多位合作单位院士作顾问、技术指导。致力于打造中国一流的管理团队、中国一流的专家工程师团队、中国一流的销售团队、中

国一流的企业文化，促进企业创新发展、健康发展。

公司将以科学管理为引领，加强科技创新，实现科学技术、人才集聚与科学管理的有机结合，以更加丰富的创新成果，加快企业由中国制造向中国创造发展，实现“进军世界强企之列、亚洲领先、中国最强，最受人尊敬的医疗器械和医药企业”的发展愿景，为推动我国医疗健康事业发展添加更加灿烂的一笔。

重器智造　知能善用

双良节能系统股份有限公司

创业之道，是战略之道。企业的发展战略只有站上了道德高地的出发点，才会衍生无穷的活力。

很难想象，一家民营企业在行业内能够获取如此高的声誉：被中国制冷协会誉为“挽救了中国溴化锂机行业”，被央视聚焦记录，誉为“造福人类，大国重器”，为全球超过30000家客户提供卓越的产品和全生命周期的服务支持，累计提供了30000多台节能设备，相当于少建了25个600兆瓦的火力发电厂，每年节约3800万吨标准煤，减排1亿吨二氧化碳，相当于再建27万公顷森林，为超百家用户提供了空冷系统，总容量73500兆瓦，累计实现节水24.6亿立方米……

专注“节能、节水、环保”领域，让“天更蓝、地更绿、水更清”是双良节能的企业使命定位。从“缓解用电高峰压力的溴化锂中央空调”到“助推工业节能降耗的余热回收节能系统”，从“耗水量不足传统水冷20%的空冷器”到“致力于解决沿海地区淡水缺乏难题的海水淡化设备”，从“助力北方城市供暖”到“合同能源管理卖服务”，从“成功开发工业高盐废水零排放系统到全面参与村镇污水治理”……30多年来，双良以创新为利剑，把准国家发展脉搏精准发力供给侧结构性改革，积极参与城市价值再建与产业重构“大变革”，抢抓“一带一路”等国际化战略机遇，致力推进平台思维下的全球战略，打造国际化的能源服务运营商、环境治理运营商，走出了一条绿色化、智能化、高端化、国际化、互联网+的现代制造业转型升级新路。2016年，借参与“B20”杭州峰会的机会，双良再次“扬帆出海”，达成了与印度尼西亚、新加坡商会的战略合作。

一、深挖主业创新“破壁”，高端制造紧跟市场

“如果企业不坚持创新，就要被同行淘汰，被市场抛弃。所有的民营企业都是骑在虎背上，而不是马背上的，只有奋勇向前一条路可以走，”企业老总缪双大道出了双良的发展之道，“因为专注，所以专业；坚持创新，方得发展。”

2013 年，双良集团缪双大总裁接受《大国重器》栏目组采访

20 世纪 60 年代开始，中国一直处于长期的电力资源短缺期，电力供应不足成为当时中国社会普遍面临的问题。20 世纪 80 年代初，从事船用空调安装服务的缪双大，因为一个偶然的机会接触到溴化锂中央空调技术，他敏锐地发现其中所蕴含的广阔的市场前景与巨大的社会价值。1985 年，缪双大从上海回到江阴着手创办江阴溴化锂制冷机厂。当时，溴化锂制冷机市场还为少数几家国有企业所垄断。同年，第一台拥有自主知识产权的蒸汽双效型溴化锂吸收式冷水机组诞生。集安全可靠、节能环保与经济效益为一身的双良溴冷机产品甫一上市，便赢得客户的认可，广泛应用于石油、冶金、化工、纺织等工业领域以及酒店、商场、写字楼、交通设施等民用领域。双良集团也因此成为中央空调行业的节能先锋，“中国排名第一的吸收式制冷机制造商”。

为了更好地满足不同能源条件的客户需求，双良继续加大研发力度，又相继开发了热水型溴冷机组、直燃型溴冷机组和烟气型溴冷机组，形成完整的产品系列，由此奠定了在中国溴冷机行业的龙头老大地位。目前，双良已成为全球最大的溴化锂中央空调生产基地，依托博士后科研工作站、国家级企业技术中心和技术部组成的三级研发体系，成功申报中央空调相关技术专利300多项，产品远销50多个国家和地区。

在大型中央空调产业如日中天之时，双良居安思危，开始涉足节能环保领域，开拓新的发展“蓝海”。双良将自己掌握的核心技术——真空换热应用到溴化锂吸收式热泵机组上，成功延伸了产品在余热利用市场的应用。山西国电大同第二发电厂余热回收系统、中海油直燃热泵系统回收地热尾水余热供热项目、山西朔州电厂余热回收集中供热系统……双良的节能环保产品声名远播，撒下绿色种子。

国电大同第二发电厂（10×35MW大型吸收式热泵电厂余热回收系统）

山西省朔州市热电联产集中供热系统（世界最大面积电厂大温差余热回收集中供热系统）

为响应国家节能减排政策和关于大型机械装备国产化的号召，2006 年，双良进军空冷设备生产领域。当时空冷行业市场份额的 90% 被国外两家公司占领，历经 9 年自主研发，双良进行了八项性能试验研究，掌握四大核心技术，成功研制了国产电站空冷器、石化空冷器等设备，一举打破国际垄断，将设计成本降低了 5/6。目前，双良已实现具有完全自主知识产权的国产空冷器成套供应，实现节水 85% 以上，成功为内蒙古、山西、甘肃、陕西、河北等省、自治区的上百家用户提供了空冷系统。2015 年 1 月 7 日，双良与山西信友集团合作，承建新疆能源投资公司奇台电厂 2 × 660MW 钢塔间冷 EPC 工程，塔高 175 米，底部直径 152 米，出口直径 102 米，2 座塔的用钢量约为 1 万吨，比传统水泥塔可节约混凝土 30 万吨，建成后将成为世界最大间冷钢塔。

在新疆建设的世界最高最大钢结构空冷间塔 EPC 项目全景

令人欣喜的是，通过开展“严寒地区空冷防冻技术”试验研究工作，双良掌握了直接空冷和间接空冷散热器在严寒地区极端低温下的防冻流量、水温不均匀度等空冷防冻设计的关键数据，并在空冷系统防冻流量计算、防冻控制两大关键技术上取得了突破，率先在极端低温 -43℃ 的国华呼伦贝尔能源 2 × 660MW 直接空冷项目和极端低温 -41℃ 的神华新疆准东五彩湾 2 × 350MW 间接空冷项目进行了国内首次应用取得成功，为空冷技术在严寒地区的应用推广作出了重要示范。

二、绿色制造样本工程，创新参与城市治理

唯有专注才能专业。在发展过程中，双良始终紧跟国家产业发展脉搏精准发力，深耕节能环保市场，知能善用打造“样板”工程，积极参与城市价值再建与产业重构，成功实现了从“卖产品”到“卖系统”“卖服务”的战略转型。

为彻底治理城市大气污染，双良利用工业企业余热、大型火电厂余热等，在不增加能耗的情况下，提供大面积集中供热，为西北工业城市节能减排、安全供热量身定制了一个个“样板工程”。目前，双良已在山西太原和朔州、内蒙古呼伦贝尔、甘肃兰州等城市成功运营了多个集中供热项目，已入网3000万平方米供暖面积，全部建成后可达到2亿平方米以上供暖规模。双良还通过特许经营方式，拿下了兰州新区8000万平方米集中供热权，并且实现当年设计、当年施工、当年供热，该项目被列为兰州新区一号重点工程、社会资本参与兰州城市开发建设的“明星工程”。

烟气余热深度利用技术，成为兰州市实施“蓝天工程”的治霾“利器”，从2014年10月开始，双良通过烟气余热回收装置改造工程项目参与兰州治霾工程，单个采暖季可减少燃气消耗1459万立方米，减少烟气17507万立方米，减少二氧化碳排放37879吨，减少氮氧化物排放22.95吨，减少二氧化硫排放36吨，减少烟尘排放2.295吨，回收冷凝水16.2万吨。因为治霾成效突出，2015年12月3日至10日，兰州市政府受邀参加巴黎气候大会系列活动，交流大气污染治理的做法以及低碳城市建设实践。

新《环保法》给工业废水排放从严执行上了“紧箍咒”，而知能善用的双良节能早在2013年就开始进军工业废水“零排放”领域，成功开发出工业高盐废水零排放系统，通过对工业废水进行高效蒸发浓缩，使淡水和盐分分离，淡水回收率达95%，同时实现废液资源化利用。行业领先的工业“治水”技术得到了行业内专家的认可。2015年8月底，中国石油和石化工程研究会石油化工技

2015 年，中国石油和石化工程研究会零排放煤化工技术中心落户双良

术装备专业委员会煤化工行业零排放技术中心在双良节能的低碳产业技术研究院正式挂牌成立。借煤化工行业零排放技术中心落户的“东风”，双良开始将工业高盐废水零排放系统覆盖到煤化工、焦化、燃煤电厂脱硫废水等环境污染严重的产业，电力、石化等行业应用也将逐步推进。

“治水”，不仅在工业领域，双良还重拳出击生活领域“治水”。2015 年 5 月，响应国务院出台《水污染防治计划》鼓励社会资本参与环境污染第三方治理的号召，双良节能出巨资收购农村污水处理领导企业——浙江商达环保有限

双良商达城镇农村污水治理示范项目——浙江省德清县五四村的污水处理站之一

双良商达第三代智能村镇污水处理终端

公司，全面参与村镇污水治理。商达环保采用先进的生化处理技术和物联网技术实现了分散式城镇污水达标处理和专业化运行管理。将工业污水处理和村镇污水处理有机结合，还可实现区域流域水环境治理，双良环保业务正在迈向“中国智慧治水综合服务商”。2016 年，商达环保除原有农村生活污水处理业务外，开始尝试黑臭河治理，同时，公司为了积极应对新的市场需求，已经开始与央企采取新合作模式。

双良分布式能源项目——上海迪士尼乐园（总制冷量达 19604kW）

迪士尼能源站内部图

双良还在全球成功投入营运 100 多个冷热电联供样本项目，提供 200 多套冷热电联供系统解决方案，包括北京会议中心、北京火车南站、北京中关村国际商城、中国国家会展中心等多个特定场所，在分布式能源领域做出了突出贡献。其中上海迪士尼度假区就是采用了双良参与制订与建设的环保能源定制方案，该项目每年可节约标准煤 2 万吨，相当于每年少砍伐木材 4 万吨，可减少二氧化碳排放约 7.5 万吨。

三、智能互联绿色“管家”，扬帆出海“剑指”全球

设立 20 亿元低碳产业投资基金，成立低碳产业技术研究院……双良瞄准新能源、物联网、能源管理、精密制造、新材料等低碳产业高科技项目，“剑指”智能互联的大环保和大能源平台。

在精心布局全产业链，做强节能环保专业的同时，双良加快制造业服务化的转型，通过系统集成、合同能源管理和服务托管的运营模式当好“管家”，致力打造国内外最优秀的节能系统集成专业供应商。

2015 年，双良节能专门成立了智慧能源管理有限公司，针对双良庞大存量客户群推广包括合同能源管理在内的智慧能源管理服务。双良还与环保部环境

与经济政策研究中心签订了《物联网智慧能源实践和节能减排绿色评价》项目，作为利用物联网技术运营能源站的实践方，双良将通过大数据实现分布式能源站的高效管理，将基于物联网智慧能源实际的工作模式进行分布式能源站运营，建设区域能源微网。

2015 年，双良与环保部签订战略合作协议

与此同时，双良依托物联网（远程 + 云平台），把现场服务与远程诊断相结合，率先在行业内采用远程监控系统，通过 SLRemote 云平台的不断完善，为每一台设备打上安全标签，延伸了产品的全生命周期管理，用户只需通过手机就可随时随地了解设备状况，节省了管理成本和精力投入。如双良旗下商达环保借助智能水务管理云平台的移动物联技术和大数据分析，只用 20 个技术人员就可实现对无锡锡山区 700 余座农村污水设施的有效管控，而且因为第三方市场化托管也让政府部门的成本得到降低。至今，商达环保已累计为浙江、江苏等地区 3000 多个行政村、100 多个乡镇提供村镇污水智慧治理服务，被评为绿色中国杰出环境治理工程奖。

知能善用、智能互联，双良节能还积极抢抓“一带一路”的战略机遇，扬帆出海“征战”国际市场。

巴基斯坦是“一带一路”的重要沿线国家，也是双良打响外销“第一枪”的主要阵地。经过10多年的深耕经营，双良已牢牢坐稳当地溴化锂吸收式机组市场的“头把交椅”，客户遍及商业、医疗、教育、纺织、金融、能源等多个行业，累计销量200多台，市场占有率高达50%以上。俄罗斯是丝绸之路上中国与欧洲的重要纽带，双良借助当地丰富的油气资源，依托余热利用的技术优势，一举拿下圣彼得堡国际机场冷热电三联供项目以及俄罗斯最大的石油化工企业之一BASHNEFT工艺冷却项目。“一带一路”向西一直延伸至欧洲，从乌克兰、白俄罗斯、波兰，到意大利、德国，双良已成功开拓出一条高端节能装备制造领域的新路。双良还一举拿下意大利米兰国际机场三联供和沃达丰米兰总部项目，确立了双良在意大利市场不可撼动的地位；与德国克莱德贝尔格曼电力集团共同投资成立双良克莱德贝尔格曼有限公司，以双良产品为基础在欧洲建立

双良分布式能源项目——伊朗波斯湾商业中心（总制冷量49000kW）

双良分布式能源项目——意大利米兰里纳特国际机场（总制冷量4000kW）

2014 年，双良与德国克莱德贝尔格曼公司合作成立合资公司

2016 年，双良承接的西门子埃及新首都项目现场

平台，共同开拓国际市场。2015 年，双良与西门子签署了埃及新首都 4800 兆瓦联合循环电厂项目 4 套直接空冷凝汽器和强制通风空冷水冷却器供货合同，合同总金额为 5357 万欧元，是目前世界最大联合循环电站空冷项目之一。中东是世界上石油储量最大、生产和输出石油最多的地区，双良因地制宜在沙特、迪拜等试点集技术方案、工程设计、设备（材料）采购、施工安装、开机调试于一体的 EPC 交钥匙工程，目前已从节能装备制造商升级为节能系统集成解决方案供应商。

为真正把双良节能打造成中国节能环保产业的标杆，打响向全球展示推广的国际品牌，2015 年 9 月 14 日，双良与中国国际商会签署战略合作协议，这意味着双良通过借力中国国际商会，加快“走出去”步伐，在“绿色双良、国际双良”的新征程上迈出新步伐。目前，双良已经担任中国—东盟商务理事会副主席、APEC 中国工商理事会理事、G20 中国工商理事会理事，在东南亚、中东、欧洲、拉美等双良重点市场加大品牌推广和营销策划活动，健全营销服务体系，通过深耕市场来打造区域品牌影响力，至今已成功在 50 多个国家和地区取得销售，并发展成为近 300 家世界 500 强企业的合作伙伴，销售额以每年 30% 的增幅稳步增长，真正成为“互联网 +”时代的“专家 + 管家”式能源服务运营商、环境治理运营商。

创新驱动引领转型发展

中信重工机械股份有限公司

中信重工机械股份有限公司（以下简称中信重工），前身为洛阳矿山机器厂，是国家“一五”期间兴建的156项重点工程之一，目前已发展成为我国最大的重型装备制造企业之一，国家创新型企业和国际化企业、中国A股上市公司、国家级企业双创示范基地，为全球矿山、有色、冶金、煤炭、建材、电力、节能环保领域客户提供重大技术装备和工业项目解决方案。

近年来，面对市场下行压力加大、外部环境复杂多变的不利形势，中信重工坚持把发展基点放在创新上，以创新驱动引领转型发展，取得了一些实效。

一、实施技术先导战略，以技术先导引领市场需求

公司坚持实施技术先导战略，连续多年每年将销售收入的5%～7%投入研发，连续三年新产品贡献率超过70%。依托国家级企业技术中心、国家级工业设计中心和国家重点实验室及海外国际研发基地，持续提升自主创新的能力和水平。公司研发的“纯低温双压余热发电技术”不断引领市场，创造需求，已从水泥行业拓展应用到干熄焦余热发电、烧结机余热发电等新领域，累计新增合同总额70多亿元，新增利税10多亿元。公司首创的电厂脱硫石膏脱水专用GPYT系列过滤机在华能洛阳热电交付使用，开启了石膏脱水的新革命，对于我国的资源利用和环境改善具有重要意义。研发的高压辊磨料层粉碎工艺技术实

现了物料超细碎粉磨，解决了低品位矿的高耗低效问题。GM140－60 高压辊磨机及 LGMS5725 矿渣立磨被列为国家战略性创新产品。在 2015 年国家科技进步奖评比中，公司高端矿山重型装备技术创新工程获国家创新工程奖；12000 吨航空铝合金厚板张力拉伸装备研制与应用获国家科技进步奖二等奖；年产千万吨级矿井大型提升容器及安全运行保障关键技术获国家技术发明奖二等奖。

二、推进两化深度融合，构建离散型生产组织 4.0 版

中信重工是一家典型的离散型装备制造企业，其生产特性和制造模式决定了中信重工实现人—人、人—机、机—机互联的难度非常大。围绕《中国制造2025》政策指向，公司从生产过程智能化、生产装备智能化、管理业务智能化、服务智能化、产品智能化五个方面，构建具有中信重工特色的离散型生产组织智能制造体系。

生产过程智能化主要借助 MES、ERP、QMS 等信息技术与系统的集成应用，提高生产制造指令下达、接受、执行、反馈过程的智能化控制水平。

生产装备智能化主要依托企业生产设备数控化率逐年提升的技术改造基础，借助 DNC、RFID、条码、智能工位等信息技术与系统的建设与应用，加快实现设备、系统、人之间的物理信息链路的互联互通，提高信息传递与交互的智能化水平。

管理业务智能化主要应用大数据分析技术，从数据采集、数据治理、数据管理、数据分析、数据应用等方面，保障中信重工整个智能制造体系的“数据血脉”健康运转，以数据挖掘和分析提升管理决策的智能化水平。

服务智能化主要运用信息技术，构建新型客户服务管理信息平台，优化服务流程，规范服务过程，科学策划服务工作，合理调配服务资源，提升服务效率和质量，在为客户提供全天候、全方位、全身心的主动服务的同时，实现服务增值，稳固用户群体，扩展营销空间。

产品智能化主要是运用信息技术，不断融入和增加产品中的信息化元素和智能控制元素，充分借助无线移动网络、互联网通信技术和高通量实时数据处理技

术，建立集远程监测、故障信息提取、健康状态评估、预测预警为一体的重型矿山装备远程诊断与故障分析体系，为交付客户的产品提供智能化管理手段。

三、围绕国家战略深化双创，打造中国装备金字招牌

为了适应转型要求，激发全员创新活力，中信重工利用创客空间模式，结合自身特点搭建了四个层面的创客团队：一是聘任 15 名首席技术专家牵头组建了 18 个技术创客团队；二是以 5 名大工匠为引领建立了 22 个工人创客群；三是在海外建立了两个国际化创客团队；四是通过“互联网 +”集聚了一批社会创客群。创客团队紧贴《中国制造 2025》和“一带一路”战略需求确定课题，开展攻关，创出了中国装备的金字招牌。李克强总理在考察中信重工双创工作时说：“你们的实践证明，双创不仅是小企业或者小微企业的生存发展之路，也是大企业的繁荣兴盛之道。”

2016 年 5 月国家公布首批双创示范基地名单，中信重工同海尔集团、航天科工、阿里巴巴等七家企业成为国家首批企业双创示范基地。中信重工严格按照双创示范基地建设方案，认真细化实施线上平台、线下平台和孵化平台三大平台建设。重装众创线上资源共享平台，建成后可为 3000 名创客或 500 个创新团队提供 50 万条行业研发知识、20 万条产品运行分析数据、10 万条产品仿真试验数据、1000 台运算资源、30 种专业设计分析软件、10 套管理应用系统和统一的基于移动互联网的协作沟通平台。线下实验与验证平台涵盖产、学、研、用、供全产业链，为本专业内的各种新技术、新产品提供检测评价服务。重装众创成果孵化平台布局的特种机器人产业化基地已于 9 月投产，一期具备年产 1200 台特种机器人的能力。

四、积极融入新技术革命，抢占新一轮产业竞争制高点

公司抓住新技术浪潮和《中国制造 2025》带来的“机会窗口”，打通主机自动化、智能化控制的软硬件接口，实现工艺设计、装备制造、控制系统的全覆盖，

发展包括变频、网络控制在内的机电液一体化产业。中信重工和中科院自动化研究所联办的智能控制系统实验室在中关村中自大厦揭牌成立，亚洲最大、最先进的高端电液智能控制产业基地于2015年4月15日正式投产，中信重工CHIC系列专用变频器成功应用于煤炭、建材、矿山、冶金、电力、石化装备领域，并出口澳洲、非洲和中东，成为在高端变频领域与国际巨头同台竞技的中国品牌。

公司通过收购唐山开诚电控设备集团有限公司80%股权，进入高危行业和特殊工况下的机器人应用领域，目前已成功研制出陆地履带机器人族系、水下机器人族系、巡检机器人族系、钻孔探测机器人族系、工业机器人族系，应用领域涉及公安消防、应急救援、石油、化工、电力、矿山、市政建设等。尤其是基于“以人为本、生命至上”理念开发的消防机器人实现订货井喷式增长，2016年订货已超过1300台，在国内特种机器人市场占有率稳居第一。目前，中信重工已发展成为国内最大的特种机器人研发与产业化基地。中信重工“特种机器人制造智能化工厂”项目获国家立项。

五、充分发挥自身优势，合作走出去实现互利共赢

中信重工构建了集工程成套、产品技术、制造工艺三位一体的技术创新体系，搭建了全球稀缺的高端装备制造平台，集成了实验、工艺、制造、产品、材料、控制六大核心技术，形成了一大批符合国际标准、国际规范，具有自主知识产权的高端产品，构建起了包括国际化营销服务体系、国际化技术研发平台、海外制造基地、海外备件服务基地在内的国际化业务体系。公司充分发挥自身优势，携手合作伙伴践行国家“一带一路”战略，在海外矿山、水泥、钢铁、煤炭、节能环保等多个领域拓展合作。实现了全球研发、生产、销售、服务四大功能，形成了成套、主机、备件、服务四大领域，产品和服务覆盖包括北美、南美、澳洲、非洲、东南亚等区域在内的“一带一路”沿线国家32个。公司大型碎磨矿装备及深井提运装备远销澳洲西澳铁矿、淡水河谷、力拓、必和必拓、智利铜业、瑞典LK-AB、蒙古额尔等特等多家国际知名矿业运营商。2016年5月以来，先后在国际市场签订了一批重大装备和工程总包合同，合同总额超过40亿元。

创新驱动　引航未来

沪东中华造船（集团）有限公司

一家企业能够同时建造诸多中国最好船舶、三种世界顶级大型船舶，创造这个优异成绩的就是中国船舶工业集团核心企业沪东中华造船（集团）有限公司。这样的建造能力，在中国船舶工业首屈一指，在世界先进造船企业中也不多见。

沪东中华凭借什么优势在中国船舶工业占有这样重要的地位？

一、战略定位清晰，转型步伐稳健

十多年前，全国船业还在红红火火的时候，沪东中华却放弃了建造许多普通产品的机会，调集优秀研发人员，投入巨资，研发多型现代战舰、LNG 船、集装箱船、重吊船等高技术船舶产品。

不少船企诧异，沪东中华为什么放弃这样赚钱的机会，“劳民伤财”研发难度这样高的产品？其实，沪东中华已敏锐地看到了国内造船行业低端产能过剩的情况，必须调整产品结构。果不其然，金融危机爆发，全球经济萎靡不振，造船业感到了阵阵寒意。

结构调整，提升了产品科技含量，培育了高技术船舶市场。而此时船舶行业进入“冬天”，许多船厂“无米下锅”，沪东中华却因为手中有干货，军品生产红火，民品订单不断。

坚定不移坚持“军品第一、军民结合、寓军于民”的方针，走高端路线、精品路线、品牌路线，巩固并不断发展军品、军贸优势，参与更多高端船舶产品竞争，战略定位清晰，沪东中华发展步伐稳健。

二、矢志不渝创新，高端产品迭出

沪东中华是我国目前自行成功建造最大水面舰艇的生产基地，护卫舰、登陆舰的“摇篮”。是我国船舶种类最全、高端产品最多、建造实力最强的民船制造企业。建成“皇冠上的明珠”LNG船、全球首艘“概念船”38000吨双相不锈钢化学品船、全球首艘45000吨G4型集滚船，体现了我国造船人的蹈厉之志，全球业界点赞沪东中华矢志不渝的创新精神。

这些产品，都是公司在国内外主流船舶产品市场不景气的大背景下，贯彻中船集团公司“做强、创新、转型、突破”的指导思想，积极转方式，坚持走高端路线、精品路线，取得的实质性成果。

致力于研发，以技术为引领，创造需求，这是沪东中华成功的“引擎”。研发是发展的保障，沪东中华不断推出新船型，经营承接工作在低迷船市中逆势走高，高技术船舶承接屡获突破，初步实现了企业转型升级和产品结构调整的目标。

（一）15型首制舰船

建造的我国导弹护卫舰、两栖登陆舰、电子侦察船、远洋综合补给舰等15型首制舰船，是人民海军的主力装备。“研发一代，更新一代”战略，使沪东中华建造的舰船形成了多型号、多批量，中国海军战力提升有了更深厚的基础。

多国军演、亚丁湾护航、马航搜救、也门撤侨，突破第一岛链，沪东中华建造的舰船，都承担了重要使命，彰显了大国的责任、实力和风采。

导弹护卫舰、近海巡逻舰、综合补给船等先进军品舰船出口阿尔及利亚、巴基斯坦、泰国等世界多个国家。沪东中华是我国最大的援外与军贸舰船建造基地。

“军品就是精品”是沪东中华的发展之基，立厂之本。在加快军民融合发展的时代要求下，勇担海军装备转型发展重任。

为造出优质战舰，沪东中华积极开展工艺革新，不断深化托盘设计、提高预舾装率，推广先进焊接工艺，确保舰船建造高效，建造质量一艘比一艘好。军品总建造师、军品主管建造师等专职人员，构筑了强大的管控体系，一支专岗专职的军工人才队伍，为建造精品舰船提供了有力的智力支撑和组织保障。军品建造各要素都有严密的控制系统，保证了军工生产科学有序。

多型系列中国“第一艘”战舰令人瞩目，多次获国家科技进步奖、国防科技进步奖、工业博览会金奖和国家级质量金、银奖。

（二）“皇冠上的明珠”

LNG 船是世界公认的高技术、高附加值、高可靠性要求的三高船，建造难度不亚于航母，世界上只有日、韩和欧洲等少数几个造船先进国家可以建造。

沪东中华“十年铸剑”，投资 40 多亿元，2009 年第一批 5 艘 LNG 船建成。这是 LNG 船首次在发展中国家成功建造，打破了先进造船国家的垄断局面，为国家的能源战略提供了重大技术装备，标志着中国造船工业取得了重大进步，为中国跻身世界造船强国之林增加了重要砝码，推动了中国造船工业新一轮腾飞。为了使中国船舶工业在世界造船舞台上有更多话语权，沪东中华继续投资研发更先进 LNG 船。

至今，沪东中华已建成 10 多艘 LNG 船，16 万立方米、17.2 万立方米、17.4 万立方米等多型世界先进水平 LNG 船相继问世，建造质量受到了世界石油巨头埃克森美孚公司赞扬。2016 年 10 月 28 日交付的1704 万立方米 LNG 船是当今最先进的 LNG 船。

在当前造船企业普遍“接船难”的困境下，世界不少航运公司却纷纷与沪东中华洽谈 LNG 船建造合作意向。沪东中华 LNG 船订单不断，交船计划已安排至 2019 年。

“十三五”开始，沪东中华更加快了在 LNG 船型系列化、LNG 海上装备、LNG 关键装备国产化、LNG 产能规模化等方面开展重大科研步伐。大力开展极地航行低蒸发率 LNG 船、岛屿型 FSRU、22 万立方米级 LNG – FPSO 等船型研发，争取在“十三五”末形成 FLNG 整体设计及制造能力。

（三）世界顶级化学品船

沪东中华是国内最早进入特种船建造领域的船企，已成为世界顶级化学品船建造基地。

建成中国第一艘 LNG 船后，沪东中华又把研发目标放在了化学品船、集装箱滚装船等高端产品上。2016 年 6 月，沪东中华建成全球首艘“概念船”38000 吨双相不锈钢化学品船，为中国船舶工业“十三五”开局献上了一份厚礼。这是一艘集世界众多先进技术于一身的环保节能船舶，备受业内瞩目。船东方荷兰思多而特·尼尔森（Stolt – Nielsen）公司是全球最大化学品运输公司，以最严苛、最专业闻名。这家航运巨头对沪东中华建造能力高度认可，称赞质量处于世界顶级水平。

该船有 4.6 万立方米的货物容积，可以装载近千种化学品及成品油，包括石化、油脂化学品、植物油以及润滑油等，几乎囊括任何液体货物。有 43 个货舱，可同时装卸 40 多种化学品或油品。桨、舵、舵球一体化设计，比常规化学品船提高推进效率 6%，环保性能达标，能停靠世界各大港口。

目前，中国已取代西欧成为全球第二大化学品消费地。专用化学品市场未来 3 年，将以年均 7% 左右的速度快速增长。38000 吨双相不锈钢化学品船建成，将为国家不断增长的化学品市场需求提供运输保障。2016 年 10 月 31 日，又有新的世界著名化学品航运公司，把 8 艘 49000 吨新订单交给沪东中华。

（四）全球首制集装箱滚装船

2015 年 10 月 27 日，沪东中华建成世界首艘 G4 型集装箱滚装船“大西洋之星”。德国汉堡媒体盛赞，中国制造为北大西洋带来新气象。这标志着中国“智造”有了争雄国际集滚船市场的实力，成为“十二五”期间中国船舶工业转型发展的标志性事件之一。

“大西洋之星”是世界最大、最先进集滚船，具有“最先进滚装设备、最多装载车型、最高效舵桨、最新型导轨架”等特点。配有11层滚装甲板，其中7层固定甲板，4层活动汽车甲板用于装载小型汽车；7层固定甲板中的底下3层是重型车辆甲板，可以装载超高超大超重的工程机械车辆，滚装甲板可停放最大35米特种车辆，甚至可以装载大型商用飞机机身分段。

当前世界航运市场萧条，船业史无前例艰难，订单少是“常态”，但集滚船既能装载集装箱和多种车辆，还有可装运其他超大件货物的优点，而沪东中华又具备了建造这种极其复杂船型的能力，给船东提供了极富弹性的运营模式。所以不少航运公司频频造访沪东中华，就建造方面问题同船厂交流。

（五）国内大型箱船建造龙头

沪东中华是我国建造全系列集装箱船数量最多的企业，形成了具有自主知识产权和市场竞争力的建造能力，成功建造了1714箱、2700箱、4250箱、5688箱、8888箱、10000箱等各类集装箱船超50艘。在国内大型集装箱船建造方面，沪东中华处于领先地位。

近年，沪东中华又站在世界集装箱船建造技术前沿，开发了具有完全知识产权的145000TEU和20000TEU超大型集装箱船，快速性指标、油耗指标达到了国际先进水平。目前手持大型集装箱船订单达18艘，生产任务已排至2018年。

三、核心技术突破，精度业界翘楚

（一）持续数字化研究，船坞建造速度大突破

从“深化数字化船坞船舶建造工艺研究”，到数字化船坞工作原理策划、87000吨散货船试验应用、全船坞基准靶的安装与调试、埃克森美孚LNG船搭载定位应用等方面，开展积极研究，实现了数字化船坞建造工艺的应用，缩短了数据换算过程，大大节省了工时成本，提高了工作效率。

（二）持续优化建造工艺，船舶建造效率大提升

研究优化上层建筑整吊工艺，从整吊设计、有限元计算、整吊加强方案等

方面开展研究，编制上层建筑整吊新工艺和吊装方案，实现了高新船舶上建顺利吊装。该工艺减少了吊环安装的焊接工作量，完成后只需割除局部中心板，保留了拦水扁铁，减少了割除和打磨工作量，不需要再拦水扁铁安装。

对船厂而言，高效舵系统的应用，将节省设计、安装、拂配等方面的人力物力投入，符合造船总装化趋势。采用新型高效舵—贝壳舵工艺，编制了《10000TEU 船贝壳舵安装工艺》等工艺文件，使 10000TEU 舵系统得以顺利安装。高效舵系统的应用，延长船舶的使用寿命。这个项目的成功应用，给船舶制造业一个启示，工艺改革潜力巨大。

舱口围总组预装工艺应用研究，在 10000TEU 船上成功应用，为后续集装箱船产品，全面推广舱口围预装工艺积累了技术基础，大大减少了船坞搭载阶段工作量，减轻了作业人员劳动强度，提高了安全性、建造效率。

（三）持续高效焊接应用，现场问题解决大提速

近几年来，沪东中华持续开展高效焊接技术的研究与推广，对“大线能量厚板双丝气电自动立焊”“自动立焊”“EH47 级高强度船板焊接”“高效焊丝自动角接焊”“双相不锈钢高效焊接工艺”“双丝埋弧焊焊接工艺”等一批焊接工艺进行攻关，大力推进成果应用，解决了一批批现场应用技术难题，大大提升了建造效率。

核心技术支撑，林林总总先进工艺“辅佐”，沪东中华的造船进度大提速，超级油船、超大型箱船等产品建造周期在业内最短。

四、智能绿色造船，高新技术典范

沪东中华是我国船企高新技术的典范，有国家级企业技术中心、国家能源 LNG 海上储运装备重点实验室、博士后工作站、综合实验室，有强大研发设计能力；数字信息集成系统，实现了智能设计制造管理的协同和集成。先进的精度管控技术，预舾装、模块化安装等工艺，形成了现代化总装造船模式。

沪东中华倡导“数字造船、绿色造船”，结合国内外数字化技术发展，以自

主研发为主，不断创新，建立了船舶产品数字化设计集成平台（SPD）、船舶产品数据管理平台（PDM）、造船企业 ERP 系统（企业资源计划系统）平台和办公自动化（OA）平台。这 4 大造船信息管理系统涵盖设计、制造和管理；独树一帜的 SPD 造船设计系统，引得 200 多家船企和科研院所竞相“认领”，造船设计能力和效率明显提升。

目前，公司信息化基础支撑环境坚实，形成了具有自主知识产权的船舶产品设计、制造、管理一体化平台，支撑公司船舶产品设计、制造、管理的业务环节，提升了公司船舶产品建造过程的数字化集成应用能力。

先进的 SPD 系统已在 LNG 船、万箱船、38000 吨化学品船、45000 吨集滚装船等高新舰船上全面应用，逐步实现以国产 SPD 系统取代国外造船设计软件，从而实现统一的公司数字化设计平台国产化的目标。

船舶产品数据管理系统为船舶产品设计提供了先进科学管理平台。该系统通过与企业经营计划管理系统、设计质量成本管理系统和 SPD 等系统的集成应用，实现了船体、舾装、涂装设计数据向生产、制造数据的转换，为生产、制造系统提供了基础数据。

五、核心竞争要素，孕育国宝人才

坚持“人才是企业最核心的竞争要素”思想，沪东中华成了国家高技能人才培养示范基地、全国企业职工教育培训先进单位。

制定了一系列人才选拔制度，创新人才培养机制，依托科研课题，培养了百余名全国、上海市、中船集团等各层面的高级专家、领军人才、技术能手，为可持续发展奠定了坚实基础。

沪东中华把培育工匠精神，厚植企业文化作为完成使命任务、确保舰船质量的一项重要举措，努力将质量第一的理念，追求卓越的意识和严谨细实的作风，贯穿于舰船建造始终。“导师制”“劳模工作室”，培育了更多有干劲、能担当的高技术英才。

沪东中华有中国船舶工业十数名国宝级技术人才，有中国船舶工业强大的研发设计团队，有中国船舶工业最多的“良工巧匠”。首席专家、博士后工作站和学科带头人遍布沪东中华每个研发、设计领域，设计理念超前。1400余人的工程技术人员队伍，奠定了业内研发霸主地位，让沪东中华这个品牌熠熠生辉。

未来，沪东中华致力建设一个国内最强、国际高端的海洋装备企业。

高铁列车高可靠性齿轮传动系统研发及产业化

中车戚墅堰机车车辆工艺研究所有限公司

一、高铁领先源于关键部件领先

我国轨道交通装备产业经过“十一五”和“十二五”的快速发展，无论从研发能力还是制造水平方面均有了较大的进步，整车技术已达到国际先进水平。在高铁列车领域，随着京津城际高铁、武广高铁、郑西高铁、沪宁城际高铁等线路的相继开通运营，让世界看到了“中国速度”，中国高铁正在引领世界高铁发展，让国人为之自豪。

作为经济运行的大动脉，高铁将成为推动“一带一路”战略相关国家和地区贸易与人员往来便利化、实现经济融合的重要工具。中国高铁既是“一带一路”战略的重要内容，更是加快实施战略的重要工具。中国通过对高铁技术“引进、吸收、再创新”的发展，高铁建设、通车里程均达世界第一，高铁技术走在世界前列。截至2015年年底，中国高速铁路运用里程达到1.9万千米，超过世界高铁的60%，高速动车组保有量居世界第一。CRH380A高速动车组也在京沪线上跑出了486.1千米的最高运营时速，刷新了世界高铁速度，中国高铁人用短短不到10年的时间完成了国外企业40年所做的工作，成功超越国外竞争对手，确定了中国高速铁路装备世界领先的地位！

中国高端装备迅速崛起的背后，是关键核心零部件落后的掣肘。众所周知，以发动机、齿轮传动系统为代表的关键核心零部件核心技术长期被国外垄断，严重束缚了中国汽车、航空航天等高端装备的发展。其中，齿轮传动系统是装备能量转换与传递的核心部件，作为重要的通用设备，始终是推动高端装备性能不断提升的核心技术所在。齿轮传动系统技术凭借其高要求的精度和可靠性、高难度的设计制造要求在高端装备领域享有至关重要的地位。“十二五”期间，中国高端装备虽得到了长足发展，但2014年年末中国进口的高端齿轮传动系统竟高达140亿美元，相比“十一五”末期增长了十倍，充分说明了中国高端装备崛起背后对齿轮传动系统的极度依赖。

对于中国铁路而言，铁路的任何一次提速，都离不开齿轮传动系统技术和产品的更新换代。然而，在中国高铁引进之初，齿轮传动系统作为关键核心零部件无论从技术还是到工艺都被德国和日本公司垄断，价格昂贵，成为高铁列车最“卡脖子”的零部件，制约了中国高铁装备行业自主创新能力和技术水平的提升。

如今，在“高铁走出去”的时代浪潮中，在“供给侧”改革和《中国制造2025》的大背景下，只有以齿轮传动系统为代表的关键核心零部件更快、更高速、更稳定的发展，形成自主知识产权，打破国际技术壁垒，成为国际标准的制定者，才能使高铁列车朝着更高速、更安全、更节能的方向发展，高铁装备才能真正实现技术输出，才能真正支撑我国由制造大国向制造强国的转变。

二、首创高铁列车齿轮传动系统国有品牌，跻身国际竞争舞台

2009年，面临国外企业对中国高铁关键技术的重重壁垒和市场垄断，拥有40多年齿轮传动系统研发制造经验的中车戚墅堰机车车辆工艺研究所有限公司（以下简称戚墅堰所）肩负起解决我国高速动车组关键核心技术难题的历史重任，承担了国家科技支撑计划等十余项省部级以上重大科技项目，包揽了“十一五”“十二五”期间科技部、工信部等多个部门所有涉及高铁列车齿轮传动系统研制的专项项目，不断向高铁列车齿轮传动系统的技术制高点发起冲锋。同时戚墅堰所积极探索与国外技术水平的差距，并充分发挥自身专业优势，通过不断的自主创新和协同创新，一举突破了高铁列车齿轮传动系统设计、仿真技

术和多目标总体设计优化配置技术，成功解决了镁铝轻合金、高强度齿轮用钢等关键基础材料的开发以及低压铸造工艺、双频感应淬火热处理工艺等先进制造工艺等多项技术难题。同时，针对目前进口产品在国内出现的箱体破裂、轴承烧损、漏油渗油、金属异物等产品质量问题进行了重点攻关，最终完成高铁列车齿轮传动系统全面自主化研制，成功实现了动车组全车型平台覆盖并形成产业化，真正意义上打破了我国高铁列车核心技术受制于人的局面，填补了国内技术空白，达到国际领先水平。

戚墅堰所用不到十年的时间，从起步研发到如今一万套齿轮传动系统下线，创造出国内首个高铁列车齿轮传动系统自有品牌，在国际化的竞争中掌握了话语权，成为我国高铁跻身国际竞争舞台不可或缺的重要技术组成部分。

三、技术水平领先，推动行业转型升级

高铁列车速度的提升对于齿轮传动系统的综合性能提出了巨大的挑战。速度提升一倍，温升将提升四倍，同时振动也将急剧增加。由于车轮与铁轨的刚性接触，在高速条件下要求齿轮传动系统极致轻量化。戚墅堰所通过持续自主创新，成功突破了齿轮修形、轻铝合金材料、润滑密封等瓶颈技术。功率重量比达到 1. 42kW/kg，与国外先进产品相比提升了 10%；在高速情况下，实测振动速度控制在 12mm/s 以下，实测噪声不超过 85dB，远远优于国外产品 96dB 的噪声指标；轴承运行最高温度不超过 80℃，温升较国外同类型齿轮传动系统降低 10℃；高线速度下实现密封可靠性，密封处线速度 70m/s，真正实现齿轮箱零泄漏，可靠性国际领先。

此外，从无到有地建立了国际一流的高铁列车齿轮传动系统仿真与试验验证体系，进一步提升了我国高铁列车齿轮传动系统的核心技术竞争力。正是该产品的突破，才使中国高铁的“世界第一速度”真正成为可能，从产业基础上支撑了我国高铁由“中国制造”向“中国创造”的华丽转身，改变了我国高端装备业迅速崛起而关键核心零部件落后的“空壳化”局面。

高铁列车关系旅客安全，高铁准点率是快节奏现代生活的标志，这一切都

依赖于高铁产品的高度可靠性。戚墅堰所高铁列车齿轮传动系统全程采用智能制造手段，通过在产品研发、工艺、制造环节导入数字化和智能化理念，开展智能制造工程建设，搭建了涵盖智能设计、智能运营和智能制造模块的智能制造车间，通过三维一体化、ERP和MES的无缝集成，运用安全可控的智能制造手段，引入智能化装备，形成齿轮传动系统智能设计、智能运营、智能制造、智能决策的集成化平台，优先打造了全国首个轨道交通关键零部件智能化装配车间。通过智能制造工程的建设，有效保证了上万套高铁列车齿轮传动系统产品的稳定性和一致性，有效提升了质量控制能力，平均故障间隔里程7000万千米。戚墅堰所高铁列车齿轮传动系统智能制造车间也成为国家重点支持与示范的智能制造工程。

依托本项目的产业化及智能化建设，围绕高铁列车齿轮传动系统建立了集开发、制造、试验、诊断、检修于一体的技术平台。成功实现了时速160～380千米全速度等级的动车组全车型平台覆盖，真正形成了高铁列车齿轮传动系统模块化、谱系化设计与技术服务并进的良性服务型制造产业平台。

四、瞩目成绩源于“专精特”

瞩目成绩的取得离不开项目承担单位雄厚的技术实力与创新能力。

第四届中国工业大奖“高铁列车高可靠性齿轮传动系统研发及产业化”的承担单位——戚墅堰所创建于1959年，隶属于中国中车股份有限公司，是我国轨道交通关键零部件——齿轮传动、基础制动、车钩缓冲、减振降噪装置、内燃机动力组件的专业研发和产业化基地，同时也是轨道交通行业基础材料与基础工艺的技术研发及推广单位。戚墅堰所建有国家级企业技术中心、国家级博士后科研工作站，是国家技术创新示范企业、国家级高新技术企业，拥有3个国际和国家认可的实验室、4个省级工程技术研究中心、2个院士工作站以及中国中车材料工艺研发中心等研发平台。戚墅堰所拥有860余项专利，获省部级各项奖励200余项，其中获国家科技进步奖10项，是我国轨道交通行业专业水平高、配套能力强、特色明显的“专精特”企业。

作为我国高铁关键零部件研发及产业化的先驱者，戚墅堰所成功开发了时速160～380千米速度等级高铁齿轮传动系统、车钩缓冲装置、基础制动装置、减振降噪装置等，取得了一系列国家级、省部级成果，为我国高铁列车的世界领先贡献了重要力量。

五、安全生产，绿色制造

在高铁列车齿轮传动系统研发及产业化过程中，戚墅堰所坚持产业与安全协调发展的科学理念，以保护员工职业健康为目的，全面贯彻落实“安全第一、预防为主、综合治理”的安全生产方针，把加强安全教育、改善作业环境、强化员工职业的健康作为重点工作。注重安全管理平台的建设工作，实现安全管理的规范化、科学化；健全管理制度，使各项安全生产活动有章可循，强化教育培训，加大宣传力度，做到警钟长鸣。

此外，戚墅堰所始终肩负节能减排的社会责任，通过搭建三级节能管理网络体系保障产品各个环节的节能管理工作。同时定期开展节能监测，持续开展技术改进，推进“四新”的应用，在涉及污染风险较大的铸造等环节，应用了绿色铸造等先进制造工艺技术，全面实现了制造过程的绿色无污染，取得了较好的社会效益。

六、硕果累累，技术质量齐飞跃

高铁列车齿轮传动系统是国家《三基产业“十二五”发展规划》中最重要的标志性成果，其发展过程也是我国高铁装备基础能力不断提升的一个过程。产品填补了国内空白，赶超国际先进水平，具有深刻的历史意义。在产品开发过程中，共形成专利70余项，其中发明专利33项，软件著作权2件，专利覆盖产品全部核心技术。产品被认定为国家重点新产品，打破了国外同类产品对我国高铁市场的技术垄断，使得戚墅堰所在短短几年之间迅速成长为中国高铁列车齿轮传动系统领军企业。

在科技奖励方面，“时速250千米动车组高速转向架及应用”获国家科技进步一等奖，“时速350千米高速动车组”获中国铁道科技特等奖，“高速列车动力车驱动齿轮箱的密封装置”获中国发明专利优秀奖，“CRH380A高速动车组用齿轮驱动装置”获中国铁道科技特等奖。

在技术标准方面，戚墅堰所制定了全国首个高铁齿轮传动系统行业标准，形成了行业影响力，并以产品发展需求为导向，建成了一套科学、有效、完整的集产品技术标准、知识产权管理、专利信息创新为一体的标准专利体系，构建了覆盖产品全生命周期的多层次标准以及知识产权的制定、运用和保护长效机制。通过制定产品自主知识产权和权威技术标准双管齐下的方式，掌握行业话语权，引领行业技术走向，保证产品的核心竞争力，摆脱了我国高铁列车齿轮传动系统受制于国外技术壁垒的尴尬局面，最终将有助于形成足以支撑国家“一带一路”走出去和制造强国战略，满足全球市场需求的国际化轨道交通关键零部件标准专利体系，为实现由技术跟随向技术引领转变保驾护航。

戚墅堰所作为目前国内唯一的高铁列车齿轮传动系统开发供应商，和中国高铁一起经历了翻天覆地的变化：产品市场占有率从国外垄断到国内市场占有70%，打破了国外技术垄断，质量水平相比于进口产品有巨大提升，实现了国际领先；齿轮传动系统的技术领先推动了整车技术水平的提升，为“高铁走出去”奠定了坚实的技术基础。同时，逐步建立起国内唯一、国际先进、附加值高的高速动车组齿轮传动系统产品平台，引入智能化、信息化，构建高速动车组齿轮传动系统智能化平台，促进智能化转型，走出了一条具有自身特点，专业优势明显的新型工业化道路。

七、永不停步，共叙历史重任

经过不断的技术追赶，以高铁列车齿轮传动系统为代表的我国高铁列车关键基础材料、核心基础零部件、先进制造工艺、产业技术基础取得了长足的进展，为高铁列车装备的跨越发展提供了重要的支撑和保障。随着未来中国高铁装备的持续技术发展和产业升级，高铁列车将以“绿色、安全、高效、环保”为目标，进一步实现长寿命、高可靠性、轻量化、减免维护，实现互联互通，走向全球。以戚墅堰所为代表的中国高铁关键零部件企业也将肩负起国家高端工业装备发展的重任，持续聚焦工业强基，致力于齿轮传动前沿技术研究，以齿轮传动系统等关键核心部件的技术进步推进高铁列车速度与性能的进一步提升，牢牢占领世界高铁技术的制高点，共同肩负起历史的重任！

深空创新路　铸就探月梦

中国空间技术研究院

浩瀚宇宙，茫茫太空，以其深邃和神秘令人神往。从嫦娥奔月到万户飞天，千百年来，中华民族从未停止过对宇宙的探索和遐想。

深空探测历来是航天强国实现技术突破和资源竞争的竞技场，也是对人类认知领域的巨大挑战，其技术难度和风险极大。迄今为止，人类共实施了242次深空探测任务，其中月球探测的成功率仅为50.4%。

进入21世纪以来，党中央、国务院高瞻远瞩，把握世界科技发展大势，明确提出以月球为主的深空探测目标，决定启动月球探测工程，并列入了国家十六个重大科技专项之一，这既是党中央、国务院做出的一项重大战略决策，也是落实习近平总书记“发展航天事业，建设航天强国”的重要举措，是“谱写航天强国梦，共圆伟大中国梦”的重要组成部分，更是建立创新型国家的重大战略性、标志性科技工程，是我国航天事业发展的必然选择。

中国空间技术研究院（以下简称五院）作为中国空间事业最具实力的骨干力量和主要的空间技术及其产品研制基地，承担了月球探测工程探测器系统抓总以及主要分系统研制任务。面对艰巨而复杂的任务，五院于2002年组建了以叶培建院士为带头人的创新团队，汇聚了不同学科专业的技术人才，运用系统工程方法，构建了“系统总体＋分系统专业”的组织体系，以总体设计、轨道设计、导航与控制、测控通信、结构机构、热控制等技术为研究方向，持续致力于我国深空探测器的系统设计。在工程研制过程中，五院参研单位和科研人员大力弘扬“两弹一星”精神和严慎细实的工作作风，提前抓，科学干，精心组织，精心实施，勇于创新，集智攻关，研制出了中国第一颗月球探测卫星、第一颗飞入行星际的探测器、第一颗软着陆在地外天体表面的航天器和第一辆将“足迹”刻在地外天体上的月球车、第一颗以近第二宇宙速度高速再入返回地球的航天器，圆满实现了月球探测工程一期“绕”和二期“落”的目标，树立了中国航天史上新的里程碑。

目前，月球探测工程三期嫦娥五号探测器研制工作进展顺利，预计将于2017年发射，最终实现月球探测工程第三步“回”即月球采样返回的任务目标。

一、展示综合国力，彰显大国地位

五院测器系统设计的“嫦娥”系列探测器，创造了世界月球探测史的“中国记录”，每次飞行任务都得到了国际宇航机构的高度关注，特别是嫦娥一号、二号和三号探测器的在轨圆满表现，引起了国内外媒体的巨大反响，更得到了世界同行的高度评价。

俄罗斯探月工程总设计师格奥尔吉·波利修克评价嫦娥一号卫星：“嫦娥一号项目的成功，开辟了中国宇航事业的新纪元。中国的绕月探测并不是重复别人走过的路，许多研究方向是之前其他国家的探月计划所没有涉及的。”

美国太空政策专家弗雷泽评价嫦娥二号卫星：“嫦娥二号使中国向探月工程的最终目标又迈进了一步，中国的太空探索能力正在稳步提高，向世界展现了中国的国力。”

美国航天局月球轨道勘察探测器（LRO）首席科学家马克·鲁宾逊评价嫦娥三号探测器：“在地球以外任何太阳系天体上着陆都是复杂且难忘的壮举！中国如此在月球成功着陆，清晰显示其先进的探索能力，只有极少数出类拔萃的太空计划才能完成这一任务。”

以探测器系统为代表的月球探测工程取得的大批技术成果，充分展示了我国的综合国力和科技实力，提高了我国国际威望，彰显大国地位，极大增强了中华民族的自豪感和凝聚力，具有特别重大的社会效益和深远的历史意义。

二、坚持自主创新，推动技术发展

月球是走向深空的第一站，月球探测工程是当今世界高新科技中极具挑战性的领域之一，是众多高新技术高度融合的复杂系统工程。探测器系统作为月球探测工程的重要组成部分，需要突破一系列关键技术和技术难关。

五院全体参研单位和参试人员牢记使命，坚持走中国特色自主创新道路，取得了大量拥有自主知识产权的高水平技术成果，推动了以深空轨道设计、行星际测控通信、自主导航控制、地外天体着陆、高效能源、先进推进及遥操作等技术为代表的一批重大科技成果转化和产业化，提升了以高性能新材料、电子元器件为代表的原始创新、引进消化吸收再创新能力，改变了关键核心技术和产品受制于人的局面。嫦娥一号首次实现地外天体环绕探测。嫦娥二号已突破了距离地球8000多万千米的行星际飞行，实现了月球、日—地L2点和图塔蒂斯小行星的多目标多任务探测。嫦娥三号任务突破了月球软着陆、自动巡视勘察、月夜生存等技术，形成了我国深空探测器研制基本体系，促进了我国航天技术水平的整体跃升，为我国进一步开展火星着陆和巡视探测等深空探测活动奠定了坚实的技术基础。

工程实施过程中，五院强化与相关技术领域优势产业部门、高等院校的紧密结合，加快了多领域产品研发、系统集成创新，逐步构建了以重大专项为导向、系统关键技术为目标、团队自身为主体、产学研相结合的技术创新体系，为创新型国家建设做出了贡献。

三、牵引科技创新发展，助力经济与社会持续进步

月球探测是科学与工程技术的结晶，集中应用了现代工程技术的最新成果，带动力学、热力学、材料学、医学、电子技术、光电技术、自动控制、喷气推进、计算机、半导体技术、真空技术、低温技术、新材料与新工艺的发展，多种学科互相交叉渗透，产生了人工智能、碳纤维复合材料等一大批影响深远的

科学和技术成果，带动了我国自主创新能力和航天科技水平的提升。

探测器研制过程中突破和攻克了大量新技术和新产品，如综合电子、着陆缓冲机构、导航敏感器、两相流体回路、变推力发动机、微波测距测速敏感器等大量的新型高性能设备，一系列新技术、新产品、新材料的应用并向国民经济的推广和转移，显著促进了我国结构、材料、微处理计算机、微波器件、电子技术等基础学科和工业的快速发展，提高了相关领域装备的国产化水平，牵引和带动了国内基础工业的发展，并产生广泛的收益，促进了我国经济与社会的发展。

四、深化月球探测，促进空间科学发展

月球探测器携带的多种新型科学载荷在轨工作获取了大量第一手数据，对这些数据的处理、反演和研究已取得了丰硕的科学成果，深化了人类对月球、地球、太阳系乃至整个宇宙的起源、演化及其特性的了解，促进月球学科、地球与行星等学科的创新。

月球探测的科学成果，扩展和深化了地球科学的研究领域，特别是对固体地球科学的四大支柱——地质学、地球物理学、地球化学和大地测量学的研究，提供了地球之外的另一个固体天体的对照和比较，充实与丰富了关于地球起源与早期演化、地球的地体构造区划与演化历史、地球的物理场与内部结构、物质组成与化学演化、地球和其他行星的空间大地测量学等领域的研究。月球样品的分析测试和系统研究，大大推动和促进了地球样品的微区、微粒、超微量和微束分析技术的创新与发展，从整体上提高了地球科学的研究水平。

月球稳定的地质构造及其没有大气层的空间环境是进行天体物理学、重力波物理学和中微子物理学实验和观测的极好场所。嫦娥三号在国际上开创了利用月球开展紫外波段天文光学研究、重要天体光变的长期连续监测等新研究领域，为世界空间科学的发展做出了应有的贡献。

月球探测丰富了空间科学各分支的研究内涵。空间科学主要是利用航天器研究发生在空间的物理、化学和生命等自然现象的一门综合性学科。月球探测

为研究日—地—月相互作用的物理化学过程，月球在内、外力作用下的物理和化学过程与演化规律，在月球低重力、无磁场、高真空和强辐射环境下的物理、化学和生物现象，并为新材料、新生物制品的研制提供了新的科学依据，丰富和充实了空间物理学、空间化学、空间生命科学、空间地质学、空间遥感科学和空间材料科学的研究内涵。

月球具有丰富的天然资源，是对地球资源的重要补充和储备，月球表面可获得充足的太阳能、丰富的氦三，可为未来人类能源的需求提供资源；利用月球特殊的环境——高真空、无磁场、弱重力、强辐射等条件，将成为地面环境中无法研制的新材料、新器件、生物制品等的生产基地；月球将成为人类对地球的气候、环境、生态和灾害的监测预报基地、新兴科学的研究基地、深空探测的前哨站和转运站；月球所蕴藏的矿物资源以及所具有的天然特殊环境，有可能转化为直接或间接的经济效益，服务于未来的人类社会进步与可持续发展。

五、创新成果丰富，产生广泛影响

探测器系统研制团队始终坚持原始创新和集成创新，在短短十余年的时间里，通过月球探测工程的成功实施，取得了多项原创成果，目前共获得国家科技进步特等奖 2 项、国防科技进步特等奖 2 项、国防技术发明一等奖 1 项、国防科技进步一等奖 1 项、省部级奖项 13 项，在国内外刊物发表文章数百篇，拥有了一批具有自主知识产权的成果。

月球探测具有科学性、全球性和开放性等特点，具备开展国际合作的优势。工程实施过程中，五院注重各种学术交流，借助有利的平台和机会，在世界月球大会、国际宇航联大会、国际行星科学会议、中英合作论坛等国际会议上做特邀报告 10 余次，在国内承办深空探测年会等学术论坛，积极与国内外同行专家开展技术交流和合作，在国内外产生了广泛的影响。

六、培养人才队伍，激发探索精神

月球探测体现了人类对未知领域进行不懈探索的精神，实施月球探测工程，广泛传播科学知识，对激发国人的科学热情，激励中华儿女开拓、奉献、创新，培养年青一代的科学探索精神有着深远的影响。在十余年的攻关历程中，探测器团队以加速推进我国空间技术，实现中华民族奔月梦想为使命，在起步晚、基础薄弱的情况下，瞄准国际前沿，坚持“严慎细实、确保质量”的工作作风，铸就了“勇于担当、自主创新、团结协作、追求卓越”的团队精神，为持续创新、连创佳绩注入了强大的精神动力。

作为一项多学科高技术集成的系统工程，月球探测工程实施过程中，五院从引领和推动航天系统工程发展的角度出发，通过抓顶层的预先策划，抓研制单位和关键岗位的责任落实，抓计划的优化动态控制，抓研制资源的超常保障，抓工程任务的精细量化质量管控，抓各类风险的提前识别和控制，探索并形成了适应国家重大专项工程的项目管理模式和成果，为新形势下后续重大科技工程的组织实施提供了有效借鉴。此外，探测器团队以提升系统创新能力为目标，建立了以总体设计为牵引、关键技术攻关为核心、多学科专业技术人才为支撑的团队管理创新体系，形成了专业覆盖面广、技术带动性强、优势互补、强强联合的协同创新机制。

团队着眼于我国深空探测事业长远发展，坚持以神圣的使命感召人才，以艰巨的任务锤炼人才，以光荣的事业凝聚人才，吸引了众多青年学子投身科技事业，造就了一批具有世界水平的科学家和研究团队，保持了我国在航天等高新技术前沿领域的优势地位。更重要的是，它激发了全国人民对科学探索的兴趣，培养了富于科学探险精神的年青一代，为我国的科技发展提供了强大的基础和后劲，促进了社会主义和谐社会的可持续发展，为我国的科技发展和强国建设提供了强大的动力。五院经过十多年的知识积淀和人才培养，不仅造就了一批年龄结构合理、业务素质过硬、富有创新精神、置身于世界科技前沿的科研队伍，形成了以老专家、院士为顾问，以中年专家为核心，以青年骨干为主力“老中青”结合的人才梯队，在承担国家重大专项——探月工程研制过程中，锻炼了队伍，提高了创新能力，积累了丰富的技术知识和系统经验，为我国深空探测领域未来的发展，奠定了坚实的技术基础和人才储备。此外，五院探测器系统团队还设置了高层次创新岗位，全面拓宽创新人才发展通道；建立了学科带头人考核激励机制，激发创新型科技人才不断涌现；制订了“自助、帮助、辅助、互助”四助政策，全面引领青年人才快速成长，并先后培养出“万人计划”科技创新领军人才1名，“973”项目技术首席1名，总设计师、总指挥4名，副总设计师、副总指挥12名，主任设计师28名。团队还荣获了中国青年“五四”集体、全国“三八”红旗集体等称号。多名骨干荣获全国“五一”劳动奖章、中国青年“五四”奖章、中国青年科技奖等荣誉称号。

2014年1月6日，习近平总书记在接见嫦娥三号任务参研人员代表时指出：“有德高望重的科技大家，有技艺精湛的技能大师，有一大批朝气蓬勃的青年骨干，这是我们的力量所在、希望所在。”

宇宙奥秘无限，事业征途漫漫，创新永无止境。展望未来，五院将立足深空探测领域前沿，借鉴国际深空探测活动经验，坚持自主创新，坚持走中国特色的深空探测道路，以引领我国空间科学与深空探测领域发展为己任，向着更远的深空进发，全力推动我国火星、木星、小行星等探测活动的工程立项与实施，为实现“两个一百年”目标和中华民族伟大复兴的中国梦、为人类文明进步做出更大的贡献！

大力实施创新驱动战略　坚定不移做强做优做大国家电网公司

国家电网公司

科技兴则民族兴，科技强则国家强。当今世界，科技竞争日趋激烈，企业在实施创新驱动、增强国家综合实力和竞争能力方面的作用日益凸显。2016 年 5 月，全国科技创新大会在北京召开，习近平总书记发表重要讲话，提出了我国科技发展“三步走”的战略目标，明确了五大重点任务，吹响了建设世界科技强国的号角。

国家电网公司作为关系国家能源安全和国民经济命脉的国有骨干企业，在保障电力供应、带动产业升级、服务经济社会发展中肩负重要责任和使命，是建设世界科技强国、推动技术创新的重要力量。一直以来，国家电网公司认真贯彻党中央、国务院关于创新驱动发展的一系列决策部署，坚持以自主创新能力建设为核心，以创新体系建设为保障，以重点工程建设为依托，全面实施“一流四大”（建设一流队伍，实施大科研、创造大成果、培育大产业、实现大推广）科技发展战略，系统开展电网核心技术攻关，在特高压、智能电网、新能源等方面取得了一大批国内国际领先的创新成果，实现了“中国创造”和“中国引领”，走出了一条中国特色的电网企业创新发展之路。公司建立了完整的特高压、智能电网标准体系，主导编制国际标准 36 项（已发布 14 项），形成国家、行业标准 1480 项。截至 2015 年年底，累计获得国家科学技术奖 51 项、中国专利奖 58 项、中国电力科学技术奖 578 项；拥有专利 50165 项，比 2010 年增长 6.7 倍，连续五年居中央企业首位，是国家首批创新型企业。

一、构建系统高效的科技创新体系

坚持以科技创新为先导，以培育创新能力为基础，以创造国际一流成果为目标，优化科技资源配置和布局，构建以直属科研单位、产业单位、省属科研单位、海外研发机构为主体，外部科技力量为协同，层级清晰、分工明确、协同高效的创新体系。完善科研基础设施，提升试验研究能力，建成以“四基地两中心”（特高压交流试验基地、特高压直流试验基地、西藏高海拔试验基地、特高压杆塔试验基地，国家电网仿真中心、国家电网计量中心）为核心的特高压试验研究体系，组建风电、太阳能 2 个研发（实验）中心，国家级实验室（中心）达到 18 个（其中国家重点实验室 6 个），基本建成了世界上功能最完备、电压等级最高、技术最先进的大电网试验研究体系，为特高压、智能电网、大电网安全、新能源接入等核心技术创新奠定了坚实基础。成立全球能源互联网研究院美国、欧洲分院，整合利用国际国内创新资源，努力将海外研究院打造为前沿技术创新、高端人才培养、技术成果转化的国际平台。

二、全力攻克特高压输电核心技术

经过十余年艰苦努力，国家电网公司成功建设了世界上电压等级最高、输电能力最强、技术水平最先进的 1000 千伏特高压交流和 ±800 千伏特高压直流示范工程。“特高压交流输电关键技术、成套设备及工程应用”荣获 2012 年度国家科技进步特等奖。目前已建成运营“四交五直”9 项特高压工程，线路长度 1.4 万千米，变电（换流）容量 1.47 亿千伏安（千瓦），累计送电 5816 亿千瓦时，减少东中部地区二氧化硫、二氧化碳、烟尘排放 1347 万吨、4.5 亿吨、188 万吨，取得显著的经济和环境综合效益。特高压技术“走出去”取得重大突破，公司成功中标巴西美丽山水电一期、二期送出工程。特高压技术成为我国为数不多、世界领先、具有自主知识产权、拥有国际标准主导权的重大自主创新技术，极大地提升了我国远距离输电能力和能源资源优化配置效率，打破了国外跨国公司在高端电工装备领域的市场垄断，有力带动了民族电工装备制造业的技术进步和产业升级，使我国占据了世界电网科技的制高点。

三、建成一批具有国际领先水平的智能电网工程

落实国家《“十三五”国家科技创新规划》，大力支持智能电网战略性新兴产业发展，着力研发智能电网尖端技术，建设涵盖发、输、变、配、用、调各环节的坚强智能电网。公司先后自主建成世界上端数最多的舟山五端柔性直流输电工程，电压等级最高、输送容量最大的厦门柔性直流输电工程，中新天津生态城智能电网综合示范工程以及江苏南京统一潮流控制器示范工程等一大批智能电网创新工程，巩固和扩大了我国在世界电网技术领域的领先优势。坚持高度集成、结构合理、节能高效、国际领先，大力提升变电站智能化水平，截至 2015 年年底累计新建智能变电站 2286 座。大力推动智能电能表改造和用电信息自动采集系统建设，累计安装智能电能表超过 4 亿只，实现自动采集 3.8 亿户，采集覆盖率达到 88%，显著提升了电网智能化和互动服务水平。积极推广电、水、气、热“多表合一”信息采集，累计接入用户 158 万户，促进了跨行业信息共享和服务提升。

四、积极服务清洁能源大规模开发利用

公司坚决贯彻国家实施能源生产和消费革命战略部署，积极应对日益严峻的资源紧张、环境污染、气候变化挑战，大力促进清洁能源发展，着力构建安全、经济、清洁、可持续的能源供应体系。在我国首个可再生能源示范区河北省张家口市，建成世界领先的集风力发电、光伏发电、储能系统、智能输电于一体的国家风光储输示范工程，对解决新能源大规模并网问题、实现综合开发利用具有重要意义。面对一些地区弃水、弃风、弃光问题，公司加快配套电网建设，深入挖掘调峰潜力，充分发挥大电网联网效益和优化配置资源能力，加大需求响应力度，最大限度促进新能源发电并网和消纳。截至 2016 年 10 月底，

公司经营区域新能源并网装机突破 2 亿千瓦，其中风电、太阳能发电装机分别达到 1.3 亿千瓦、6864 万千瓦，均居世界第一。

“大”风机雄姿：示范工程选用的 **5** 兆瓦永磁直驱型风机总高度 **100** 米，是目前国内陆上单机容量最大的同类机型

国内最大的源网友好型风电厂

联合监控——风光储输的“智慧大脑”

五、着力建设信息化企业

公司将信息化建设纳入发展战略，建成了统一的集团企业级信息化平台，信息化水平整体进入国内领先、国际先进行列。“十二五”期间，公司充分利用现代信息和通信技术，建成 SG – ERP 工程，形成了覆盖面广、集成度深、智能化高、安全性强、互动性好的一体化集团企业资源计划系统；建成全球规模最大的电力通信网，光缆总长度达到 126 万千米，35 千伏及以上变电站光纤覆盖率达 99.3%，供电所光纤覆盖率达 99.9%。面向“十三五”，公司以信息化推进管理现代化，加强大数据、云计算、物联网、移动通信等新技术研究，加快一体化“国网云”平台和全业务统一数据中心建设，力争 2020 年全面建成技术先进、业务融合、智慧运营、价值卓越的信息化企业。

六、推动构建全球能源互联网

认真贯彻落实习近平总书记在联合国发展峰会上“探讨构建全球能源互联

网，推动以清洁和绿色方式满足全球电力需求”的重要倡议，围绕“一带一路”建设，积极行动，主动作为，大力推进全球能源互联网发展。成立首个由我国发起的国际能源组织——全球能源互联网发展合作组织，成功主办2016年全球能源互联网大会。开展了东北亚、亚洲、亚欧非等电网互联和北极风能、赤道太阳能、各大洲清洁能源资源等重大问题研究，与美国国家可再生能源实验室、美国阿贡国家实验室、斯坦福大学等签署合作协议。已建成中俄、中蒙、中吉等10条跨国输电线路，交易电量超过200亿千瓦时。目前正积极推动中蒙韩日、中国—巴基斯坦等跨国联网项目，中标的首个海外跨国联网工程——±500千伏埃塞俄比亚—肯尼亚直流输电项目已开工建设。

七、大力开展新兴业务和商业模式创新

贯彻国务院关于积极推进“互联网+”行动的指导意见，充分发挥公司资源、市场、技术、人才等方面优势，创新开拓互联网+、电动汽车、电子商务等新兴业务领域。深化“互联网+”营销服务应用，优化融合“掌上电力”手机App（应用程序）、“电e宝”、95598网站、车联网等各类服务平台功能，推进统一账户平台建设，促进信息资源共享和服务品质提升。以打造车联网平台为目标，加快构建开放、智能、互动、高效的电动汽车充换电服务网络，满足电动汽车快速发展需要。截至2016年10月底，累计投资209.6亿元，建成充换电站2910座、充电桩3.58万个，占全国公共充电桩的38.5%。车联网平台接入充电桩5.9万个，实现“四横两纵一环”高速快充网络上线。互联网支付平台“电e宝”上线运营，覆盖公司全部经营区域，实现与社会有关金融机构和支付平台的互联互通，注册用户超过6400万。

八、充分调动全员参与创新的积极性

公司大力推动“大众创业、万众创新”，尊重职工首创精神，激发职工创造热情。建设创新型班组，推进班组标准化作业、规范化服务、信息化建设，开

展“创建先进班组、争当工人先锋号”活动，每年评选表彰100个先进班组和100名优秀班组长。创建1100余个劳模创新工作室，工作室核心成员1.2万余人，其中高级技术人才3000多名，近10万职工直接参与了工作室活动。涌现出一大批“创新蓝领”和“金牌工人”，700余人获得省部级创新能手或技术能手称号。开展职工技术创新竞赛和青年创新创意大赛，激发职工创新热情，提升创新创效能力，“十二五”期间共推出创新成果12万余项，转化和运用6万余项，一批成果获得国家专利，产生显著的经济效益。一线工人自主研发的3项成果荣获国家科学技术进步奖二等奖。2016年获得全国优秀质量管理（QC）小组237个，获奖数量占电力行业的72%。

创新是引领发展的第一动力。面向“十三五”和更长远发展，国家电网公司将牢固树立创新、协调、绿色、开放、共享的发展理念，认真落实中央关于供给侧结构性改革、“一带一路”建设等各项部署，充分发挥中央企业在国家创新中的骨干带头作用，瞄准建设世界一流电网、国际一流企业的战略目标，持续完善创新体系，夯实创新基础，激发创新活力，多出快出国内国际一流的创新成果，全面提升发展质量和效率、效益，深入推进公司和电网发展方式转变，加快建设“一强三优”现代公司，为建设创新型国家、促进经济社会又好又快发展做出新的更大贡献。

近距离突出煤层群稀缺资源安全开发与利用项目

华晋焦煤有限责任公司

华晋焦煤有限责任公司成立于1992年4月，是国有大型主焦煤生产企业，主要经营煤炭开采、加工、技术开发与服务、瓦斯发电等业务。公司注册资本金8.3亿元，总资产126亿元。沙曲矿属煤与瓦斯突出矿井，矿井设计生产能力3.0Mt/a，2004年11月建成投产，先后获得国土部、中华环保联合会授予的多项殊荣。2011年沙曲矿被国家能源局确定为国家瓦斯治理示范矿井，2014年通过验收。沙曲井田可采储量12.76亿t（吨），煤质优良，属低灰、特低硫、特低磷高热值主焦煤，已注册“华晋焦煤”品牌，享有“中国瑰宝”之美誉，目前正在进行3.0Mt/a~8.0Mt/a改扩建。

沙曲井田各主采煤层呈典型的近距离煤层群分组赋存，瓦斯压力大、含量高，且均为煤与瓦斯突出煤层，一层开采，多层卸压。随着煤层埋深的增加，煤与瓦斯突出危险性日益严重，瓦斯涌出量逐年增大，严重制约了稀缺优质煤炭资源的安全高效生产。

为了有效治理瓦斯，公司推进瓦斯综合治理“五项治本之策”，采取大采高沿空留巷无煤柱开采、保护层开采卸压瓦斯抽采、井下大面积区域预抽、底板岩石巷道抽采卸压瓦斯、井地钻孔对接区域联合抽采等先进技术和综合措施，形成了具有华晋特色的沙曲瓦斯综合治理模式。特别是“三区联动—转化”，实现了矿井“抽、掘、采”接替平衡。

一、近距离煤层群稀缺资源安全开发形成了“沙曲瓦斯治理模式”

经过几年的实践，沙曲矿摸索出了一套适用于近距离突出煤层群条件下安全高效开采的沙曲瓦斯治理模式。

（一）保护层开采，奠定瓦斯治理之基

国内外煤与瓦斯突出煤矿的开采实践表明，保护层开采及卸压瓦斯强化抽采是目前治理突出煤层最有效、最安全的一种瓦斯治理方法。结合沙曲矿实际，进行了以2#和3#煤层作为主采4#和5#突出煤层的保护层开采举措，通过长期实践，2#和3#煤层的开采使主采的4#和5#突出煤层的瓦斯得到有效的释放，透气性明显增加，瓦斯抽采效率大幅提高，主采煤层得到有效保护。2#、3#煤层为主焦煤，煤质优良，采用小型综采大幅提高了2#、3#煤层资源回收率，创造了良好的社会经济效益。同时随着瓦斯综合治理效果的辐射，矿井单产单进水平实现了翻番。

（二）沿空留巷Y型通风，解决上隅角瓦斯超限问题，实现了无煤柱开采

沙曲矿围绕大采高采场覆岩活动及裂隙发育规律、围岩变形失稳机理、留巷承载结构稳定性控制及采空区瓦斯流场和全方位抽采技术进行了深入研究，形成了大采高沿空留巷煤与瓦斯共采技术体系。沙曲矿3+4#煤层采高4.2m，成功进行了4.2m大采高沿空留巷工程实践，填补了国内空白。沿空留巷Y型通风方法有效解决了上隅角瓦斯治理难题，为瓦斯零超限的实现创造了条件；强化留巷采空侧采动卸压瓦斯的综合抽采技术应用，提高留巷采空侧埋管抽采能力，实现了瓦斯抽采浓度与抽采效率最大化；沿空留巷能够减少采空区遗煤，对防止矿井采空区自燃，提高优质资源利用具有重要的作用；实现稀缺煤炭资源无煤柱开采，资源回收率提高了12%，巷道掘进工程量减少60%，降低了掘进投入，取得安全和效益的双赢。

（三）立体化抽采，最大化抽采瓦斯

1. 井下综合抽采

井下区域瓦斯综合治理主要由底板岩石巷道向上穿层钻孔对突出煤层进行消突，并结合保护层开采实施卸压区域瓦斯抽采，有效解决邻近层的瓦斯涌出。通过“采前、采中和采后”一体化井下区域瓦斯综合抽采，实现被保护层的快速抽采达标。主要方法有穿层钻孔预抽、顺层钻孔预抽、底板岩巷网格式上向穿层钻孔预抽、地面钻井卸压瓦斯抽采、裂隙带高位钻孔抽采、采空区压管瓦斯抽采、采空区密闭抽采和地面采空区钻井抽采等，区域预抽钻孔抽采期间，瓦斯平均抽采纯流量 $16m^3/min$，瓦斯浓度为 55%。

2. 地面钻井抽采

一是防突压裂井：在沙曲矿 5 年规划区以内布置，对 4#和 5#主采煤层实施压裂增透，然后封井，从井下巷道对目标区域施工抽采钻孔，目前已施工 12 口，井下有效单孔日采气量约 $1000m^3$，产气效果良好。

二是多分支水平井：华晋公司与科研院所合作开展了“地面多分支水平井与煤矿井下钻孔对接抽采煤层瓦斯技术研究”，现已成功施工一口多分支水平井，单井产气量 1500 万 m^3，平均浓度为 91%，抽采率达到 57%，实现了区域预抽达标，具有巨大推广应用价值。下一步准备继续施工多分支水平井 4 口。

地面井总计：沙曲井田范围内共施工各类钻井 320 口，其中水平井 10 组，抽采井 310 口，利用方式为 CNG（压缩天然气）和瓦斯发电。定向井或者地面抽采井单井日产气量 $810m^3$，平均单井日产气量 $745m^3$，最大单井日产气 1100 m^3。水平分支井日产气量 $15662m^3$，平均单井日产气量 $13569m^3$，最大单井日产气量 21000 m^3。

（四）“三区联动—转化”，形成全方位立体化瓦斯抽采

沙曲井田各煤层瓦斯含量高，储量大，初步估算达 1.88 亿 $m^3 \cdot km^{-2}$，井田

瓦斯总储量超过260亿m^3，瓦斯抽采达标难度极大。华晋公司以推行瓦斯综合治理“五项治本之策”为基础，实现沙曲井田安全高效煤气共采，依据煤层瓦斯赋存规律、采掘部署以及时空关系、现有技术水平，构建了“三区联动—转化”为特色的瓦斯综合治理发展模式，实现了局部治理向区域治理、过程治理向超前治理、管理措施型向工程技术型三个战略转变，矿井“抽、掘、采”逐步平衡，系统安全显著增强。瓦斯抽采量由2011年1.05亿m^3提高到2014年1.7亿m^3，瓦斯抽采率达到67%，瓦斯利用率达到81%。开采煤层瓦斯含量通过治理均抽采降低到$6m^3/t$以下，有效提高了矿井的安全保障能力。

“三区联动”从时间和空间上对沙曲井田不同区域瓦斯治理方针进行了规划，而“五项治本之策”从实施和技术角度对不同情况下瓦斯治理方法进行了细化，“三区联动”与“五项治本之策”相结合构成了沙曲井田未来瓦斯治理战略的主体。依据“三区”转换具体措施的推进时间可分为如下三个阶段：

第一阶段：战略规划期，构建瓦斯治理三区联动模式。划分三区，对地面钻井进行规划设计，施工地面钻孔，井下施工开拓或准备巷道，呼应准备区瓦斯治理，实施井上下联动抽采；瓦斯治理的重心是对过渡生产区域进行瓦斯治理，实现瓦斯含量降至$8m^3/t$以下，消除突出危险。

第二阶段：战略实施期，巩固生产区瓦斯治理成果，在准备区、规划区实现抽采达标。

在三区转化之前，过渡时期生产区域的瓦斯治理仍处于重要位置，必须强化保护层开采和底抽巷穿层钻孔区域预抽力度，降低瓦斯含量，打开采场空间，释放产能。

第三阶段：战略实现期，实现三区良性转化，建立安全高效矿井。

二、坚持走中国特色新型工业化道路，实现企业科学发展

公司坚持绿色发展、创新发展，积极响应国家发展循环经济和节能环保产业的号召，将瓦斯当作自然界赋予的宝贵资源，强化瓦斯综合利用，形成了“煤气电”循环产业链。

（一）绿色发展

沙曲矿根据瓦斯浓度的不同分高、低浓瓦斯利用和风排瓦斯利用三个主要方向。特别是高（低）浓发电项目的建成，形成了“热电联供”的利用模式，实现了清洁能源、绿色发展。

公司沙曲高（低）浓瓦斯发电项目建设总规模94MW，其中高浓瓦斯发电项目建设规模76 MW，低浓瓦斯发电项目建设规模18MW。年均总发电量可达4.61亿度，年利用瓦斯气13021万m^3，年CO_2减排量247.25万t。2015年发电量达1.7亿度，高（低）浓瓦斯利用率分别达100%、80%。同时，还将发电机组产生的余热用于井下冬季供暖、矿区供热和职工洗浴，取消了燃煤锅炉，减少了大气环境污染。

（二）创新发展

公司与科研院校紧密协作，积极开展“产、学、研”合作和技术交流，全力攻坚瓦斯治理难题，自主创新能力不断增强，多数成果达到了国际领先水平，促进了科研成果向现实生产力转化。

（1）“煤矿区煤层气立体抽采关键技术与产业化示范”项目获得国务院二等奖。

（2）“4.2m大采高沿空留巷及采空区瓦斯抽采关键技术与工程实践”与“沙曲矿近距离突出煤层群无煤柱开采立体瓦斯抽采关键技术研究”项目首次在4.2m大采高条件下成功实现沿空留巷煤与瓦斯共采，填补了国内外相关空白，获得中国煤炭工业协会一等奖、山西省科技厅二等奖。

（3）“高瓦斯首采层三巷布置砌块留巷与瓦斯共采技术”项目针对沙曲矿工作面普遍使用的三巷布置方式，选取阶段式砌块留巷、短距离Y型通风，避开顶板剧烈活动期，消除了瓦斯超限，克服了复杂条件下留巷围岩支护结构不适应强采动影响的难题，并为邻近层卸压瓦斯抽采提供了“时空”条件，使得工作面瓦斯抽采率达70%以上，获得中国煤炭工业协会二等奖。

（4）“大孔径千米定向钻机抽采卸压瓦斯关键技术研究”项目针对近距离煤

层群开采条件，采用DDR－1200型大孔径千米钻机在工作面靠近采区回风巷处钻进顶底板千米长距离大孔径定向钻孔，抽采上下邻近层及采空区瓦斯，成功替代高抽巷，节省了工程成本，取得巨大的经济效益，获得中国煤炭工业协会三等奖。

（5）“煤矿瓦斯地质灾害预警系统”项目以瓦斯地质、地理信息系统和人工智能等科学为基础，建立了矿井瓦斯地质数据库、多因素叠加的煤与瓦斯突出预测模型和专家辅助预测模型，开发了基于GIS的煤与瓦斯突出预警系统，有效提高了矿井瓦斯地质信息管理水平和煤与瓦斯突出防治的预警及决策能力，获得中国煤炭工业协会三等奖。

（6）“近距离高瓦斯突出煤层群瓦斯综合治理技术体系及模式研究”项目针对沙曲井田各主采煤层瓦斯压力大、含量高、具有突出危险的近距离煤层群条件，构建了瓦斯治理的总体格局与技术体系，形成了保证突出煤层群800万t产能的瓦斯综合治理模式，获得山西省科技厅科技成果进步二等奖。

（7）完成发明专利1项，实用新型专利5项。

三、坚持推进两化融合，大力发展信息化建设，推动企业管理变革

沙曲矿近距离煤层群条件下瓦斯综合治理及工程实践良好效益的取得，离不开煤炭开采及瓦斯治理过程中的信息化管理生产系统。在经营管理方面，沙曲矿建成了山西焦煤数字化示范矿井建设试点，有力推进了矿井日常经营管理。在生产环节方面，公司将20个信息化矿山系统全面应用于沙曲矿，形成了矿山数字信息化系统，在矿井减人增效、保障安全上起到了促进作用。同时，沙曲矿还通过开发数字信息化矿山系统，迈出了“装备现代化、生产自动化、管理信息化”的数字化示范矿井的步伐，推动了企业管理变革，成为新形势下煤炭企业提高矿井安全高效发展的重要途径，对山西焦煤乃至全行业具有一定的示范作用，具有良好的推广应用价值。

四、项目实施效果及生产发展规划

公司通过多年不懈努力，总结提出了沙曲矿近距离高瓦斯突出煤层群瓦斯综合治理技术模式及安全生产管理保障体系，质量、效益、安全等指标达国际领先水平，在生态文明建设、实现可持续发展等方面表现突出。

（一）实施效果

（1）构建了沙曲煤矿瓦斯治理的总体格局与技术体系。该体系构建了时空结合、“三区联动—转化”的综合瓦斯治理模式、“近期、中期和远期”步进式综合瓦斯治理技术发展模式和瓦斯治理管理保障体系。

（2）建立了上保护层开采为主体技术的近距离煤层群井下瓦斯区域综合治理技术模式。该模式以保护层开采为主体，通过“采前、采中和采后”一体化井下区域瓦斯综合抽采实现近期矿井的安全、高效生产。

（3）建立了井上下结合的近距离煤层群瓦斯综合治理发展模式。该模式中期井上下抽采并以井下抽采和保护层开采为主要技术，远期井上下抽采并举，以地面钻井瓦斯抽采为主要技术。通过地面钻井瓦斯抽采和井下区域瓦斯抽采技术的配合，保障矿井年产 800 万 t 产能的安全实现。

（4）建立了沙曲矿近距离煤层群瓦斯综合治理管理保障体系。该体系以工程设计、工程施工、工程验收和效果评价“管理四位一体”为核心，由防控、管理、支撑与保障组成的瓦斯抽采与利用保障体系，以保障瓦斯综合治理技术的有效落实。

（5）通过项目的实施，矿井安全生产形势已实现根本好转，取得显著的技术经济效益：

①安全效益：瓦斯安全管理的可控度将提高到 90% 以上，有效降低了因瓦斯灾害造成的人员伤亡和财产损失，促进了和谐矿区建设。

②经济效益：在控制工作面瓦斯涌出的同时，也将提高工作面回采速度，矿井年增产量 60 万 t，新增产值 5 亿元，新增利税 6507 万元。

③环境效益：预计到2020年，瓦斯利用量可达9.5亿m^3，可减少CO_2排放量2000万t/a，在环境治理方面将产生巨大的环境效益。

（二）生产发展规划

在近距离突出煤层群区域瓦斯综合治理技术体系的保障下，预计到“十三五”末，沙曲矿年产量将达到800万t，瓦斯抽采量将超过9亿m^3，利用量超过8.5亿m^3，减少CO_2排放量超过2000万t/a，CDM项目收益将超过9.5亿元，加上瓦斯发电和液化的收益，仅矿井瓦斯抽采量年增经济总收益将超过14亿元。

近距离突出煤层群安全生产“三区联动—转化”的发展布局以及瓦斯综合治理技术体系与模式的应用，解决了沙曲矿近距离高瓦斯突出煤层群稀缺优质煤炭资源安全开采的关键技术难题，安全生产和瓦斯治理将步入良性轨道，对类似条件矿区将起到巨大的示范和带头作用。

打造为中国负责的罗布泊品牌“良心钾”“放心钾”

国投新疆罗布泊钾盐有限责任公司

国投新疆罗布泊钾盐有限责任公司成立于2000年9月，2004年成为国家开发投资公司的控股企业，公司现有资产总额72.5亿元，以开发罗布泊天然卤水资源制取硫酸钾为主业，公司现有员工3367人。

公司在“死亡之海”罗布泊建成了世界最大的单体硫酸钾生产装置，使我国迈入了世界硫酸钾生产大国行列，改变了世界硫酸钾生产格局，累计生产、销售硫酸钾超过1000万吨，先后获得国家科技进步一等奖2项。

2015年，公司创业团队被中组部授予“时代先锋”荣誉称号。2016年7月，公司党委书记、总经理李守江同志被中宣部授予“时代楷模”荣誉称号。

一、技术创新，提升公司核心竞争力

（一）推动行业技术创新和进步

十五年前，我国缺钾的状况非常严重，当时中国70%以上的钾肥依赖于进口，在进口钾肥的谈判桌上，我们几乎没有话语权。公司成立后，公司员工经历了资源开发、项目融资、项目审批、吸引人才的“四大难关”，在艰难中起步、探索中前进，用了不到四年的时间，完成了小试、中试及工业性试验，研究出了具有国际先进、国内领先、拥有自主知识产权的“罗布泊硫酸镁亚型卤水制取硫酸钾”工艺技术，罗钾人用生命与激情唤醒了沉寂多年的罗布泊，叩开了罗布泊的“宝藏”之门。2004 年，利用该技术的“罗布泊资源开发利用研究”项目获国家科技进步一等奖。

在 120 万吨项目建设中，公司依托“国家认定企业技术中心”，采用产学研相结合的机制，解决了工艺技术及浓密机、浮选机、过滤机等大型设备国产化的问题，研发出了具有完全自主知识产权的结晶器和水陆两栖式水采机。项目建成投产后，实现了单厂生产规模全球最大，产品质量全球第一，使我国迈入了世界硫酸钾生产大国行列，改变了世界硫酸钾生产格局，缓解了我国钾肥供应紧缺的局面。

2013 年，“罗布泊年产 120 万吨硫酸钾成套技术”项目获得了国家科技进步一等奖。该技术促进了我国硫酸钾行业的产业升级和技术进步，为我们国家硫酸钾行业走出去提供了技术支撑。在促进国内钾肥产能增加的同时，也使得其他硫酸钾生产企业生产技术不断提高，解决了我国钾肥供给不足和耕地普遍缺钾的矛盾，对带动新疆经济的发展，促进我国农业发展，都具有深远的意义。

（二）推动行业结构升级，提升产业技术水平

2004 年，国投的入主为罗钾的发展注入了新的活力和希望，公司从此由研发阶段进入大规模产业化阶段。2006 年 4 月开展了 120 万吨/年硫酸钾项目建设，2008 年 11 月建成并一次性投料试车成功，2011 年达到设计生产能力，2015 年公司硫酸钾产量达到 156 万吨，公司经过 10 多年的市场经营，已经形成了全球硫酸钾看中国，中国硫酸钾看罗钾的局面。目前，公司建成了年产 165 万吨硫酸钾的生产项目，2015 年全球硫酸钾产量 600 万吨，公司产量约占全球硫酸钾产量的 27. 5 %（实物量）。公司是国内第二大钾肥生产企业，约占全国钾肥总产量的 15. 5%（实物量）。

截至 2015 年统计，国内资源型硫酸钾生产企业总产能约 240 万吨。其中公司年产 165 万吨硫酸钾，约占全国资源型硫酸钾生产企业的 61%，充分保证了我国硫酸钾的供应量，缓解我国钾肥供需矛盾，让国人在国际贸易博弈中占据有利地位，为中国进口钾肥大合同谈判增加了砝码，使中国保持了“价格洼地”

的优势地位，保持了中国进口钾肥的价格稳定。我国农民从而享受到了全球最低的钾肥价格，为国家粮食安全提供了更多保障，对提高农产品质量也有着积极的意义（见下图）。

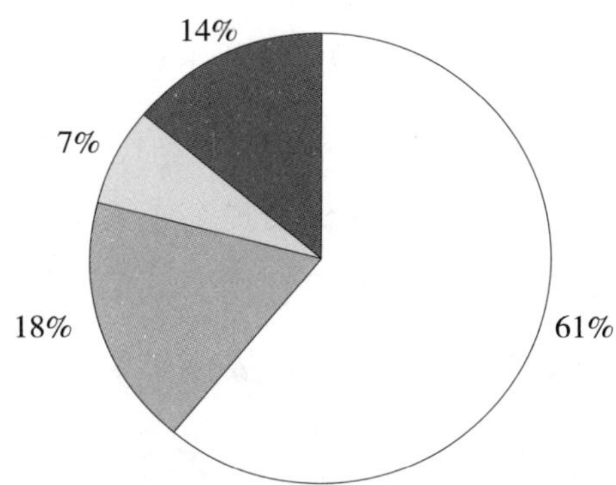

国内资源型硫酸钾生产企业产能占比图

公司目前已累计生产销售硫酸钾超过 1000 多万吨，硫酸钾国内市场占有率达到 50% 左右，我国钾肥自给率也从 10 多年前的 10% 提高到了 50% 以上。国际钾肥生产商出口到中国市场的钾肥产品是全球最低的，相当于给国家节约了外汇 45 亿美元。我国农民不仅用上了全世界最好的钾肥，而且得到了实实在在的实惠。

二、管理创新，提高公司管理效率

（一）优化管理流程，加强信息化建设

管理体制上，充分利用信息化自动化的手段提高管理效率，通过内部改革实现顶层设计的优化和管理层级的压缩，提高市场竞争的应变能力。以生产过程中的物流、能流管理为主线，集生产计划、生产调度、操作管理、计量管理、能源管理、物料管理、设备管理、质量管理、绩效考核、移动应用、文档管理为一体，基于生产过程实时数据库的生产运行综合信息平台，实现生产过程管

理信息的可视化、决策科学化，优化资源利用，降低公司物耗能耗，提高生产管理的精细化水平，增强公司生产经营的盈利能力。

（二）完善管理激励机制，增强员工主人翁意识

机制创新上，公司主要完善了用人机制和分配机制。公司的前身是一家民营控股企业，2004 年国投重组后名称变更为国投新疆罗布泊钾盐有限责任公司。国投成为公司大股东之后，对公司管理机制提高了一大步，尽管这十几年来公司股权关系变动频繁，但参与创业的公司管理团队一直保持稳定，即便是在国投入股之后，经营管理团队中，国投也仅仅委派了财务总监，其余人事均无变动，亦不干涉。

另外一个值得深思的制度安排是，在罗布泊这样异常艰苦的环境中创业，除了精神激励以外，也需要实实在在的物质激励。为了激励罗钾经营团队的创业热情，公司曾安排了股权激励，国投入股后也保留了这一制度安排。这种管理体系给公司发展带来了巨大的活力与动力，真正形成了“干部能上能下、员工能进能出、收入能高能低”的用人和激励机制。公司发展的成绩，恰好诠释了一个混合所有制企业的成功样本。

（三）加强战略规划设计，推进健康可持续发展

对内，公司以“罗钾精神”为引领，以科技创新为先导，创新发展思路，改进产品和技术。积极利用内外部资源，聚焦市场差异化运营，开发专有技术产品，取得在颗粒肥、水溶肥等方面的突破，在品种、结构上多方位发展。

对外，公司要“走出去”。发挥公司硫酸钾业务的竞争优势，在国内市场加强品牌建设，将宣传推广向重点区域倾斜，提高品牌形象和市场地位。强化市场领导力，在国际市场建立品牌知名度，打开出口市场。公司先后选派多名专业人员赴海外考察国际钾肥市场供应和消费情况，以及在海外硫酸钾开发、生产、销售等项目情况，双方还进行了深层次的交换意见。公司计划利用“一带一路”时机，逐步实现产品、品牌、技术和资金走出去，让“罗布泊”走出国门，走向世界。

三、商业模式创新，打造罗布泊品牌价值

（一）精细化管理，深入市场抢抓机遇

罗布泊牌硫酸钾以纯天然绿色生态型高效无氯钾肥为市场定位，在营销宣传上重点突出“纯天然、绿色、高品质”。自罗布泊产品上市以来，公司积极进行市场开拓、产品推介、品牌培育，按照“分等、分类、分策”的精细化管理模式，深入市场抢抓机遇，随着国家产业结构的升级和农业种植结构的调整，土地流转、集约化种植、高效农业、精准农业的推广，肥料市场也出现了一些新的变化，如水肥一体化、菌肥一体化、药肥一体化及掺混肥等，公司主动的研究开发出一些适销对路的新产品投放到市场，创造新的需求，公司即将推出52%含量高品质绿色硫酸钾产品，积极推动硫酸钾行业新标准的制定以及行业落后产能的淘汰，为推动供给侧结构性改革发挥了积极的作用。

（二）优质品牌推广，提升品牌影响力

公司经过多年的经营和培育，“罗布泊”已成为国内硫酸钾第一品牌。通过央视广告、地方电视广告、户外广告牌、宣传页、海报等多种形式的市场宣传，并多次邀请新华社、中央电视台、新疆日报、新疆电视台等媒体来公司生产基地采访，形成了一大批正能量报道。“罗布泊”牌硫酸钾获得中国石油和化学工业知名品牌产品称号和新疆名牌产品称号，市场占有率及品牌知名度居全国首位，品牌价值达到51.43亿元。罗布泊硫酸钾在提高农作物产量和品质的同时，更为国家粮食安全提供了保障，深受广大用户的认可和喜爱，是国内硫酸钾产品的首选。

四、成果共享，践行国企人的责任和担当

（一）企业责任和担当

公司在致力于罗布泊盐湖资源的开发的过程中，始终将党建工作和生产经

营紧密结合，认真贯彻党的十八大精神，深入开展“两学一做”活动。公司先后获得中组部“全国创先争优先进基层党组织”，国资委“中央企业先进集体”“中央企业先进基层党组织”“中央企业思想政治工作先进单位”等荣誉称号。

2015 年 11 月 27 日，公司创业团队参加了中宣部“核心价值观百场讲坛”第三十五场活动，作了题为《戈壁深处 爱国情浓》的主题演讲。2016 年 1 月，公司创业团队被中宣部列为全国重大先进典型宣传，并授予“时代先锋”荣誉称号。2016 年 7 月，中宣部授予公司党委书记、总经理李守江同志为“时代楷模”。

在发展过程中，公司牢记中央企业社会责任，始终坚持与当地社会“同进步、共发展”，关心弱势群体，扶贫济困，积极参与社会公益事业。已累计缴纳税费 68 亿元，为社会提供 4000 个就业岗位；在马兰基地建设了编织袋厂，解决了 300 多名随军家属和部队职工的就业问题；大力支持地方农业、文化、教育事业，累计捐款捐物 3700 余万元，为促进和谐社会建设做出了应有贡献。

公司积极响应自治区党委号召，派出住村工作组深入阿克苏地区阿瓦提县开展“访民情、惠民生、聚民心”活动，招收少数民族员工 41 人，免费进行技能培训，以实际行动践行党的群众路线，切实为当地百姓解决了部分困难，赢得了各族群众的信任和拥护，树立了良好的国企形象，确保了边疆村队稳定和发展。

国投罗钾人不忘初心，继续前行，全力打造罗布泊品牌的“良心钾”“放心钾”，让中国农民用上全世界质量最好、价格最优的硫酸钾肥。

（二）践行“中国梦、国投梦、罗钾梦”

在共享成果发展上，一是让农民受益，让中国的农民用上质量最好价格最便宜的钾肥；二是让全社会受益，依法纳税，积极履行社会责任，促进新疆地方经济发展和长治久安；三是让出资人受益，让股东的投资获得良好的回报；四是让员工受益，公司发展了，效益好了，员工的收入才能高，荣誉感、归属感、自豪感才会强，这也是公司以实际行动践行“中国梦、国投梦、罗钾梦”

的最好体现。

从公司组建到科研突破，从项目规划到投料试车，从试验性生产到产品市场开拓……作为国内一流的钾肥生产企业，十多年来，国投罗钾人积极践行社会主义核心价值观，凝结出了以“情系三农，为国分忧的爱国精神；献身盐湖、艰苦奋斗的创业精神；一流技术、永不止步的创新精神；同心同德、敢于担当的团队精神”为核心的“罗钾精神”，打造了“罗布泊”品牌，真正体现了以爱国主义为核心的民族精神和以改革创新为核心的时代精神。

承百年基业　铸世界一流

大连船舶重工集团有限公司

大连船舶重工集团有限公司（简称大船集团）隶属于中国船舶重工集团，始建于1898年，是国内领先、国际知名的船舶与海洋工程装备制造企业，可为用户提供从产品研发、设计、建造，到维修、改装与绿色拆解全寿命周期服务。

大船集团造船基础设施完备，设计研发和生产建造实力雄厚。一直以来，大船集团坚持创新驱动，持续转型升级，在军工、民船和海洋工程装备制造领域始终保持国内领先地位，是中国首家工业总产值和销售收入“双超两百亿”、进入世界造船前5强的船舶企业。

大船集团被誉为“海军舰艇的摇篮”，为我国国防和海军现代化建设做出了突出贡献，被中共中央、国务院、中央军委联合授予“高技术武器装备发展建设工程重大贡献奖”荣誉称号。新中国成立以来共建造了40多个型号、820余艘海军舰船，是我国水面舰船研制生产实力最强、为海军建造舰船最多的船厂。中国第一艘炮艇、第一艘导弹潜艇、第一艘导弹驱逐舰、第一艘油水补给船都诞生于大船集团。2012年，我国首艘航空母舰“辽宁舰”在大连交接入列，大船集团再一次成为世人瞩目的焦点。

大船集团被誉为中国造船工业追赶世界先进水平的“旗舰”，可以承担从千吨级渔船到三十万吨级超大型油轮，从常规散货船、油船到两万箱级集装箱船、大型LNG船等各种类型船舶的设计建造任务。海洋工程装备设计建造产品从近海区的JU2000E、CJ46、L780等当今主流的各种型号的自升式钻井平台和拥有自主知识产权的DSJ300/350/400系列自升式钻井平台，到深远海区的海洋石油

982、BT4000、Bingo 9000 和 FGL 9500 等半潜式钻井平台，以及大型海上浮式生产储油船（FPSO）、综合检测船和三用工作船等。

近年来，大船集团在服务海军和国防事业、技术创新驱动企业持续进步、全面推进数字造船等方面取得了重大成果。

一、勇担重任，不辱使命，为国防建设贡献力量

航母工程代表着一个国家工业装备的整体水平，也反映着一个国家的工业技术水平和军队整体战斗能力。大船集团早在 20 世纪 80 年代，就开始航母工程技术的预研，并形成了一定的技术储备。“辽宁舰”改装任务是一个庞大的巨系统工程，其系统及设备接口众多，技术高度复杂，不仅施工难度大，而且工程量巨大。为此，大船集团高度重视，不等不靠，发扬敢于拼搏的精神，在工艺技术上，组建航母建造工艺设计团队，克服国外的技术封锁，突破了设备安装精度控制技术、调试技术等一系列的关键技术。在管理体系上，大船集团凭借丰富的军工建造经验，借鉴民船先进管理模式，组建航母工程项目组，形成航母管理体系。在团队建设上，完善军工研发设计、专业技术管理、生产施工三支队伍的配置，形成航母专业团队。在生产条件上，根据航母的生产特点和具体生产要求，新建专用船坞、系泊码头、生产厂房等专用生产设施，以及大型起重机等配套设备，形成航母专业生产线。在工程管理上，对工程计划、质量、安全、保密、资源等进行了全面策划，编制续建网络计划及工程管理、质量、保密等管理制度，有效保证工程顺利开展。根据项目续建特点，创造性地提出了“动力先行、区域安装、系统调试”的理念，有效地组织各系统的联动、系泊航行试验，实现了各个系统施工的有序开展，确保了我国首艘航母提前成功入列。在航母工程建造过程中，又升华凝练出中国航母精神：“忠诚使命、报国强军”的爱国精神、“勇攀高峰、追求卓越”的创新精神、“遵循规律、求真务实”的科学精神、“迎难而上、无私奉献”的拼搏精神、“团结奋斗、同舟共济”的协作精神，已经成为大船人军工情怀的最新诠释。

二、创新驱动，实现产品升级引领市场需求

大船集团始终坚持把产品与技术创新作为保持和提升企业核心竞争力的关键性因素常抓不懈。依托于国家级企业技术中心和中国工程院院士、中国船舶设计大师领衔的千人研发设计团队，先后成功开发并建造了 VLCC、10000TEU 集装箱船、18 万吨散货船、11 万吨成品油船、浮式生产储油船（FPSO）、自升式钻井平台、半潜式钻井平台等 30 余种高附加值的船舶和海洋工程产品，填补了中国造船历史上多项空白。产品结构的不断优化，高附加值产品比重的不断增加，为大船集团的可持续发展奠定了基础。

大船集团自主研发、自主设计、自主建造的 10000TEU 集装箱船，重要技术指标堪与韩国同类产品比肩，建造周期、下水完整性、美观造船水平持续提高，最短水下建造周期 59 天，达到国际先进水平。荣获中国造船工程学会和中船重工集团科技进步一等奖。

专为非洲航线设计的，集全自装卸能力、高效推进系统、综合防海盗技术、节能环保等众多技术于一身的新一代绿色环保 3900TEU 集装箱船，开辟了非洲航线最大型集装箱船先河。

近几年，大船集团不断丰富大型超大型集装箱船产品序列，8800TEU、9250TEU 和 10000TEU 以及新开发的 20000TEU 集装箱船也获得实船订单，同时完成了 11800TEU、14000TEU 以及基于燃气轮机推进的 20000TEU 集装箱船的开发，标志着大船集团在超大型集装箱船方面设计建造能力的跃升。目前大船集团集装箱船已形成批量化、系列化。

大船集团在成功交付我国首艘 VLCC 以后，通过自主研发和创新，实现了自主知识产权并不断对船型优化升级，打造 VLCC 品牌工程。先后开发了 6 代 8 型 VLCC 船型，累计获得订单 84 艘，约占全球 VLCC 船队 10%，实现了从跟随市场到引领市场需求，在市场竞争中赢得了主动。尤其是 2015 年承接的 6 艘新一代节能环保型 VLCC，是船东对大船集团在超大型原油船设计能力、性能指标、建造质量和建造进度等方面的高度认可，进一步巩固了大船集团在 VLCC 设计建造领域的领先地位。

大船集团节能环保型 VLCC 荣膺第三届国际船舶融资论坛“最佳船型奖”。

大船集团通过引进国外先进技术，进行消化吸收再创新，逐步形成对核心关键技术的掌握和突破，不断巩固海工产业优势，已获得海洋工程的设计和建造专利 70 余项，成功开发了 300～400 英尺自升式平台 DSJ 系列船型，其中 DSJ300 型、DSJ350 型、DSJ400 型已实现市场突破，并承接订单 9 项，填补了国内空白，成为我国首家具有自升式钻井平台自主知识产权和总承包业绩的海洋工程装备制造企业。大船集团自主研发的 DSJ400 自升式钻井平台荣获第十八届中国国际工业博览会银奖。

三、“两化”深度融合，挺进智能制造

大船集团是国内最早实现设计、制造、管理一体化的船舶企业之一。通过建立面向全集团的造船 CIMS、舰船 CIMS 系统、财务管控系统、人力资源管理系统、一卡通系统等，推进军民品设计、建造、管理一体化的数字化平台建设，实现设计、建造、管理的数字化、集成化和工作协同，促进管理模式的创新与升级，推动企业生产效率的提高。

2014 年，大船集团承担了国家发改委、财政部、工信部三部委批准的国内首个船舶分段制造数字化车间项目，在国内率先开始了船舶分段建造阶段智能制造的试点工作。2016 年 5 月，“船舶分段制造数字化车间”顺利通过国家验收。数字化车间内首次引入了多种机器人系统，包括先行小组立焊接机器人生产线、智能标识焊接机械手、智能铣边分类机器人、水密补板焊接机器人、T 型材对接焊接机器人、中大组多种姿态爬行焊机等，并且配备了各类数字化自动焊设备，在技术上取得了船舶智能制造装备研制应用的新突破，同时建立了车间级的信息化管理系统，应用后生产效率提高 35% 左右。作为国内首例，不仅对大船集团，对我国船舶制造业智能化发展都具有重要意义。

进入“十三五”，大船集团将以“两化”深度融合为手段，以“三维设计、三维工艺、三维建造”的数字化造船理念，按照可视化设计和智能制造两条线全面推进智能制造。

“中国制造2025”不可或缺的微引擎

中兴通讯股份有限公司

一、国家信息基础设施自主、安全、可控的捍卫者

（一）坚持走自主创新的道路

中兴通讯30余年的发展历程就是民族通信产业从无到有不断壮大，最终领先世界的过程，下面是我们自主创新道路上的一些关键点：

1986年：成立深圳研究所，开始自主研发工作。

1990年：自主研发的第一台局用数字用户交换机ZX500成功面市。

1995年：启动国际化战略，陆续获得孟加拉和巴基斯坦交换总承包项目。其中，巴基斯坦项目是当时中国通信制造企业在海外获得的最大一个通信“交钥匙”工程项目。

1999年：与南斯拉夫BK集团签订总额为2.25亿美元的GSM（全球移动通信设备）移动通信设备供货合同，这是中国拥有自主知识产权的GSM移动通信产品首次出口。

2001年：中兴通讯CDMA（即码分多址）服务中国联通，这是中国自主知识产权的通信设备厂商获得的首个大规模通信网络建设项目。

2004年：独家为雅典奥运会提供宽带互联网设备支持。

2005年：3G终端进入欧洲市场。

2006年：3G终端进入北美市场。

2007年：CDMA出货量连续两年位居全球第一。

2008年：入选全球IT（互联网技术）企业百强；获美国“3G CDMA行业成就奖”。

2009年：获全球最佳CDMA设备制造商奖。

2010年：获世界产权组织和中国国家专利局共同评定的中国专利方面的最高奖项“中国专利奖”两项金奖，累积专利申请数量超过30000件；“新一代无线技术平台”建设工程荣获国家科学技术进步奖。

2011年：声明235项LTE基本专利，占比超7%；电信级路由器平台荣登“信息产业重大技术发明”榜首；推出全球首个LTE商用一体化小型微站；率先实现多信道T比特超长距离传输，在超100G领域创世界纪录。

2012年：国际专利申请量跃居全球企业第一；GoTa被ITU国际标准采纳，中国在通信标准领域再获突破。

2013年：荣获“2013年度中国智慧城市标杆企业”大奖；完成T比特超长距离光传输实时系统实验，创造实时传输3200千米的世界纪录；发布全球最大容量数据中心交换机；推出业界首款T比特柔性重构路由器；发布业界最大交叉容量OTN产品；发布业界首款百兆超宽频RRU；“新一代无源光网络EPON/10G－EPON关键技术与应用创新”荣获国家科学技术进步二等奖。

2014年：自主研发国内首款28nm LTE多模芯片通过中移认证，标志着国产自研LTE多模终端芯片应用已经达到业界一流水平；单载波400G超长传输距离达3600千米，再创世界纪录。

2015年：与国家电网携手进军电动汽车无线充电领域；发布全球首个基带射频一体化的Pre5G商用基站；部署全球第一个全业务承载的融合CDN试商用网络；完成全球首个2G/3G/4G多模多频Qcell数字室内覆盖系统的正式商用；荣获“中国十大绿色数据中心奖”；公司荣获PMI 2015年度项目管理最高奖。

三十年来，中兴通讯从通信行业的追赶者变成了引领者，从标准的遵从者变成了制定者，从专利的受约束者变成了全球PCT专利申请量的蝉联第一名。我们见证了中国通信设备市场“七国八制”时代的结束，也见证了中国制造的通信设备在全球市场中的飞速扩张。这一切都得益于国家的崛起，得益于我们选择了一条自主创新的道路。

（二）自研芯片成熟商用

集成电路作为信息基础设施的硬件基础，是基础性、先导性产业，但我国大量集成电路仍然依赖于进口，提高集成电路自给率势在必行。中兴通讯从1996年即开始芯片研发工作，经过20年的发展，已经掌握国际一流的IC设计（集成电路设计）与验证技术，设计芯片的最大规模超过1亿门，主流发货产品工艺为28nm，核心芯片研发已突破16/14nm先进制程。

在通信系统芯片上，中兴通讯已有80多款芯片商用，成为全球范围内少数可提供全面系统芯片解决方案的厂商之一。其中，高端路由器领域实现软件和核心芯片全面自主研发；无线基站芯片方面，可提供多制式、多频段的创新融合方案，芯片销量高速增长；固网ONU终端芯片方面，大幅提升了国产替代率，销售规模跻身全球前三。

在终端芯片上，中兴通讯在LTE技术上从研发到生产，到批量，始终走在产业前端，并在TD-LTE多模技术上，积累了大量核心专利，完成LTE-A技术演进并实现了五模商用。终端芯片市场由原来的单一的国内市场，成功突破巴西、印度尼西亚、印度、俄罗斯等国际市场，客户和销量增长迅速。

2015年11月，国家集成电路产业投资基金宣布斥资24亿元人民币增资中兴微电子。国家战略资金的投入将大大增强中兴通讯芯片研发实力和核心专利储备，提升高端技术水平，进而显著提高集成电路综合解决方案的竞争力，促进我国集成电路产业的大发展。

（三）掌握信息基础设施的软件核心

如果说集成电路是信息基础设施的硬件基础，操作系统就是信息基础设施的软件核心。没有操作系统的自主、安全和可控，也就谈不上计算机软件系统的自主、安全和可控。

中兴通讯产品的操作系统经历了一个从引入、消化到自主研发的发展过程。

20世纪90年代，中兴通讯产品陆续使用了Intel的iRMX实时多任务操作系统、WindRiver的pSoS、VxWorks实时嵌入式操作系统。在此基础上，我们对操作系统的调度能力、内存分配效率及可靠性、分布式通信能力、可调可维护性等进行了诸多创新，积累了很多经验。跨入21世纪后，随着公司的全球化战略推进，产品研发及发货规模不断扩大，对于国外商用操作系统的采购成本变得不堪重负。同时，操作系统作为核心基础软件，是产品创新、竞争力提升的重要一环，国外操作系统厂商无法提供及时、深入的技术支持，公司的业务发展受制于人，并进而对国家信息基础设施的安全造成重大隐患。因此，在操作系统相关研发经验有了较为丰富的积累，自主可控操作系统产品需求日益迫切的背景下，我们从2003年启动了操作系统的研发工作。在经历了关键技术突破、产品化、生态环境完善、试商用、规模商用等阶段后，截至2014年，使用中兴自主操作系统的各类单板累计发货已超过1亿块，支撑着中兴产品在全球范围的稳定运行。

中兴操作系统始终以技术创新求发展，在系统实时性、可靠性、易用性、可维护性等关键技术上取得了重大突破，产品各项指标达到了业界先进水平。在操作系统领域，中兴通讯已承担10余项国家和省级的科研项目，获得国内外发明专利授权279项，完成9项软件著作权登记，发表学术论文50余篇。

中兴操作系统在向更为广泛的工业领域推广的过程中，始终以国家信息基础设施的自主、安全、可控为己任，利用自身影响力与相关国产芯片和软件厂商开展深度合作，推动产业联盟的建立和发展壮大，齐心协力为“中国制造2025”提供基础支撑能力。

二、《中国制造2025》的坚定实践者

《中国制造2025》向我们指引了需要大力推动突破发展的十大重点领域。中兴通讯以此为契机，利用自身在信息技术领域的优势，转型拓展，立志做一个《中国制造2025》的坚定实践者。

在新一代信息技术产业领域，我们的集成电路和信息通信设备已处于业界领先地位。中兴操作系统在中兴产品中取得巨大成功之后，也积极响应国家关

于信息化与工业化深度融合的战略部署，将我们在操作系统国产化方面的优势技术、产品和经验向更为广阔的工业领域推广。在不到3年的时间里，我们在工业领域的客户已遍及电子、机械、航空、航天、船舶、铁路、电力、汽车等行业，覆盖了《中国制造2025》中列出的十大重点领域中的7个。

高档数控机床和机器人领域对于操作系统既有实时性和准时性的需求，又有丰富的应用组件集成的需求。中兴操作系统已与多家机器人厂商和大专院校开展合作，在实时操作系统的基础上着力打造机器人通用组件平台，在为客户提供高性能核心操作系统的同时，通过丰富的集成组件大大缩短客户的产品研发周期。

航空航天装备领域重点关注操作系统对关键业务的保障能力。中兴操作系统已与中航工业、航天科工、航天科技集团下属的多家飞机检测设备、机载仪表、智能卫星、航空航天软件研发机构展开了合作，提供嵌入式图形系统和具备关键业务保障能力的时空分区操作系统解决方案。

在海洋工程装备及高技术船舶领域，中兴操作系统已与中船重工下属的装备和计算机系统研发机构展开了合作，在嵌入式操作系统国产化和更为广泛的基础系统软件领域提供解决方案。

在先进轨道交通装备领域，中兴操作系统为中车集团下属的高铁机车研发单位提供了嵌入式实时操作系统、嵌入式图形显示系统、多路视频监控系统等综合解决方案，以强强联合的方式助力我国高铁核心软件的国产化。

在节能与新能源汽车领域，中兴通讯研发出自主知识产权的新能源汽车用大功率无线充电产品，应用此项技术的无线充电大巴方案已在9个城市的10条公交线实现载人上线。中兴操作系统也为国内多家汽车生产厂商提供了车载操作系统的解决方案，通过时空分区技术同时提供对虚拟仪表、车载娱乐系统的支持和对安全控制等关键业务的保障。

电力行业是国民经济的支柱产业，在系统实时性、可靠性和安全性等方面对电力智能装备的操作系统提出了全面的高要求。中兴操作系统已与国家电网和南方电网的科研院所、继电保护设备、巡线设备厂商展开了广泛合作，在电网仿真系统和电力二次系统关键设备中成功替代国外操作系统，系统各项功能、性能指标均满足电力行业应用需求。

中国制造崛起的进程不可阻挡，中兴通讯是这一进程的亲历者，更是《中国制造2025》的坚定实践者。中兴操作系统将继续投身于这一伟大的进程，打造自主、安全、可控的国家信息基础设施软件核心，推动国产软硬件厂商与工业客户的全产业链整合。

三、万物移动互联时代的赋能者

我们正在迎来一个万物移动互联的时代，其典型特征是：①随时随地的连接；②服务无所不在；③虚拟与现实合而为一；④安全与隐私引起重视。中兴通讯立志做万物移动互联时代的赋能者，让信息创造价值，主要包括两个发力方向：一是在“信息、连接和计算能力”上发力，服务于各行业发展；二是驱动“能源互联网”发展，引领新一轮技术变革。

（一）信息、连接和计算能力

2014 年，中兴通讯在业界率先提出 Pre5G 概念，其基站是 4G 现网基站能力的 4～10 倍。目前，中兴通讯在 5G 多天线、多连接、高频谱利用率等多个技术领域业界领先，Pre5G 已经在中国、日本成功实现了试商用。

2015 年 8 月，中兴通讯面向全球发布全系列的 4G LTE 终端模块，这些模块将广泛应用于“智慧城市、车联网、智能家居、工业智能制造、移动医疗、可穿戴设备”等，充分印证了中兴通讯在万物互联领域开拓的非凡成就。

中兴通讯作为智慧城市领域的先驱者，已成功实施银川智慧城市、宁波智慧交通、秦皇岛智慧旅游、南京“环宁护城河”系统等多个项目。与此同时，中兴通讯正在进行智慧城市 3.0 的设计。在 3.0 时代，智慧城市不仅可以实现为市民服务、为城市管理服务，还可以实现为对企业服务的扁平化，让共享的大数据创造价值。

（二）能源互联网

在能源互联网领域，中兴通讯立足于新能源汽车这一国家新兴战略产业发展方向。2014 年，中兴通讯推出“智慧无线充电”，研发出自主知识产权并在世界领先的新能源汽车用大功率无线充电系列产品，实现系统输电效率达 90%，接近传统有线充电方式标称的 93%，突破 20 厘米气隙无线充电间距，相关技术已处于全球领先地位。截至 2015 年 11 月，中兴通讯无线充电大巴方案已在 9 个城市的 10 条线路实现载人上线。

气候变化与能源危机已成为全球紧迫应对的任务。中兴通讯将以绿色能源为使命，积极研究布局“新能源汽车、新型锂电池”等新型绿色能源技术，并结合互联网技术的发展，为能源互联网新技术革命与产业发展赋能。

四、创新的中兴通讯

中兴通讯是全球领先的综合通信解决方案提供商，通过为全球 160 多个国家和地区的电信运营商和企业网客户提供创新技术与产品解决方案，让全世界用户享有语音、数据、多媒体、无线宽带等全方位沟通。中兴通讯成立于 1985 年，在香港和深圳两地上市，是中国最大的通信设备上市公司。

中兴通讯拥有通信业界最完整的、端到端的产品线和融合解决方案，通过全系列的无线、有线、业务、终端产品和专业通信服务，灵活满足全球不同运营商和企业网客户的差异化需求以及快速创新的追求。2015 年中兴通讯实现营业收入 1008.25 亿元人民币，净利润 37.78 亿元人民币，同比增长 43.38%。目前，中兴通讯已全面服务于全球主流运营商及企业网客户，智能终端发货量位居美国前四，并被誉为“智慧城市的标杆企业”。

中兴通讯坚持以持续技术创新为客户不断创造价值，在美国、法国、瑞典、印度、中国等地共设有 20 个全球研发机构，近 3 万名国内外研发人员专注于行业技术创新；PCT 专利申请量近 6 年均居全球前三，2011 年、2012 年 PCT 蝉联全球第一。公司依托分布于全球的 107 个分支机构，凭借不断增强的创新能力、突出的灵活定制能力、日趋完善的交付能力赢得全球客户的信任与合作。

中兴通讯已经成为 70 多个国际标准化组织和论坛的成员，包括：ITU – T、ITU – R、ITU – D、ETSI、3GPP、3GPP2、NGMN、OMA、BBF、GSMA、IEEE

等。已向 ITU－T、ITU－R、3GPP、3GPP2、IEEE、OMA、IETF、BBF 等国际标准组织提交文稿 28000 多篇，获得了 200 多个国际标准编辑者（Editor）席位和起草权，有 30 多名专家在国际标准组织中担任主席、报告人等领导职务。

中兴通讯作为联合国全球契约组织成员，坚持在全球范围内贯彻可持续发展理念，实现社会、环境及利益相关者的和谐共生。公司运用通信技术帮助不同地区的人们享有平等的通信自由，将“创新、融合、绿色”理念贯穿到整个产品生命周期以及研发、生产、物流、客户服务等全流程，为实现全球性降低能耗和二氧化碳排放不懈努力。我们还在全球范围内开展社区公益和救助行动，参加了印度尼西亚海啸、海地及汶川地震等重大自然灾害救助，并成立了中国规模最大的“关爱儿童专项基金”。

未来，中兴通讯将继续致力于引领全球通信产业的发展，应对全球通信领域更趋日新月异的挑战。

开拓创新　科技惠民

贝达药业股份有限公司

一、十年磨一剑，凯美纳成功问世

盐酸埃克替尼（凯美纳）是贝达药业股份有限公司历时十年自主研发的我国首个小分子靶向抗癌药，第一适应症是晚期非小细胞肺癌。凯美纳是国家“十一五”“十二五”科技重大专项的杰出成果，于2011年6月获得国家食品药品监督管理局颁发的新药证书和生产批件，同年7月正式上市销售。8月12日公司在北京人民大会堂隆重召开了凯美纳成果发布会，会上时任卫生部陈竺部长盛赞凯美纳的成功研发为民生领域的“两弹一星”。其研发成功创造了三个中国第一：第一个小分子的靶向抗癌药，第一个以进口药作对照进行头对头比较的国产药，第一个在疗效与安全性都超过进口药的一个国产药。凯美纳成功打破了国外进口药的垄断，大大提升了中国创新药的国际地位。

凯美纳上市后，得到国内外学术界的高度评价。于2011年两会期间入选国家“十一五”重大科技成果展，且被收录于国际《2012年药物研发年度报告》（*Pharm R&D Annual Review* 2012，该报告由全球最大的临床数据提供商Citeline出版），在录入的全球33个新药中，凯美纳是唯一一个中国自主研发的创新药物。其化合物和晶型发明专利分别斩获第十四届和第十六届中国专利金奖。2012年度凯美纳被列入国家战略性创新产品。2013年埃克替尼Ⅲ期ICOGEN研究结果在国际顶尖的医学杂志《柳叶刀·肿瘤》上正式发表，是该杂志第一次刊登中国创制新药的临床研究论文。在同期《柳叶刀》杂志上，刊登了美国科罗拉多大学 Camidge 教授撰写的编者按，称“埃克替尼开启了中国抗癌药研究的新纪元”，是国际肿瘤领域的里程碑。2015 年度，凯美纳项目荣获国家科学技术进步奖一等奖，成为中国化学制药行业首个获此殊荣的创新药。

凯美纳上市后取得了非常显著的经济和社会效益，自上市以来，已在全国 32 个省、自治区、直辖市销售，疗效和安全性得到充分验证，全国共有超过 10 万例非小细胞肺癌患者服用埃克替尼，截至 2015 年年底，凯美纳累计销售额 25 亿元，贡献税收 6.75 亿元。

同时，为减少病人长期用药的经济负担，公司与中国医药创新促进会合作，开展凯美纳后续免费用药项目，凡是用药 6 个月仍有效的病人，后续服药终身免费。截至 2015 年年底，已有 2.6 万多名肺癌病人获得终生免费用药，发药总数近 110 万盒。

二、以科技创新为驱动，走新型工业化道路

贝达药业股份有限公司成立于 2003 年，是一家由海归团队创办的以自主知识产权创新药物研究和开发为核心，集研发、生产、营销于一体的国家高新技术企业。

自成立以来，贝达创业团队紧紧抓住了国内生物医药产业蓬勃发展的有利契机，心怀产业报国，坚持科学发展观，始终致力于具有自主知识产权、科技含量高的新药研发之路。通过近 10 年的艰苦奋斗，成功研发了国家一类新药凯美纳，从中积累了丰富的创新药研发经验，为国内创新药的研发树立了标杆。

（一）矢志创新引领走向成功

2002 年年底，以丁列明为首的海归博士团队看到了政府对新型产业发展的重视及对归国人才的支持，毅然放弃了海外优越的生活环境，带着凯美纳项目回国创业。在以后十几年的创业路中，公司遭遇了资金短缺、技术瓶颈、行政审批和产业化等重重困难。困难时期，有人建议贝达做仿制药或保健品以维持企业生存，但贝达人面对困难没有动摇，依然专注于新药研发，坚持要靠自主

创新的科研成果发展企业，掌握新药领域的自主权，最终成功研发出了凯美纳，成为首个获得国家食品药品监督管理局批准的酪氨酸激酶抑制剂，开创了中国靶向药物研发的先河。

（二）海归团队奠定创新基础

公司创业和研发团队的核心人员为6名入选国家“千人计划”的海归博士，他们在不同的领域具有广泛知名度及权威性，能带领不同的研发队伍在创新药领域进行独立研发。并利用自身海外的资源优势，引进国外先进的研发理念和先进技术，培养提升技术人员的研发能力，加快科技成果的转化推广，为公司研发项目的推进、优化和推广起到了不可估量的作用。海归团队是公司创新发展的基础，对凯美纳的研究上市到产业化做出了突出的贡献。

（三）科学创新实现产业报国

2011年，凯美纳上市之初，贝达负债1.5亿元，此时，美国一家跨国药企出价2.5亿美元甚至更高收购凯美纳。面对巨大诱惑，贝达毫不迟疑地拒绝了高价收购，坚持把创新成果掌握在自己手里，以更优惠的价格，让更多的中国患者受益。

为更好地践行“开拓创新、科技惠民”的理念，公司与中国医药创新促进会联合开展了“凯美纳后续免费用药计划”，口服使用凯美纳6个月且有效的患者，后续用药终生免费。通过该项目的实施极大地减轻了肺癌患者的经济负担，真正造福于民，是中国医药行业科技惠及民生的典范。

三、弘扬改革创新的时代精神，为创新药研发树典范

凯美纳是海归博士回国创业的重大创新成果，实现了我国小分子靶向抗癌药零的突破，开启中国抗肿瘤靶向新药研发的新纪元，显著缩短了中国与国际前沿的差距，是创新创业精神的集中体现，彰显了贝达海归团队崇高的爱国主义精神和改革创新的时代精神，为医药行业的创新发展起到弘扬和推动作用。

（一）鼓舞更多制药企业研发创新药

我国制药行业以仿制药为主，创新能力弱，自主创新产品少，低价竞争和低利润率限制了国内医药行业的可持续发展，行业亟须转型升级。然而创新药的研发投入大、周期长、风险高，在国内研发创新药困难重重。

凯美纳是国内创新药研发的典范，为国内新药研发树立标榜，被业界称为“贝达现象”“丁列明现象”。《光明日报》曾整版报道了凯美纳成功研发所带来的影响和效应，并评价丁列明团队和凯美纳已成为我国高科技新兴产业的推动者，为创新企业增强了信心、提供了动力，体现了国家创新政策、人才政策的成功，同时激励了我国大批创新药物研发企业的跟进，并掀起自主研发新药的巨大热潮，相信会有许许多多的“贝达”“丁列明”“凯美纳”不断涌现，对我国生物医药领域的创新发展起到了重要的推动作用。

（二）吸引众多的海归人员回国创业

凯美纳是海归人才归国创业的成功典范，体现了国家、地方对海归创业的鼎力支持，极大增加了海外优秀人才回国创新创业的勇气和信心。

凯美纳先后获得了科技型中小企业技术创新基金、国家火炬计划、国家“863”计划、“十一五”、“十二五”国家重大新药创制专项三项，累计获得中央财政经费近4000万元。作为余杭区的本土企业，早在2008年金融危机，凯美纳项目处于资金短缺的危急关头，余杭区政府给予了1500万元的扶持资金，解了燃眉之急，使凯美纳项目得以顺利开展。

凯美纳在审批环节也得到了各级政府的大力支持，2010年7月，凯美纳申请新药证书，得到了国家重大新药创制专项、科技部、卫生部等部门和项目的大力支持。

凯美纳的成功证实了国内创新创业的良好环境，是成功孕育科技成果的沃土，将吸引更多的海归优秀人才归国，利用自身雄厚的专业知识和技能，创造更多的技术成果，推动行业和社会的发展。

四、开创国内肺癌治疗新手段，助推我国医药卫生行业发展

凯美纳的成功上市造福了广大肺癌患者，打破了进口药的垄断，并以显著低于进口药的价格，为肺癌患者提供了新的治疗手段，减轻了患者的经济负担，节省了社会资源，对国家的医药卫生行业做出了重大的贡献。

（一）开发了更适合中国患者的创新药

中国肺癌人群的 EGFR 阳性突变率远远高于欧洲肺癌人群，凯美纳与国外进口药相比，对 EGFR 阳性突变患者效果显著，开创了更适合中国人治疗的创新药，改变了长期以来国产药不如进口药的僵局。2014 年年底埃克替尼获批用于 EGFR 基因突变非小细胞肺癌患者一线治疗药物，为中国的适用人群创造了更多治疗机会和选择，造福国内患者。

（二）价格显著低于进口药

凯美纳是全球第三个、亚洲第一个上市的肺癌靶向抗癌药，其成功上市，打破了跨国药企一直以来对我国靶向抗癌药的垄断，价格仅为进口药的 60% ~ 70%，让更多的中国晚期肺癌患者用上了靶向抗癌药。

由中国药科大学开展的一项针对三个 EGFR - TKI 药物治疗中国晚期非小细胞肺癌的药物经济学研究显示，埃克替尼的成本效用比（250396.25 元/QALY）远远低于吉非替尼（351802.87 元/QALY）和厄洛替尼（460007.43 元/QALY），是治疗晚期非小细胞肺癌的优选方案，具有更优的经济学效益，使有限的医疗资源利用得到最大化。

五、引领行业转型升级，打造贝达梦工厂

凯美纳是医药行业的“重磅炸弹”，因其优异的疗效、安全性及比进口药低得多的价格，上市后得到广泛的临床应用，深受患者、专家的好评，成为医药

行业从仿制走向成功的典型代表。为了更好地推广凯美纳的成功模式，让行业产生更多的“重磅炸弹”，贝达将致力于打造创新药研发平台，使更多的中小型制药企业受益，共同为推动中国生物医药行业的转型升级贡献力量。

（一）引领行业转型升级

中国医药行业前景广阔，但仍然存在创新不足、技术力量薄弱的严重问题，治疗肿瘤、心脑血管等严重危害人类健康疾病的药物基本上只能依赖进口。进口药价格昂贵，给中国的患者及家庭带来了巨大的经济负担。

凯美纳应运而生，成为首个能媲美进口药的小分子靶向药，凯美纳的Ⅲ期临床研究结果显示，凯美纳的疗效与进口药（易瑞沙）相当，安全性更好，打破了长期以来国产药不如进口药的神话，在肿瘤领域具有里程碑的意义，是中国生物医药从仿制走向创新的“转折”。目前凯美纳的市场份额已达39.5%，超过国外同类进口产品，销售业绩屡创新高，打破了本土新药销售无法快速占领市场、决胜终端、获得高额回报的宿命，极大地鼓舞了医药行业改革创新，提升了行业竞争力。

（二）开创贝达梦工厂，助推行业发展

凯美纳的成功在中国制药领域只是少数，很多中小企业面临着想技术创新却苦于技术、资金等受限的窘困局面，在这样的背景下，贝达“随时而动，顺势而为”，积极响应国家创新驱动发展战略，筹划在杭州打造一家生物医药创新创业的众创空间—贝达梦工厂，利用自身的研发平台、技术资源和产业化渠道，切切实实地帮助医药创新创业者，为他们提供资金支持、创新服务、技术指导等一站式的服务，解决他们创新创业的后顾之忧，让更多医药创新创业企业可以有机会同贝达一起实现伟大的中国梦。

六、攻克关键核心技术，打造“中国制造”品牌

公司对凯美纳拥有完整的自主知识产权，目前申报专利63项，22项已授

权，其中化合物和晶型专利分别获得十四届和十六届中国专利金奖。

凯美纳处于国际先进，国内领先水平，从基础研究到临床转化，在新药研发的关键技术领域获重大突破，主要表现在：

（1）发明具有全新化学和晶体结构、高活性、高选择性、具有自主知识产权的小分子 EGFR 激酶抑制剂。

（2）中国首个获国家食品药品监督管理总局批准临床试验的靶向小分子激酶抑制剂。

（3）开创了中国小分子靶向抗癌药中多项注册临床研究先河，实现了抗肿瘤药开发策略设计思路和方法的创新。Ⅲ期临床试验中，严格遵循国际大规模多中心临床试验标准，首次采用进口靶向药吉非替尼进行头对头对照研究，证明埃克替尼疗效不劣于对照药，安全性更优。

（4）改变了中国晚期非小细胞肺癌治疗的临床实践，让中国晚期非小细胞肺癌患者个体化治疗有更多机会和选择。

公司以具有自主知识产权的新药研发为主线，高度重视知识产权管理工作，尤其重视专利的申请和保护工作。以凯美纳为例，公司申请了一系列的发明专利，对凯美纳的专利进行了全方位的保护，包括化合物结构、晶型结构、合成路线、工艺改进、制剂及新用途，最大限度地保护了公司的知识产权，维护了公司的利益。知识产权工作的积极开展和有效保护，成功地塑造了公司品牌，提高了国际竞争力，占据了创新发展的制高点。

七、大力推进品牌战略，积极参与国际竞争

贝达一直以来都高度重视品牌形象，加大推进品牌战略，重视对商号和注册商标等知识产权的保护，2014 年，贝达荣获第三届中国财经峰会“最佳品牌形象奖”；2015 年，“凯美纳”商标获得浙江省著名商标、“贝达（药业）”获得浙江省知名商号。

公司的经营管理紧紧围绕三驾马车——自主研发、战略合作、市场销售齐头并进的发展战略。为提升贝达品牌形象，积极参与国际竞争，开拓海外市场，

2013 年 9 月，公司与国际生物制药巨头——美国安进公司合资成立了贝达安进制药有限公司。2014 年 10 月，贝达与美国 Xcovery 公司合作，引进针对肺癌的新一代 ALK 抑制剂 X－396 项目，均有力地助推了贝达的国际化进程。2016 年 10 月，贝达与美国 Capio Biosciences，Inc. 公司达成战略合作，成立贝达诊断公司，主要针对血液中循环肿瘤癌细胞（Circulating Tumor Cell，CTC）的检测，为临床医生精准治疗提供基础。

凯美纳项目的成功研发，填补了我国在靶向抗癌药领域的空白，提高了我国在肿瘤治疗领域的国际地位，造福了广大的肺癌患者，成为国内恶性肿瘤治疗的里程碑，是我国医药行业走特色新型工业化道路的重大成果。我们坚信，贝达药业将以此为契机，研发出更多更好的新药，造福百姓，为国争光。

强化创新驱动　引领行业发展

哈尔滨锅炉厂有限责任公司

一、企业基本情况

哈尔滨锅炉厂有限责任公司（以下简称哈锅），始建于1954年，是新中国“一五”计划156项重点工程中的两项。经过六十多年的发展，已成为我国电站锅炉、石化容器、舰船动力、环保设备、电站辅机、核电产品、海水淡化及水处理设备等产品设计制造及服务的顶级供应商。电站锅炉年生产能力达3000万千瓦以上，是国内生产能力最大、最具规模的大型发电设备制造企业。

作为中国最早最大的大型电站锅炉科研与制造基地，哈锅设计制造了70%以上各种容量参数的国产首台电站锅炉，填补了多项国际和国内空白。截至2015年年末，已累计生产各类电站锅炉1346台/3.1亿千瓦。装备了全国400多个电厂，并出口近30个国家和地区。生产了核电、大型石化容器、辅机等各类压力容器3000多台套。拥有先进的脱硝、脱硫、湿法除尘、低NOx等环保技术，累计生产环保产品机组容量达1亿千瓦以上。

作为共和国装备工业的“长子”，哈锅自1954年建厂以来，一直与国家同呼吸、共命运，肩负民族工业振兴的重任，为我国经济建设和社会发展做出了突出贡献。先后荣获首批国家一级企业、全国五一劳动奖状、全国企业管理优秀奖（金马奖）、中国环境保护产业骨干企业、国家特级安全企业、全国思想政治优秀企业等几乎所有国家关于企业的最高荣誉。

“十二五”期间，哈锅实现利税总额90多亿元，经济运行质量保持行业领先水平。2012 年，“哈锅牌”电站锅炉获得“中国驰名商标”称号，为国内同行业唯一获此称号的企业。2013 年，哈锅荣获“中央企业先进集体”称号。2015 年，高效清洁燃煤电站锅炉国家重点实验室成为电站锅炉行业唯一的企业国家重点实验室。

二、实施创新驱动发展战略，引领行业技术跨越式发展

党的十八大报告把自主创新上升到国家战略，十八届五中全会又提出了“创新、协调、绿色、开放、共享”五大发展理念。哈锅作为国家重要装备制造企业，积极响应国家创新驱动发展战略和节能减排号召，致力于煤炭资源的高效清洁利用，为解决我国资源紧缺、大气污染严重等问题，开发出一大批新产品、新技术。先后获得国家科技进步奖 19 项，省部级科技进步奖 160 余项。

（一）完善科研体系建设，打造创新孵化平台

科技是第一生产力。在国家和地方有关部门的领导下，哈锅不断完善科技创新体系，形成了以“技术发展战略委员会”为核心，以“四所两处两站一中心”（锅炉研究所、材料研究所、工艺研究所、水务科技研究所、锅炉设计开发处、辅机容器设计开发处、院士工作站、博士后科研工作站、燃烧技术中心）为主体的多元化、开放式科技创新体系，努力实现由“引进、消化、吸收、集成创新”为主向，以“原始创新、自主研发”为主的技术发展转型升级。

1. 重视规划，聘请顶尖专家成立技术发展战略委员会

成立了由多名院士（浙江大学岑可法、清华大学倪维斗、哈尔滨工业大学秦裕琨、清华大学岳光溪、东北电网有限公司黄其励）、国内知名专家组成的技术发展战略委员会，为哈锅技术发展战略决策听诊把脉、提供支撑。

2. 加大投入，重金打造国际领先的科研平台

2012 年投资近 2 亿元建设了当今世界上最先进（热容量最大、系统功能最

完善、控制系统最先进、最接近工程实际）的大型燃烧试验中心，为开展准东煤、褐煤、无烟煤、贫煤等劣质煤燃烧技术，低 NOx 燃烧技术，污染物脱除技术等基础研究提供了重要的支撑。自投入使用以来，已先后开展各类试验 40 余次，劣质煤燃烧技术、新型低 NOx 燃烧技术等科技成果已成功实现转化和应用推广，极大地带动了行业技术发展。基于国家支撑计划课题，完成了生物质混燃的工业性试验研究，针对黑龙江露天焚烧秸秆、大气污染严重的现象，正在积极开展秸秆焚烧锅炉技术研究。2015 年，高效清洁燃煤电站锅炉国家重点实验室落户哈锅，将进一步提升哈锅自主创新能力，为带动行业科技进步提供有力支撑。

3. 广纳人才，建设高水平的科研团队

哈锅高度重视人才作为第一资源的作用，坚定不移地实施人才强企战略，建成了一支由科技顶尖人才、专业领军人才以及中青年高级专家领衔的技术人才队伍，其中国家“千人计划”特聘专家 3 人（行业内唯一拥有“千人计划”专家的企业）、“万人计划”人才 1 人、新世纪百千万人才工程国家级人选 1 人、国家中青年科技创新领军人才 1 人、国务院特殊津贴专家 10 人，为公司科技创新持续快速推进，提供了重要的智力支持。

（二）破解准东煤燃烧密码，实现资源有效利用

准东煤是新疆准噶尔盆地东部一条狭长地带煤炭资源，预测储量 3900 亿吨，以现在我国煤炭年消耗量计算，新疆准东煤田足够全国使用 100 年。但是在新疆准东煤燃烧方面，行业的现状是不能百分之百燃用，必须进行大比例掺烧其他煤种以保障机组的安全性，混煤中准东煤的比例多在 50% 左右，极大地增加了电厂的发电成本。用户一直希望能够提高准东煤的掺烧比例，甚至是 100% 燃用，以期大幅降低发电成本。围绕这一用户关心的问题，哈锅将准东煤燃烧作为重点技术攻关课题，在总结褐煤等劣质煤燃烧经验的基础上，依托高效清洁燃煤电站锅炉国家重点实验室对准东煤进行深入研究，攻克了准东煤燃烧时极易结渣和沾污的世界性难题，开发出与之相适应的锅炉防结渣技术、低污染物

排放技术、低温燃烧技术、运行控制技术等，制定了准东煤燃烧特性判别标准及锅炉炉膛选型导则，形成了完整的设计制造工艺和技术规范标准，实现了在新疆特变电工2台35万千瓦超临界锅炉上燃烧90%以上准东煤且连续安全可靠运行两年以上的重大突破，经国家工信部组织行业专家鉴定，整体技术达到国际领先水平。在此基础上，自主开发了燃用准东煤660MW超临界锅炉系列产品。该项目的研制和应用推广，使得储量丰富的新疆准东煤资源变废为宝，对保障国家能源安全、疆电外送、新疆地区稳定和经济发展意义重大。目前，哈锅科技创新团队基于国家科技支撑计划课题，依托国家重点实验室创新平台，正在积极开展100%燃用准东煤超临界锅炉研制工作。

（三）坚持绿色能源发展方向，高效清洁燃煤技术世界领先

近年来，哈锅紧跟国家节能减排要求，超前预判、超前预研，在行业内率先自主开发了当今世界参数最高的66万高效超临界，66万及100万超临界二次再热技术，填补了我国技术空白，对进一步提高煤炭资源利用率，助力电厂降低污染物排放，深入推进节能减排做出了积极贡献。

1. 高效超临界技术引领行业

2014年12月，由哈锅自主研发的当时世界最高参数66万千瓦高效超临界锅炉在华能长兴电厂顺利通过168小时试运行，其主汽压力29.3兆帕，蒸汽温度为605/623摄氏度，成为国内首台达到高效设计参数的超临界机组。该机组采用超低NOx排放设计，通过数模分析炉内的燃烧状况，合理选择燃烧器设计参数和布置，同时采用目前最先进的MPM燃烧器和燃尽风布置方式，降低NOx的生成，炉膛出口NOx排放值为133.3毫克/立方米，机组发电煤耗267.2克/千瓦时，比常规超临界机组效率提高2%，整体技术达到世界先进水平。目前，哈锅已累计签订66万~100万千瓦高效超临界机组锅炉50余台。

2. 超临界二次再热技术世界领先

2015年6月，哈锅研制的世界首台最高参数的66万千瓦二次再热超临界锅

炉在华能安源电厂顺利投运，各项指标均优于保证值，1 号、2 号机组锅炉效率分别为 94. 61% 、94. 34% ，机组供电煤耗比常规一次再热超临界机组低约 20 克/千瓦时。2015 年 12 月，华能莱芜百万千瓦超临界二次再热锅炉成功投运，各项指标均达到或优于性能保证，机组发电效率为 48. 12% ，发电煤耗为 255. 29 克/千瓦时，供电煤耗为 266. 18 克/千瓦时，三项指标均刷新了世界纪录，是目前世界上效率最高、能耗最低、指标最优、环保最好的火电机组，一举成为世界绿色煤电的标杆。

3. 褐煤燃烧技术持续突破

多年来，哈锅在褐煤燃烧这一世界性难题的技术攻关上持续取得进展，成为世界上最大的褐煤锅炉研制基地。经行业专家鉴定，大容量褐煤锅炉整体技术达到国际领先水平。目前国内投运的近 150 台褐煤机组锅炉，95% 以上由哈锅制造。研制成功的国内最大容量新疆信发电厂 2 台 110 万千瓦大容量褐煤锅炉于 2014 年成功投运，机组容量进一步增加，技术水平又上一个台阶，为更有效地利用我国分布广泛的高水分强结焦褐煤开辟了一条新路，也进一步巩固了哈锅在褐煤领域的领先优势。哈锅开发的“煤中取水”高效褐煤技术，对解决我国褐煤产地缺水及提高褐煤电厂效率具有重要意义。在国际市场竞争中，哈锅多次与阿尔斯通、斗山重工等国外强劲对手同台竞技，取得出色业绩，产品出口到印度、土耳其、哈萨克斯坦、老挝、塞尔维亚等国家。

三、推进转型升级，追求企业持续健康发展

转型升级是哈锅适应经济发展新常态的必然选择，是实现企业持续发展的“牛鼻子”工程。对哈锅来说，转型升级不是摒弃传统产业，另开新灶，而是要不断苦练内功，强化内生动力提升，提高企业发展质量。正是在这种思路的指导下，哈锅走出了一条追求发展速度与效率并重、当前与长远兼顾的可持续发展之路。

（一）强化提质增效，提升企业发展质量

坚持成本领先战略，强力推进降本增效工作，向设计、采购、分包、制造、管理等各个环节要效益，确保了良好的经济效益。“十二五”期间，累计实现利润超过40亿元，居行业先进水平。坚持推进精细化管理战略，强化管理创新，推动管理提档升级，各项工作水平得到不断提升，为企业发展提供了保障。狠抓领导干部作风建设，树立“无功便是过，无为便下课”的导向，强化干部履职管理，推进执行力建设，企业上下呈现出风清气正的干事创业氛围。得益于这一系列举措的实施，企业发展内生动力不断增强，发展质量与效益得到明显提高。

（二）加快培育新产业，促进产业结构升级

随着火电产能过剩问题的逐步凸显，哈锅清醒地认识到，不能再唱“火电一柱擎天，产业结构单一”的“二人转”，必须要做好产业加法。因此，在做精火电主业的同时，开始瞄准战略新兴产业，谋划多元化产业布局。

1. 全力推进环保改造产业做大做强

随着我国环境问题的逐渐凸显，推进火电高效超低排放成为火电发展的新要求，哈锅积极承担社会责任，加快推进环保改造产业发展，围绕环境治理加大脱硝、脱硫、除尘及提效改造等工作力度。在脱硝方面，荣获2012年第一届中国最具投标实力烟气脱硝提供商第一名，国内业绩最多（超过1亿千瓦）。2015年，成立了哈锅环保工程技术公司，积极向电厂环保岛一体化方向迈进。2016年，签订了国内首个涵盖范围最全的超低排放环保岛BOT项目——山西华泽铝电环保岛项目，这是哈锅寻求转型发展，向资本运作方向迈进的重要一步。另外，完成了国内首台提效改造项目——华润常熟60万千瓦超临界项目提效改造工程，改造后的锅炉主蒸汽温度提高了28摄氏度（达到571摄氏度），发电煤耗降低2.1克/千瓦时，NOx排放浓度小于50毫克/立方米，各项指标全面达标，对落实国家节能减排政策示范意义重大。

2. 大力开拓海水淡化等水处理市场

我国是世界上淡水资源比较匮乏的国家之一，但海水资源较为丰富，海水淡化市场前景广阔。着眼于此，哈锅于2011年成立了水务科技分公司，积极涉足海水淡化及水处理等领域，成为东北第一家从事海水淡化业务的企业。2013年拿到了世界首个非并网风电海水淡化项目——江苏大丰海水淡化工程，这一工程的实现，为有效解决海岛等偏远地区淡水供应问题提供了一条新路。为实现海岛、舰船饮用淡水的便捷化，哈锅近年来又致力于集装箱式海水淡化技术研究并取得突破，2016年拿到了公司首台集装箱式海水淡化项目——三沙市赵述岛项目，为进一步深入海水淡化等水处理领域奠定基础。

四、加快走出去步伐，实现“中国装备　装备世界”

在深耕国内市场的同时，哈锅将目光瞄准了潜力巨大的国际市场。面对国际知名企业的激烈竞争，哈锅一方面造船出海——建立海外办事处，另一方面借船出海——加强与国际工程总包商的合作，凭借先进的技术、优质的产品、一流的服务，赢得了国际市场的认可和好评。截至目前，产品已累计出口近30个国家和地区。“十二五”期间，累计实现出口87.1亿元。

（一）把握国家“一带一路”战略机遇，加快“走出去”步伐

国家提出“一带一路”战略后，沿线国家电力建设潜力巨大，哈锅积极抢抓机遇，加大与各大电建公司合作力度，于2015年签订了巴基斯坦萨希瓦尔和卡西姆两个“中巴经济走廊”项目，这也是“中巴经济走廊”率先开工的两个项目。特别是卡西姆项目，投资方点名要求按照印度嘉佳项目（哈锅在印度已投产的项目）的标准来建设，反映出哈锅的产品和技术赢得了用户的充分信任。截至目前哈锅已在“一带一路”沿线拿到5个项目。

（二）抓住印度、东南亚等国家快速发展机遇，深入推进市场开发工作

面对印度、东南亚等国家电力需求旺盛，电力建设步伐不断加快的有利时

机，哈锅积极谋划，及时成立了海外办事处，全力推进印度、东南亚市场开发。2011 年，运用自主技术设计制造的国产首台出口型60 万千瓦超临界机组在印度蒙德拉电厂投运，成为印度第一台超临界也是当时印度最大的火电机组。凭借着优质的产品和良好的服务，哈锅牌电站锅炉在印度、东南亚市场成为公认的金牌产品。截至目前，已出口印度市场2000 多万千瓦。

任重道远路漫漫，继往开来铸伟业。面对我国能源结构调整及节能减排等新要求，哈锅作为电力设备行业的“国家队”，中国电站锅炉行业的“奠基者”和“引领者”，将牢记历史赋予的使命，以更加坚定的信念、更加昂扬的斗志，扛起行业改革发展大旗，不断提高自主创新、原始创新能力，开发出更多以准东煤燃烧技术为代表的先进科研成果，引领行业持续发展，以实业兴邦，以产业报国，用实际行动助力中国梦的实现。

创新驱动发展

京东方科技集团股份有限公司

京东方科技集团股份有限公司（BOE）成立于1993年4月，是一家著名的物联网技术、产品与服务提供商，公司目前经营的核心业务主要包括显示器件、智慧系统和健康服务三个方面。京东方的产品广泛应用于手机、电脑、电视、车载、数字信息显示、健康医疗、金融应用、可穿戴设备等领域。

一、BOE（京东方）前瞻进军物联网

以“物联网和人工智能”为主要方向，以用户为中心，基于在发展显示事业中积累的半导体、显示、传感、人工智能、大数据等技术基础，BOE（京东方）于2014年启动有限相关、多元的DSH战略（DSH战略中“D”代表显示器件，“S”代表智慧系统，“H”代表健康服务，DSH战略即指由原来单一 的显示器件业务向显示器件、智慧系统和健康服务三大板块齐头并进，共同发展的多元发展战略），着力发展智能制造、智慧屏联、智慧车联、智慧能源、移动健康五大物联网业务。

2016年11月8日，BOE（京东方）董事长王东升在京东方全球创新伙伴大会（BOE IPC · 2016）上，创造性地提出“开放两端，芯屏气/器和（Ecoresystem：Open and Connected）”的物联网生态理念。

王东升表示，物联网、人工智能和大数据正推动人类从信息社会迈向智能社会，但第四次产业革命远不止此，人类正迎来二十万年以来从未有过的自身

进化——这是由生命科技引领的颠覆。开拓物联网新机会，需要解决三大问题：更强大的信息收集、传送、计算、存储和展示能力；更科学合理高效、并不断优化的算法支持；高质量的大数据。要解决上述问题，需要推动技术不断进步，需要一个开放合作、联动创新的过程。

BOE（京东方）的解决方案是："开放两端，芯屏气/器和"。芯片是计算、通信、传感等单元的核心部件；显示屏是人机交互单元的核心部件，也是未来物联网最重要的信息出入口；软件和内容是无形的，如同空气一样存在或被传送，不妨称为"气"；各类功能硬件是有形的，不妨称为"器"。物联网就是将相关的芯片、显示器件、软件和内容、功能硬件和谐地组合起来，形成一个人与人、人与物、物与物相连的价值创造系统。

为了提供更好的服务与体验，BOE（京东方）将着重做好以下三件事：第一，不断提升 TFT－LCD（液晶平板显示器）、AMOLED（有源矩阵有机发光二极体面板）和新一代显示技术；第二，不断拓展新应用，与家用电器、商用设备、文化艺术、健康医疗等领域合作，助力其转型发展和功能设备智能化，成为物联网系统不可或缺的一分子；第三，将半导体显示、传感等电子信息技术与医学、生命科技相结合，跨界发展信息医学、移动医学和再生医学，建立以人为中心的健康服务体系和大数据系统，让老百姓享受到高品质的智慧健康服务。为此，BOE（京东方）正在开展三大行动，即全面开放应用端与技术端，全面推动半导体芯片、显示器件、软件和内容、功能硬件的和谐组合，与全球创新伙伴开放合作，共创共赢，携手共享物联网时代的市场新机会。

二、BOE（京东方）以创新驱动发展

创新是 BOE（京东方）发展的原动力。2016 年年初，习近平总书记考察重庆 BOE（京东方），寄语 BOE（京东方）"一定要牢牢把创新抓在手里，把创新搞上去！"

（一）坚持"生存定律"和"5P1H"

在残酷的行业周期洗礼中，BOE（京东方）董事长王东升通过对半导体

显示行业技术特点和行业周期波动的研究，提出了企业生存定律，即若保持价格不变，显示产品性能每 36 个月须提升一倍以上。这一周期正被逐渐缩短（见下图）。

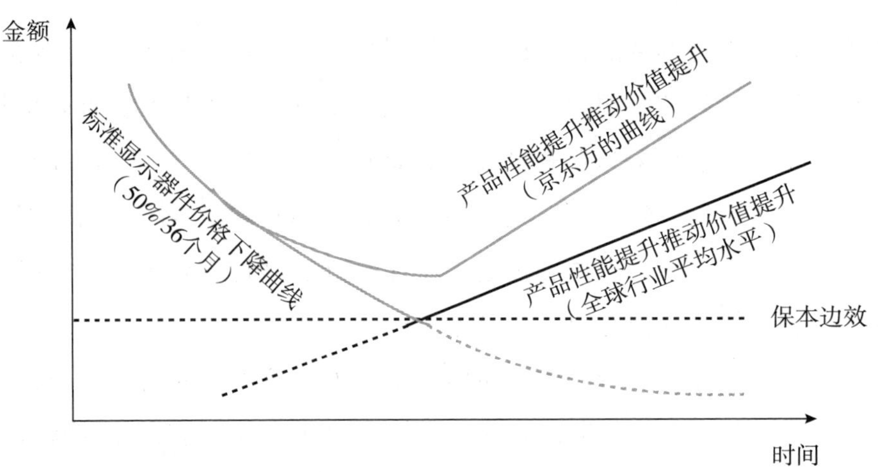

生存定律（产业界称为“王氏定律”）图

“5P1H”是 BOE（京东方）的产品战略和路线，BOE（京东方）不仅要提供至真至美的画质（Picture）、更低的功耗（Power）、功能融合的解决方案（Panel as system/service）、引领时尚的气质（Pilot of fashion）、最佳的性能价格比（Price），还要提供有利于人类健康的产品与服务（Health）——这也成为京东方产品的设计追求和创新方向。

在“生存定律”和“5P1H”的指引下，BOE（京东方）科学规划产品与技术创新路线图，并在产品设计、制造工艺等方面进行绿色创新，使产品更具低碳、环保、可持续发展的价值优势。

（二）坚定创新基因

全球创新活动的领先指标——汤森路透《2016 全球创新报告》显示，BOE（京东方）已跻身 2015 年半导体领域全球第二大创新公司。2015 年，BOE（京东方）年新增专利申请量 6156 件，其中发明专利超过 80%，累计可使用专利超过 40000 件，位居全球业内前列。

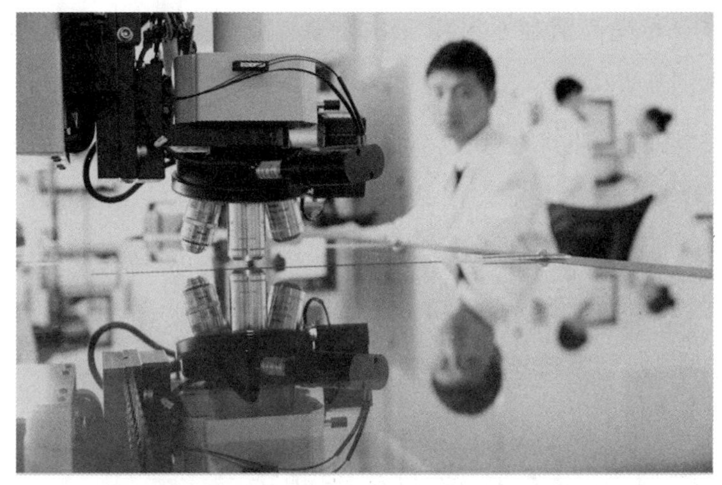

BOE（京东方）专注技术创新

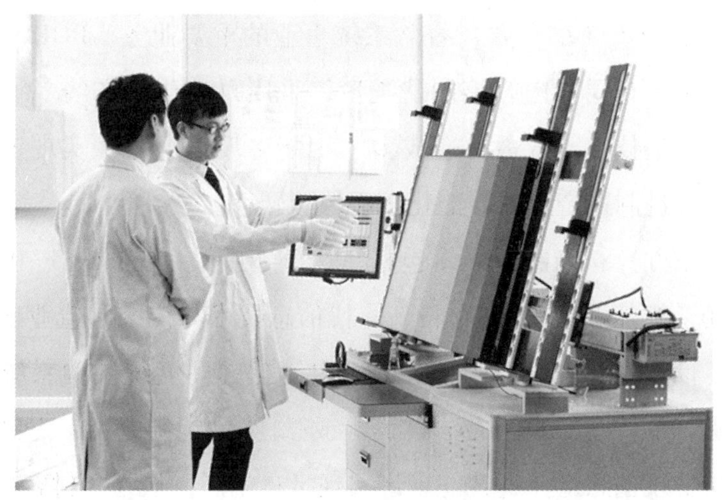

BOE（京东方）致力专利研发

2016 年上半年以来，BOE（京东方）新增专利申请量突破 4000 件，同比增长 25%；全球首发产品比例达 40%，继续保持业内第一，全球首发多款高端显示新品，如全球最薄 65 英寸 8K 超高清显示屏、全球最高分辨率 82 英寸 10K 曲面显示屏、像素密度高达 1600PPI（每英寸所拥有的像素数目）的 2.8 英寸 UHD（超高清，超高画质）AR（增强现实）/VR（虚拟现实）显示屏等。

里约奥运会期间，BOE（京东方）98 英寸 8K 超高清显示屏亮相巴西里约热内卢，这是全球首次采用 8K 超高清显示屏用于奥运会比赛的实况转播，也再次证明我国在大尺寸超高清显示领域的全球领先地位。2016 年 9 月，BOE（京东方）凭65英寸8K超高清显示屏第三次斩获“IFA（柏林国际电子消费品展览会）产品技术创新大奖”。

在加快技术创新的同时，BOE（京东方）还积极推进标准化发展战略。截至2015年12月，BOE（京东方）共主持推进了包括IEC国际标准、中国国家标准、中国行业标准及协会标准等30个国际、国内标准的制修订项目，参与制定、修订国内外技术标准40余项，涵盖LCD（液晶显示器）、OLED（有机发光二极管）、3D、透明显示、系统整机、接口应用等多个技术领域。

三、BOE（京东方）发力智能制造

智能制造是BOE（京东方）智慧系统事业的重要业务。BOE（京东方）在苏州、合肥及重庆布局三座智能制造工厂，采用自动化生产线、智能物流和智能仓储系统等先进技术，致力打造成为“智能工厂”典范，实现工业化和信息化深度融合，促进制造产业向智能化方面快速转移。

BOE（京东方）智能制造体系包括一个线上平台（iMaker）和两个线下平台（创客工坊、智能工厂），旨在将新一代信息技术与传统制造业融合，打造以客户为中心、信息共享、过程联动、生产自动化的高度统一的系统，即客户或创客提出需求订单，例如个性Logo（商标或徽标）、定制电视、定制画框等，之后由创客工坊实现创意产品，智能工厂实现批量生产，最终交付客户。

未来，在聚集了一定创客和企业资源的BOE iMaker平台上，将能够提供丰富的个性化定制解决方案，使越来越多的个性化需求得到满足，使成型的产品迅速产业化，使更多的人在这个平台上快速成长为具备一定能力的创客，扩大创客群体，为中国制造2025的实现提供一份力量。

四、BOE（京东方）打造绿色生态

BOE（京东方）致力于成为环境友好型领先企业，坚持在提高能效、降低排放、节约资源等方面持续改进，通过在研发、设计、采购、生产、物流和回收处理等过程中全方位的环境考量，降低每一环节的环境影响，并不断探索运用新技术解决环境挑战，实现企业和社会可持续发展的良性循环。

自成立之初，BOE（京东方）就构建严格的环境管理体系，并在生产和管理等各个环节切实贯彻各类国际、国内标准，持续改进并不断提高质量管理水平。产品质量方面，BOE（京东方）推行六西格玛精细化管理，从开发、设计、生产、供应链到客户端，严格执行“即时且全程的质量跟踪管理体系”。

以可持续发展的理念设计和建设绿色工厂，是BOE（京东方）落实绿色运营的起点。无论是节能环保建筑材料的使用，光伏太阳能、雨水、再生水的利用，还是废弃物、废水的回收设备，以及设备管理控制系统和动力节能系统的设计、应用，都是BOE（京东方）践行绿色制造、打造绿色工厂的有效方式。

面向未来，BOE（京东方）将以半导体、显示、传感、人工智能、大数据五大核心技术为基础，在不断强化显示器件事业的基础上，持续发力以物联网和人工智能为主要方向的智慧系统事业，以及以信息医学和大数据为基本特点的健康服务事业，发展成为全球领先的物联网技术、产品和服务的提供商，为加快实现“中国梦”做出积极表率和贡献！

加快打造“行业领先、国内一流”的科工集团

中国华电科工集团有限公司

中国华电科工集团有限公司（简称华电科工）成立于1978年。2002年电力体制改革后，华电科工成为中国华电集团公司科工产业的重要组成部分和发展平台。多年来，华电科工以科学发展和科技创新为引领，围绕能源工程和新兴工业领域业务拓展，扎实推进工程承包、装备制造和资产经营协同发展的产业格局，打造了重工及高端装备制造、环保及新能源、电站投资建设等板块，业务遍及全国各地以及东南亚、欧美、澳大利亚等国家和地区，产品和服务涵盖电力、化工、港口、冶金、矿业、市政、新能源、进出口服务等领域。2014年，公司资产总额达到270亿元，同比2013年增长23.15%；实现营业收入152亿元，同比增长15%；实现利润11亿元，同比增长52.09%；缴纳税款8.37亿元。

一、坚持走中国特色新型工业化之路，不断改革创新

近年来，华电科工坚持走中国特色的工程技术之路，不断深化改革，企业发展取得骄人的成绩。

（一）坚持全面深化改革，创新体制机制

华电科工以激发创新动力、释放发展潜力、增强企业活力为目标，健全现代企业制度和法人治理结构，按照“导向明确、管控科学、基础扎实、防控有

力”的要求，建立职能管控与专业管理相结合、集团化运作与发挥各层级积极性相统一的科学管理体系；加强顶层设计，优化管控模式，加强工程承包业务的本部化运作和装备制造、资产经营业务的子公司化管理，推动项目投资和总承包的主体分离和单独考核；继续强化商务、营销、项目管理等核心能力建设，培育升级产业链一体化和多业务协调水平。

（二）坚持战略统领，统筹规划实施

华电科工立足能源工程市场，拓展新兴工业领域，紧抓集团内外“两个市场”，统筹国内外“两种资源”，不断优化业务布局，积极打造有机协同的重工及高端制造、环保及新能源、电站投资建设等业务板块，实现规模、质量、效益相统一的科学发展。到2020年，华电科工力争实现“2187”发展目标，即销售收入达到200亿元、利润总额达到12亿元、净资产收益率达到8%、资产负债率不高于75%。公司整体实力得到增强，精益管理逐渐深化，品牌形象大幅提升，实现全面、协调、可持续发展，建设成为“行业领先、国内一流”的科工集团。

（三）夯实基础管理，支撑企业持续发展

华电科工按照精益管理要求，在项目管理、市场拓展、降本增效等方面开展管理提升工作，向管理要效益；做好国家和集团政策的研究利用，向政策要效益。华电科工充分发挥上市公司、境外等融资平台功能，探索包括债权融资、股权融资等多种筹资途径，建成长期稳定的筹资渠道，通过业务重组、资产重组等方式，改善资产结构，优化资源配置，提高资金使用效率，通过不断健全完善公司质量管理体系、职业健康安全体系和环境管理体系，推进企业管理制度化、制度流程化、流程信息化。

二、积累宝贵精神财富，弘扬民族精神

华电科工奉行“拼搏进取、追求卓越”的企业精神，秉承“诚信守诺、科

技领先、质量创优、用户至上”的经营理念，努力打造本民族品牌，弘扬民族品牌精神与文化。

公司积极发展节能环保、新能源等国家战略性新兴产业，响应“一带一路”“两片一链”战略布局，不断提高价值创造和持续竞争能力。近年来，公司先后完成了印度尼西亚印度拉玛火电、阿萨汉水电、拉法基火电、巴淡火电等多个项目，其中阿萨汉项目由于出色的项目管理水平、过硬的工程质量和良好的盈利能力，被前国务院总理温家宝誉为“走向国际市场的‘名片’”。投资建设的巴厘岛电厂三台机组正式投入商业运营，成功实现了景观工程、优质工程、绿色环保工程目标，彰显了公司的国际品牌形象。

三、实现结构转型升级，打造工程技术全产业链

加快转方式、调结构、优布局，明确工程承包作为经营之基、装备制造作为强企之本、资产经营作为动力之源的发展定位，打造工程设计、高端装备制造、系统集成、工程总承包、项目投资和资产经营全产业链。

（一）总承包业绩稳步增长

华电科工总承包建设的湖北江陵 2 台 66 万千瓦燃煤电站项目，坚持样板引路，全力推进工程创优，完成主厂房基础出零米等里程碑节点；中煤榆林项目顺利投入商业运行，连续三年被评为年度“优秀 EPC（设计采购施工总承包）总承包商”；参建的江苏句容百万机组工程荣获国家优质工程金奖，总承包建设的江苏吴江项目、参建的新疆喀什项目等 5 项工程荣获 2015 年度中国电力优质工程奖。国家电投滨海北 H1 区海上风电、江苏大丰测风塔项目顺利完工，标志着公司完全具备了海上风电综合施工能力；承建的内蒙古伊泽圆形料场系统荣获国家化工行业优质工程奖。高质量完成 22 个环保超低排放改造工程，各项指标达到国家标准。山西大同光伏电站树立了行业“领跑者”典范。天津北辰、上海莘庄、华电南宁等分布式能源站项目稳步推进。

（二）高端制造业务快速发展

青岛催化剂厂顺利通过高新技术企业认定；上海航改型燃气轮机制造厂签订了6台LM6000PF机组销售合同，合同金额7.9亿元。郑州机械院大力开展技术创新，不断提高环式给煤机、布料机等现有产品技术水平，加大平底筒仓卸料设备的研发推广，开发煤矿综采设备再制造、塔机改造业务，进一步拓展了市场空间。山东节能公司制造的国内最大流量高效卧式循环水泵样机通过验收，泵效率节能评价值优于国家标准，填补了我国百万千瓦机组卧式循环泵空白。

（三）资产经营业务成效显著

华电科工下属子公司华电重工成功登陆上交所，品牌与业绩得到广大投资者的高度认可。华电水务成立上市工作稳步推进，水务增资项目在北交所挂牌成功，标志着华电水务上市工作取得了阶段性的重要成果。投资建设的巴厘岛项目建成投产，工程建设水平得到印尼国家电力公司等各方高度评价；公司投资建设的巴淡电厂得到国家商务部领导高度认可，成为中国—东盟合作的亮点项目。华电水务市场占有率和品牌影响力不断提高，在建运水厂日处理规模达到60.67万吨。产业园分布式能源站实现并网运行，开创了国内最大的楼宇式分布式能源站并网、上网先例。

四、科技创新水平不断增强，全面提升国际竞争力

华电科工坚持以科技创新引领产业升级，持续加大科技研发投入，三年来，公司共核定科研经费11.51亿元，安排新产品、新技术开发项目243项。27项成果荣获集团公司科技进步奖，6项成果获得国家能源科技进步奖、北京市科技奖、中国电力科技奖等奖项。目前，公司系统共持有专利823项，其中发明专利94项。公司拥有国家级企业技术中心、国家能源分布式能源技术研发中心、国家能源生物燃气高效制备及综合利用技术研发中心3个国家级科技创新平台，为加快推进产品研发与应用奠定了坚实的基础。

五、认真履行社会责任，积极促进节能减排和绿色环保

近年来，华电科工积极履行央企社会责任，不遗余力为社会经济可持续发展、为建设“绿色环保、生态文明”社会做贡献。

公司深入开展脱硫、脱硝、脱汞以及节水、污水处理研究，大幅减少了公司所涉及领域中二氧化碳、二氧化硫的排放，仅公司负责的燃煤电厂脱硫、脱硝和超净排放工程就达200多个，占全国10%左右，为我国节能减排、雾霾治理、污水处理做出了巨大贡献。开展的《火力发电厂烟气污染物超净排放技术研究》《燃煤湿法脱硫烟气PM2.5气溶胶粒子净化技术的研究与应用》等高新科研课题均取得阶段性成果，荣获行业、产业科学技术成果大奖。开展的“燃煤发电厂石膏雨防治技术研究及应用”项目有效解决了无GGH（烟气换热器）系统带来的“石膏雨”问题，环保效益显著，属国内领先，具有很高的推广应用价值。“第三代核电机组凝结水精处理超大直径高流速柱形离子交换设备”性能优异，被认为属国内首创；“生物膜与浸没式超滤膜组合工艺在间接空冷机组的研究及应用”课题为国内大型火力发电厂利用工业废水和城市污水作为水源提供了良好范例；“火力发电厂循环水排污水回用技术的研究”项目，实现了循环水排污水的全部回用，年节约水量154万吨。

公司还高度重视社会公益事业教育宣传和具体实践，通过持续深化华电“幸福行动”走进河北康庄系列活动，不断壮大郭明义“爱心团队”、积极推进“首都蓝天智慧能源计划”等，有效履行社会责任和义务。党政工团积极倡导、落实扶贫帮困、助残济弱、捐资助学、援手减灾等爱心奉献系列活动，树立了良好的社会形象和品牌形象。

沙钢集团典型经验介绍材料

江苏沙钢集团有限公司

改革开放以来，特别是“十二五”以来，沙钢坚持科技领航，加快自主创新，优化产品结构，深化节能减排，强化企业管理，实现了稳健发展，成为中国最大的民营钢铁企业、国家创新型企业，连续八年进入世界企业500强，并连年跻身于全球最具竞争力钢铁企业行列。在钢铁行业全面进入微利时代的情况下，企业继续呈现稳健运行态势。2015年，沙钢实现营业收入2058亿元、利税47.4亿元，其中利润18.9亿元（全国同行中排名第二）。2016年前三季度，沙钢共实现利润38.5亿元，同比增长121%。

近年来，沙钢坚持实施创新驱动战略，主动适应新常态，着力实施“五大工程”：

一、实施品种结构提升工程，提升企业竞争优势

沙钢认为，从钢铁制造到钢铁创造，关键在于依靠科技领航加快品种结构的优化创新。基于这样的理念，一直以来，沙钢坚持以市场需求作为检验产品结构优化的标准，瞄准国内外钢铁市场高新化、减量化、精细化发展的需要，依托江苏省（沙钢）钢铁研究院科研平台，全面推进冶金前沿工艺技术的跟踪和研究，加快高新产品的开发。

2015年以来，沙钢大力组织开展以开发热轧产品高端目标客户、提高高品钢比例、提升销量、提高效益一体化为主要内容的“两高两提”活动，共开发

出包括系列大变形管线钢、高强度海洋工程用宽厚板、大线能量焊接钢板、超高强度帘线用盘条、高钛系列合金焊丝钢等高科技含量、高附加值的板材、线材新品共计330多个。其中沙钢管线钢被“西气东输二线”“中亚管线”等国内外重大工程选用；优质建筑钢材中标沪通铁路大桥等重点项目。沙钢优质线材畅销国内外市场，并成为世界著名金属制品企业贝卡尔特公司的全球战略供应商；高附加值产品比例较2014年提升20%以上，形成了品种高新化、生产专业化、经营规模化的竞争新优势。

二、实施营销模式调优工程，全力拓展两个市场

沙钢坚持“长期合作、诚信经营，互惠互利、风险共担”的经贸原则，加强厂商沟通联系，通过加强信息共享、提升服务水平、稳定交货期等途径增进厂商互信，实现共进双赢。

沙钢积极创新营销模式，灵活运用设库网络、远期定价、电子商务、产品直销、金融服务等先进理念和工具，不断满足客户的个性需求，同时，沙钢扩大产品直销比例，推进与重点终端用户深度合作，通过直接参与国家重点工程供货投标、委托战略合作客户参与投标、与重点客户联合投标等多种方式，增加重点工程、重点用户的直供比例，扩大终端直销比例，进一步增强沙钢产品的国内外市场竞争力。

沙钢积极开拓全球营销网络，优化对外经贸机制，产品成功走向了世界70多个国家和地区，2015年集团本部出口钢材672万吨，出口创汇25.8亿美元，同比分别增长56.1%和12.3%。

三、实施降本节支增效工程，增强企业竞争实力

在产能过剩形势条件下，面对市场竞争日趋“白热化”，钢铁企业唯有苦练内功、深挖潜力，才能平稳渡过难关，获得更好发展。

2015年以来，沙钢开展了全方位、全过程、全员参与的降本节支创新挖潜

增效活动。在全面排查、梳理整合的同时，坚持抓牢重点，如在“降低生产成本”“优化产品结构”“降低采购成本”“降低财务费用”和“减少电费支出”五个方面，均实行了项目制攻关，且公司领导亲自挂钩负责具体项目。

如工艺降本项目。沙钢在与国内外兄弟企业、先进同行对标的基础上，制订了包括炼钢、轧钢、合金降本、技术改造等9大降本攻关项目，并将攻关方案分解到相关条线、部门及责任人，通过狠抓跟踪对标和激励考核，仅合金降本一项就较攻关前下降30元/吨。再如自发电比提升项目。通过开展以提高自发电量、降低用电量为主线的“一降一提”攻关，实现月度自发电比较上年提升5%，每月电费支出降低5500万元。还如物资采购降本项目。2016年以来，沙钢继续大力推行集中招标，充分利用集团供应商资源，提高招标竞争性。在前期推进零库存、虚拟零库存、驻厂修理等采购模式的基础上，还积极推进积压备件回购工作，新增吨钢承包等新型采购模式。目前，备件类的零库存及承包制采购金额占备件采购总金额的比例已上升到现在的近70%。通过全部341项重点项目的组织实施，取得经济效益9亿元。

四、实施节能环保低碳工程，大力发展循环经济

沙钢坚持践行“绿色钢城”“生态工厂”理念，以建设清洁生产环境友好型企业为目标，加大环保投入，将全面实施“节能减排低碳化”工程作为建设现代化钢铁企业的第一要务，以“三个满意”（让员工满意、让周边百姓满意、让社会满意）为要求，全面提升环保科学管理水平。

一是大力实施技术改造创新。一直以来，沙钢非常注重跟踪吸收国际、国内先进的环保技术，通过投入巨资，不断对现有环保设施进行提升改造，累计投资70多亿元，实施了铁水热送热装炼钢、烧结烟气脱硫、烧结烟气余热回收、高炉鼓风脱湿等近百项重大环保节能改造项目，提高了环保装备及运行水平。

二是积极推进资源回收利用。沙钢大力发展循环经济，搞好资源综合利用，投入数十亿元，实现了煤气、蒸汽、炉渣、焦化副产品和工业用水“五大循环回收利用工程”，通过变废为宝，每年循环经济产生的效益在企业总效益中占比

20%以上。

沙钢在荣获全国冶金行业“清洁生产环境友好企业”、江苏省清洁生产先进企业、江苏省“十一五”污染减排先进企业、江苏省低碳经济示范企业、江苏省节能先进企业等称号的基础上，2015年再次被评为国家能效四星级企业，成为全国唯一一家获此殊荣的钢铁企业。

五、实施多元产业发展工程，助推企业实现持续稳健发展

在“做精做强钢铁主业”的基础上，近年来，沙钢集团拓展与钢铁主业关联度大的多元化经营领域，有选择地适度发展非钢产业，现已形成以钢铁产业为主，拥有包括资源能源、钢材产品延伸、贸易物流、房地产等在内的多元化、国际化的生产经营新格局。主要是：

（一）资源能源领域

为减缓对国外矿山公司铁矿资源的依赖程度，沙钢通过海外投资掌控了一定数量的权益矿，锁定铁矿石资源总量近17亿吨，每年获得权益矿350万吨。截至目前，沙钢在格兰奇公司的投资回报率超过200%。

（二）现代物流领域

规划总投资300多亿元的玖隆钢铁物流园，是沙钢“十二五”发展现代服务业、加快企业转型升级的重要平台。2014年，沙钢成功引进中国船舶工业集团入股共同发展现代物流。截至目前，该园基本形成“三纵三横”规划形态，仓储项目已竣工运营，船板预处理、冷、热卷剪切加工、回炉料加工等一批延伸加工项目成功引进，大宗热卷电子交割库、银行质押库等资质先后落实，钢贸在线融资平台、电子商务平台等业务顺利开展；累计入驻企业已超过1600家，注册资本160亿元；2015年，玖隆物流园区实现营业收入1200多亿元，实现利税3.5亿元；旗下“玖隆在线”电商平台用户超11000家，累计实现在线钢材交易545万吨，交易总金额135亿元，实现了经济总量不断攀升、品牌影响力持

续扩大、配套服务平台加快完善的发展态势。

（三）产品延伸领域

沙钢在认真进行市场调研的基础上，还以合资、合作、参股、收购等多种形式，形成了与下游配套的非钢产业集群，如在钢材产品延伸加工方面，与新钢集团、金洲管道等企业开展合作，成立了预应力钢绞线、沙钢金洲钢管等合资公司，为企业部分产品建立了稳定销售渠道。

未来，面对钢铁行业进入“新常态”，沙钢集团将以党的十八大精神为指导，认真贯彻落实国家有关钢铁产业发展政策，在“做精做强钢铁主业、做大做优现代物流、做好做实非钢产业”战略指引下，以“转型、创新、提升”为统领，以质量、效率、效益为中心，坚持创新驱动，强化品牌建设，加快技术进步，实施多元发展，坚持精细管理，不断增强企业综合竞争实力，为打造“百年老厂”奠定坚实基础，为建设钢铁强国做出新的更大的贡献。

领跑白酒行业　助力中国梦想

江苏洋河酒厂股份有限公司

一、洋河股份概况

江苏洋河酒厂股份有限公司（苏酒集团），位于中国白酒之都——江苏省宿迁市，坐拥“三河两湖一湿地”，是世界三大名酒湿地产区之一，总占地面积8.7平方千米，总资产353.4亿元，员工近3万人，下辖洋河、双沟、泗阳三大酿酒生产基地和苏酒集团贸易股份有限公司，拥有6个研发中心，国家白酒评委26人，是中国白酒行业唯一拥有洋河、双沟两大“中国名酒”、两个“中华老字号”的企业。

作为三连冠的老八大名酒，洋河致力于将传统白酒产业向现代化转变，聚力酿造机理研究，荣获国家技术发明二等奖等多个奖项。2003年率先突破白酒传统香型分类，首创适应消费者需求的以“味”为主的“绵柔型白酒”质量新风格，并纳入国家标准。自开启“蓝色风暴”时代，洋河连续7年保持50%以上的增长。2011年，销售收入突破百亿元，成为宿迁市工业企业首家、江苏省白酒行业第一家、中国白酒行业第三家销售超百亿企业，企业综合实力稳居行业前三甲。

2012年7月，洋河首次跻身FT（英文“Financial Time”的缩写，即英国《金融时报》）上市公司全球500强，荣登世界顶级企业俱乐部，打破了江苏零的记录。2015年，洋河作为唯一一家中国白酒企业上榜“2015年亚太地区最佳上市公司50强”，多年荣获中国轻工业百强企业荣誉称号，品牌价值不断攀升，荣获江苏省质量奖、中国最有价值品牌 500 强、中国白酒口感品类领军品牌、“国家品牌”TOP10 品牌等诸多荣誉。

二、贯彻落实科学发展观，坚定不移走新型工业化道路

洋河将“基业常青”的企业梦与“伟大复兴”的中国梦紧紧联系在一起。在现行经济背景下，紧跟国家、行业相关政策，积极调整生产策略、不断升级改造工艺与设备、大力发掘人力资源优势、持续推进产业升级。

（一）酿酒生产机械化

为了改变传统白酒企业劳动密集、劳动强度大，技术含量低、工作环境差的现状，洋河立足技术研发与科技成果转化，整合日本酱油、台湾金酒、乳品等设备技术，实现从原粮制曲到成品酒出库全流程机械化，除传统工艺技艺传承部分，基本实现机械化、自动化生产。

一是首创白酒行业第一条全机械化、全自动化、信息化的绵柔蒸煮糖化生产线，该生产线跨行业组合配套设备，整个生产线占地面积小，节省能源 40%，节省员工 100 人。二是成功引入“圆盘”到曲质生产，创立新型机械化制曲模式，大大提高生产效率，其他酒厂纷纷引用，推动了整个酿酒行业的发展。三是自主创立一条全自动化酿酒生产线，从酒醅出窖到淌酒，酒醅不落地，各个工艺参数点标准化控制，实现了传统白酒靠经验、靠体力的手工操作到自动化的转变。

（二）包装物流智能化

自主设计 U 型线、异形瓶贴标机、软硬盒自动装盒机。首家引进三位一体灌装机，自主创建成品酒分拣系统、酒类专用追溯管理系统。数字物流码扫描自动录入识别，其关键技术应用获得省轻工业科技二等奖，产线最高 25000 瓶/时，效能可提高 75%，改变了传统包装作业人员多，空间拥挤，效率低的状况，成为包装自动化行业的标杆。

三、深化供给侧改革，推进“两化”深度整合，共筑“中国梦”

在白酒行业遭遇寒冬，进入深度调整时期，洋河积极调整转型，创造性地提出“双核驱动战略”，一手抓需求侧的创新，一手抓供给侧的改革，使供给与需求趋向平衡，促进持续健康发展。积极推进以健康体验为标志的技术革命、以互联网为核心的商业模式创新，以极高的前瞻性与高效的执行力实现了完美转型升级。

（一）以健康为标志的技术革命

从20世纪70年代的老八大名酒三连冠，到新时代的绵柔新国酒，苏酒集团立足消费需求，持续优化产品结构，创造了一个个“洋河现象”。2014年，历时5年，研发团队通过对传统白酒发酵工艺创新，提升产品健康品质，成功上市洋河微分子酒，其微量成分多、醒酒快、身体好、更省心的“多快好省”特点被视为中国白酒发展史上的一项重大技术革命。2015年研究团队再次从原料着手，运用高通量筛选技术，传统白酒固态发酵和现代萃取技术相结合，推出健康白酒双沟莜清酒，该产品刺激小、更舒适、易代谢、醒酒快的健康体验，实现了以健康和体验为核心的技术变革，也为行业树立了更多关于“健康饮酒、饮健康酒”富有成效的研究成果和价值，荣获“青酌奖”酒类新品TOP10。

（二）以互联网为核心的商业模式

1. 洋河1号全国化

2013年，“互联网”悄然来袭，与许多企业或观望或谨慎试水不同，洋河早已看准并率先发力大胆布局。以“洋河1号”为旗帜，互联网覆盖面涵盖了B2B（一种企业对企业的营销关系）、B2C（商对客的电子商务模式）和O2O（线上线下电子商务模式）等电子商务各类细分市场，成为酒类企业“触网”最早也最为成功的企业。目前，洋河1号已完成全国23个省102个地级市上线工作，初步实现全国化落地。

2. 深度分销终端化

在新常态下，洋河在白酒行业内开创性地提出了“深度分销”模式，“522”极致化工程成功开辟了新的营销路径。通过两万名左右的业务人员，面对面标准化服务全国150万家销售终端，精耕细作，渠道细分，追求消费者感动。

3. O2O 市场极致化

深耕O2O市场，打造百城万店工程，微店分销工程，跨界合作工程等三大工程，洋河布局互联网，一站式酒类品牌平台搭建，线上线下双轨运行，线上线下同步推广，实现真正的品牌新品一夜开花，铺满全国。

（三）以“两化”融合为契机的新优势

积极探索工业化、信息化深度融合新模式，2011年洋河入选首批“两化”融合推进安全生产重点推进项目，2014年作为白酒行业唯一入选“2014年互联网与工业融合创新试点项目”，荣获省工业和信息产业转型升级专项引导资金扶持200万元嘉奖。2015年，获得“两化”融合管理体系认证，实现新一轮产业化革命。

四、牢筑质量安全体系，绿色环保清洁生产，持续发展勇担社会责任

（一）产品质量追求卓越

质量无小事，洋河始终耐心坚守品质传承。洋河首批通过中国3C诚信体系，下设食品安全委员会、产品质量管理委员会，全面实行一把手工程和一票否决制度。质量控制设有“34道关口”全流程保障产品质量，采用模块式管控、全流程防护、全过程追溯、高科技监测方式，全员参与食品安全管控，是省追

溯体系试点单位、药监系统实训基地。公司整合 ISO 9001、ISO 14001 等 8 大体系，为出厂的每一滴酒严把质量关，使洋河在历次国家、省、市抽检中无一例不合格。

（二）绿色制造可持续发展

作为全国环保先进单位，洋河始终以保护环境为己任，将自身发展与节约资源、保护环境有机结合，不断投资环境综合治理，提升工艺技术和设备水平，持续推进清洁生产、加大环保投入、加强废物利用，用循环经济之路实现洋河的发展战略目标，实现经济效益、环境效益和社会效益的和谐统一。公司获得淮河流域工业废水污染治理国债资金补助和示范项目。采用脱硫除尘一体化工程，全年废气达标排放率 100%，获多项市级环境保护专项资金、省级节能减排专项引导资金。提升废弃物丢糟、黄水的附属价值，实现清洁生产，其中黄水综合利用新技术获得省轻工业科技一等奖。

五、前瞻领先的品牌战略，领跑饮品行业，传播中国传统文化

作为中国绵柔白酒引领品牌，洋河抓住“一带一路”机遇，以东南亚为跳板撬动亚洲市场，以亚洲为跳板撬动国际市场，积极开拓国际市场。一方面通过参与国际交流活动和行业展会等形式，迅速提升海外消费者品牌认知度；另一方面改变单纯依靠出口的营销思路，加大渠道整合力度，诸如通过开设海外旗舰店、寻找战略合作伙伴等形式，迅速构建海外销售体系。

自 2014 年以来，洋河产品已进入全球五大洲 37 个国家和地区销售，海外市场规模居中国白酒行业前列。洋河品牌将伴随“中国梦”走出国门，走向海外，为国家“一带一路”战略贡献力量。

践行三个转变　占领世界制高点

中铁工程装备集团有限公司

中铁工程装备集团有限公司（简称中铁装备）为世界500强企业中国中铁股份有限公司的直属子公司，企业成立于2009年12月，是专业从事隧道掘进机（盾构机和硬岩掘进机）研发制造的大型国有企业。公司属于技术密集型企业，研发制造的隧道掘进机是集机械、电气、液压、传感、信息、力学、导向等技术于一体的高端装备，被誉为“工程机械之王”，能够广泛应用于地铁、隧道、城市下穿、综合管廊、地下停车场等多个领域，是衡量一个国家重型装备制造业水平的标志产品。

中铁装备是中国盾构行业起步较早、发展最快、实力最强、拥有核心技术和自主知识产权最多、市场占有率最高的专业化企业，综合实力位居“国内第一、世界第二”。公司在郑州建有国内最大的盾构/TBM（隧道掘进机）研发制造基地，同时在国内其他城市分别设有12个生产基地，盾构/TBM综合年产能达到165台套以上，产品已成功运用到国内60余项铁路、公路、水利等标志性隧道工程和30多座城市轨道交通及地下工程建设中，并先后出口至马来西亚、新加坡、越南、印度、黎巴嫩、以色列、埃塞俄比亚等国家。企业综合实力和国内市场占有率连续四年位居国内第一。

2014年5月10日，习近平总书记到中铁装备视察，对公司所做的掘进机事业给予了高度肯定，勉励中铁装备加快推进自主创新，并提出了“推动中国制造向中国创造转变，中国速度向中国质量转变，中国产品向中国品牌转变”的“三个转变”重要指示，为中国装备制造业指明了发展方向。中铁装备围绕习近平总书记“三个转变”的重要指示，坚持创新驱动，努力提升企业发展品质，着力打造民族盾构品牌，实现了企业健康、快速发展。

一、推动公司内部“供给侧”改革，创新需求，引领市场

中铁装备结合国家“供给侧”改革的精神和要求，实施创新驱动，切实推进集团公司的“供给侧改革”，创造有效供给，催生有效需求，产品市场门类初步完善，市场应用情况良好。中铁装备开发的世界首创最大断面矩形盾构，成功应用于郑州市中州大道下穿隧道工程，创新国内城市主干道下穿隧道施工工法，产生的示范效应波及海外，取得了新加坡等地区海外订单；中铁装备依托国家 863、973 项目研制出我国首台具有自主知识产权的大直径硬岩掘进机，并成功击败国外竞争对手，获得吉林引松供水项目订单，依托该项目，公司相继自主研制了隧道掘进机常用的 17～20 寸滚刀及各类硬岩刀具，推进了隧道掘进机关键零部件国产化；在此基础上，中铁装备继续加快技术创新，于 2016 年年初成功研制出世界最小直径硬岩掘进机，该设备被世界知名建筑承包商意大利 CMC 公司应用于黎巴嫩大贝鲁特供水工程项目；中铁装备借助国家“装备走出去”“一带一路”等政策东风，一次性成功签订以色列 6 台土压平衡盾构（φ7.5m）采购合同。

二、加大科研投入，夯实企业发展基础

中铁装备持续加大科技研发投入，累计研发投入超过 3 亿元，科研投入强度达到 6% 以上，高居行业前列。中铁装备科研投入聚焦行业关键技术、共性技术及基础理论研究，正在承担国家 863 计划 3 项、973 计划 2 项；中铁装备成功中标国家工信部主导的工业转型升级强基工程，启动了国产化零部件试验平台的建设；建成了河南省盾构成套装备工程技术研究中心。中铁装备已经具备承担重大研发项目、开展隧道掘进机关键零部件性能试验及应用关键技术的研究能力，这为中铁装备未来进一步降低成本，提高竞争力奠定了基础。

三、推进两化融合，深化企业发展内涵

中铁装备把推广信息化、智能化建设作为企业转型升级的总开关，利用现代信息技术将科研、生产、管理、销售、服务各环节数据化，从单纯的技术服务向“技术服务＋信息服务”转变。2015 年，公司作为唯一企业牵头单位，承担 973 计划项目“TBM 安全高效掘进全过程信息化智能控制及支撑软件基础研究”，以此项目为依托，结合国家关于制造业与互联网融合发展相关政策，中铁装备预期建成全球首家盾构/TBM 掘进大数据库和云计算中心，有力促进公司向服务型制造转变。同时，中铁装备根据工信部今年以来出台的系列关于智能制造相关政策要求，结合公司生产实际，立项开展了“盾构刀盘智能焊接生产线项目”，未来将建成我国隧道掘进机行业首个智能化生产线，大大提升隧道掘进机关键部件的生产加工能力。

四、提升发展理念，促进绿色循环发展

中铁装备牢固树立“创新、协调、绿色、开放、共享”的发展理念，推动绿色经济、循环经济发展，致力于实现产品价值、企业价值和社会价值的统一。中铁装备积极响应《中国制造 2025》等国家政策关于再制造业务的发展要求，积极开展再制造业务，今年，公司被工信部列入全国机电产品再制造试点企业，并于今年 1 月，在天津注册成立专业公司，未来将建设成为全球首个隧道掘进机再制造基地和二手设备交易中心。再制造业务正逐步成为公司主要业务的重要组成部分。

五、加快转型升级，增强企业竞争力

中铁装备积极从制造业向服务型制造企业发展。一是从为隧道施工和地下空间开发提供产品向为用户提供创新的解决方案、配套的产品和全方位的服务

进行转变，推动企业从制造业向制造服务业的转型，最终实现“基于制造的服务和面向服务的制造”；二是从客户需求出发、提供定制化产品和个性化服务，在做精做强产品服务的基础上，逐步向过程服务、理念服务的更高价值链延伸；三是推行网络化服务，整合营销、设计、制造、施工优势，在方案设计、技术咨询、设备租赁、维修检测、回收再制造等各环节进行全面服务业务开拓，实现全生命周期收益，增强企业竞争力；四是推广“云制造”服务，基于互联网、面向服务的制造新模式，大力促进信息技术、新兴云计算、物联网与制造技术的交叉融合，实现制造资源和制造能力共享与协同，通过网络为企业提供按需获取的高附加值、低成本和全球化制造的各类服务，力图将中铁装备打造为“在服务型制造领域的先行先试的样本”。

六、加强品牌培育，创树国际化品牌

中铁装备以国家工信部品牌培育试点、示范工作为依托，在全集团推行“价值＋超越”（VS）品牌培育模式，与国际一线品牌全面对标，将价值思维和价值创造全面深入融入到企业生产经营活动中，不断超越，实现企业品牌持续增值，公司被工信部列为工业企业品牌培育示范企业。中铁装备成功收购了国际著名厂商德国维尔特硬岩掘进机的知识产权和品牌使用权，成为全球能够独立生产硬岩掘进机的并拥有知识产权的三大企业之一；中铁装备今年作为国内隧道掘进机首家企业，成功参加了德国慕尼黑工程机械“宝马展”，吸引了来自俄罗斯、克罗地亚等国代表团参观并进行了合作洽谈，并达成了一些初步合作意向，在国际舞台很好地展示了“中国制造、中国品牌”的形象。

中铁装备正是积极践行习近平总书记“三个转变”系列重要讲话精神，以自主创新为核心、以产品质量为灵魂、以品牌和海外两大战略为支撑，得以快速破解发展难题、实现持续健康快速发展。今后，中铁装备全体员工将一如既往牢记习近平总书记嘱托，将“三个转变”转化为企业创新发展基因，努力将企业打造为具有国际竞争力的民族企业，力争成为“中国制造 2025”的典型企业。

坚持创新驱动　促进首钢京唐公司新型工业化转型发展

首钢京唐钢铁联合有限责任公司

一、公司简介

首钢京唐钢铁联合有限责任公司（以下简称首钢京唐公司）是党中央、国务院在中国由钢铁大国向钢铁强国迈进的关键时期，着眼于落实首都城市功能定位疏解首都非核心功能批准建设的大型钢铁联合企业，是在“国务院首钢搬迁调整工作协调小组”的领导下，依托国内外顶级专家组成的咨询保障体系和协同开放的首钢技术创新体系，建设的新一代可循环钢铁流程的钢铁梦工厂，代表了世界钢铁企业的发展方向。

面对钢铁行业产能过剩的竞争态势，首钢京唐公司坚持创新驱动，将技术创新和装备优势转化为生产力；推进供给侧结构性改革，发展高端制造，实现产品转型升级和品种结构优化；推进“两化”深度融合，发展智能制造；践行循环经济理念，推进绿色制造；加快传统产业转型升级，坚定走新型工业化道路；落实国家“一带一路”发展战略，抓住钢铁走出去这一难得的机遇不断前进。

二、坚持创新驱动，将技术创新和装备优势转化为生产力

在技术装备选择上，首钢京唐公司坚持自主研发与引进、消化吸收再创新

相结合，广泛采用新工艺、新技术、新装备、新材料进行系统集成，共采用了220项国内外先进技术，其中自主创新和集成创新的技术占2/3，充分体现了21世纪国际钢铁工业科技发展水平。

完全依靠我国自己的力量设计、建设、投产的第一座绿色大型钢铁企业的5500m^3超大型高炉，拥有多项自主知识产权，实现我国超大型高炉关键技术和重大装备的自主创新。研究开发的以铁水“三脱”预处理为基础的低成本、高效化洁净钢生产新工艺流程，有效降低了转炉生产成本，提高了生产效率；研究开发的铁水高效脱硫、300t（吨）转炉脱磷预处理、300t（吨）转炉少渣冶炼工艺和转炉洁净钢生产、高效化生产及低成本制造工艺等成套工艺技术具有自主知识产权。

一批重大创新成果获得国家、省市和行业表彰，其中12项获得省部级一等奖，1项获得国家二等奖。截至“十二五”末，首钢京唐公司共获得国家授权专利178项，形成科技成果110余项。

三、推进供给侧结构性改革，发展高端制造，实现产品转型升级和品种结构优化

首钢京唐公司产品定位于高质量、高技术含量、高附加值的高端精品板材，用于汽车、管线、家电、包装等，产品规格齐全，质量等级达到国内领先水平。在钢铁市场同质化竞争日益激烈的形势下，公司发挥沿海临港和大型化装备优势，主动推进供给侧结构性改革，加大品种结构优化力度，发展高端产品研发制造，实现产品转型升级。

成功为西气东输四线、五线等重点项目工程开发第三代超高级别管线钢X90；成功开发出供中石油大口径输油管线21.4mm厚X80，填补了国内空白；为中海油成功开发出抗止裂的海底管线X65MO，在行业内具有技术领先水平；成功开发屈服强度在700MPa以上高强车厢板用钢，成为引领国内高强车厢板行业的高端产品；为适应汽车行业高强化、轻量化发展，已开发出DP（由铁素体基体和少量在铁素体晶界上的岛状马氏体组成的高强度钢）、TRIP（一种含有残

余奥氏体的低碳、低合金高强度钢）、含磷高强、烘烤硬化等系列冷轧高强钢，成为宝马等高端客户供应商；成功开发绿色环保的全无铬家电板，符合欧盟环保要求；成为首家批量供货0.16mm厚连退一次材镀锡板的钢厂。

四、推进“两化”深度融合，发展智能制造

首钢京唐公司坚持推进工业化与信息化“两化”融合，把生产自动化、工艺控制智能化和管理信息化作为重要支撑，提高管理和生产效率，构建成全流程精益制造、精细化管理的信息化支撑体系，形成数字化、集成化、网络化的生产和管理体系，同时，将财务业务与物流业务紧密集成，实现资金流、实物流、信息流三流同步和一级核算。

公司“两化”深度融合的建设成就获得了工信部的高度评价，2014年被工信部认定为首批国家级“两化融合管理体系贯标试点企业”，2015通过两化融合管理体系评定，成为全国首批200家通过两化融合管理体系评定的试点企业之一。

五、践行循环经济理念，推进绿色制造

首钢京唐钢铁厂完全按循环经济理念设计，以“减量化、再利用、资源化”为原则，以低消耗、低排放、高效率为特征，对生产过程中的余热、余压、余气、废水、含铁物质和固体废弃物充分循环利用，基本实现零排放，使钢厂具有钢铁生产、能源转换、城市固废消纳和为相关行业提供资源等功能。

（一）“三干”技术达到国际先进水平

一是装备260吨/小时大型干熄焦炉，年吨焦发电量119千瓦时，同时外供蒸汽56万吨。二是5500立方米高炉采用全干法除尘，与湿法除尘比，日节水4000吨、节电3.6万千瓦时，发电量提高30%。三是首家在300吨转炉“全三脱”冶炼条件下实现转炉煤气干法除尘技术。与湿法相比节电、节水约1/3，吨

钢节能4.5千克标煤，年减排二氧化碳13.76万吨。

（二）固体废弃物循环利用

每年产生高炉水渣、钢渣、粉煤灰、除尘灰、轧钢氧化铁皮等各类固体废弃物约450余万吨，通过加工循环利用，实现固体废弃物的资源化和再利用。

（三）能源高效利用实现零排放

一是煤气的综合利用。充分回收生产过程中的焦炉煤气、转炉煤气、高炉煤气，用于加热炉等工序，富余的煤气配给两台300兆瓦发电机组发电，煤气掺烧达到40%。

二是余热回收与海水淡化。充分回收不同能级的蒸汽，中高压用于发电，低压用于海水淡化。通过采用系统集成技术，实现能量梯级利用，全系统能量利用率达到82%。

三是废水零排放。各工序废水经处理后进行循环利用，部分废水进入综合污水处理站处理。处理后“清”水与海淡水勾兑回用，“浓”水用于高炉冲渣，实现废水耦合式“零”排放。

六、加快传统产业转型升级，走新型工业化道路

首钢京唐公司坚持推进京津冀协同发展战略实施，充分利用曹妃甸临海和地区优势，在疏解首都非核心功能和曹妃甸建设发展过程中凸显示范引领作用，一方面带动了北京的生产性服务业转移到曹妃甸；另一方面对化解过剩产能、加快推进工业转型升级走新型工业化道路、提升服务业规模和水平、实施创新驱动发展战略有重要促进作用。

作为首钢搬迁调整的重要载体，首钢京唐公司在实施中心城市钢铁企业搬迁调整方面进行了有益的探索和实践，在落实京津冀协同发展战略中发挥了示范作用，得到了习近平总书记的肯定，2014年2月26日习近平总书记在北京市考察工作时指出“首钢搬迁到曹妃甸就是具体行动。要继续坚定不移地做下

去”。首钢京唐二期工程按照新一代钢铁厂三大功能以及循环经济、绿色发展的要求，实现进一步优化和提升。一是坚持产产融合，实现上下游产业协同发展，为相关产业提供原料，如为石油化工产业提供氢气、焦油、粗苯等用于生产烯烃及焦油精苯等化工产品，为清洁能源产业提供转炉煤气生产乙醇，为盐化工、水泥等产业提供浓盐水、水渣微粉等原料。二是坚持产城融合，实现产业与城市之间融合发展。利用钢厂生产过程中产生的余热、余气，大力发展海水淡化和发电，为曹妃甸工业区及周边城市提供淡水、电力、热源、生产及生活煤气等能源动力，提供生产及生活的污水处理、垃圾处理及资源化利用等综合服务，打造生态循环、和谐宜居的示范区。

七、落实“一带一路”战略，实施钢铁走出去

首钢京唐公司积极落实国家“一带一路”战略，努力开拓国外市场，集装箱主要销往中东地区的卡塔尔、科威特、土耳其，非洲的尼日利亚、坦桑尼亚，以及澳大利亚等。汽车板主要销往德国、意大利、荷兰、西班牙、墨西哥、韩国、伊朗等国家。家电板主要销往韩国、比利时、美国、马来西亚等国家。

发展中的中芯国际

中芯国际集成电路制造有限公司

2014年《国家集成电路产业发展推进纲要》和国家集成电路产业投资基金先后出台和成立，推动了集成电路这一国家战略性产业近年来的蓬勃发展。中芯国际也得益于国家产业政策的激励和国内集成电路产品市场的持续旺盛，近年来取得较优异表现，为中国集成电路产业的发展做出了自己的贡献。

中芯国际成立于2000年，是世界领先的集成电路晶圆制造企业之一，也是中国内地规模最大、技术最先进、配套最完善、跨国经营的集成电路晶圆制造企业。2004年在香港和美国同时上市，目前在上海、北京、天津、深圳、意大利建有或控股4座8吋和3座12吋晶圆厂，可提供0.35微米到28纳米不同技术节点的晶圆代工与技术服务。公司员工超过1.6万人，2015年营业收入达到22.4亿美元。成立至今16年来极大地促进了我国晶圆制造技术水平的提高，缩小了与全球先进工艺技术的差距，在中国集成电路生态链举足轻重。在发展历程中中芯国际形成了一系列发展亮点和成功经验。

一、“自主可控”的知识产权体系，专利数量名列前茅

截至2016年10月，中芯国际专利申请总量超过12700件，授权总量逾6300件，28纳米和14纳米关键节点技术的专利申请数量分别居全球第2位和第5位。自2008年起，中芯国际专利申请和授权数量连续数年在中国境内集成电路企业中名列第一。公司非常注重关键技术、管理人才的引进和培养，目前每年

从海外引进尖端技术人才约50名，带动并培养了一大批国内的技术和管理人才。

二、率先在国内实现28纳米工艺量产

2015年7月，采用28纳米制程工艺的高通骁龙410处理器在中芯国际实现量产，并成功应用于主流智能手机，这是28纳米制程技术实现商业应用的重要一步，实现了国内制造的核心芯片应用于主流智能手机零的突破。2016年，国内客户也推出基于中芯国际28纳米制程工艺的SoC芯片，这将推动搭载“中国芯”的智能手机拥有更高性能，进一步扩大市场。

三、14纳米技术研发快速推进

2015年6月，中芯国际联合高通、华为和imec（世界领先的独立纳米技术研究机构，总部位于比利时）成立“中芯国际集成电路新技术研发（上海）有限公司”，代表着中芯国际和国内外尖端客户、研发机构的强强联手、紧密合作。14纳米技术的研发正在高效推进，力争在2017年底完成工艺固化，2018年进行客户产品验证及风险量产，2020年实现大规模量产。

四、坚持先进工艺和成熟（特色）工艺“两条腿走路”的发展策略

中芯国际在面向先进技术演进方面对全球第一梯队的企业进行追赶，同时，继续投资特色工艺，如电源管理芯片、射频/无线技术、CMOS图像传感器、嵌入式存储器等。这些特色工艺是未来物联网相关应用和市场需求的基石，中芯国际在许多细分市场已做到世界领先。这样的发展策略对国际晶圆代工巨头实现差异化和多样化，形成公司和国际竞争对手不直接对抗的自主发展道路。

五、成功收购意大利集成电路代工厂 LFoundry

2016 年 7 月，中芯国际出资 4900 万欧元收购 LFoundry 70% 的股份，并借此成功进驻全球汽车电子市场，这是内地集成电路晶圆代工企业首次成功布局跨国生产基地，也是目前国内在意大利最大的高科技企业，是中央"一带一路"政策积极推动的成果。

六、入股长电科技（国内最大封装企业），将成为其单一最大股东

2016 年 4 月，中芯国际与长电科技签署协议，将入股长电科技，开启"新制造"（即代工 + 封装）的产业新布局，中芯国际通过持续性地布局中段制程和先进封装，打通产业链的关键环节，更好应对工艺技术发展的新趋势。

七、投入产出率、盈利能力优于业界水平

从 2012 年第二季度开始，中芯国际实现连续 17 个季度盈利，平均资本销售转化率为 32.8%，资本净利润转化率为 16.3%，都优于业界水平。在业界营收普遍负增长的情况下，中芯国际一直保持逆势增长，2016 年上半年收入、毛利、经营利润和净利润四大经营指标均创历史新高，产能利用率接近满载。预计 2016 全年收入增长超过 25%，达到 28 亿美元。

八、融资能力进一步增强

从 2011 年起，中芯国际每年位列恒生可持续发展企业基准指数，并于 2015 年列入恒生中国内地 100 成分股，并获得中诚信 AAA 评级、标普 BBB 和穆迪 Baa3 评级。2016 年 6 月，中芯国际同时成功发行了境内人民币熊猫债 21 亿元，

境外可转债4.5亿美元，成为除日本外，亚洲首家发行零票息、零收益率6年期结构可转换债券的企业。近几个月以来，中芯国际港股股价也逆市上扬。资本市场的表现和公司的融资成果充分体现了境内外投资者对公司业绩的肯定和未来的信心。

九、带动产业链上下游企业共同成长

2000年之前，没有中芯国际的国内半导体设计业毫无规模。之后的十几年，在中芯国际的支持下，国内半导体设计业，无论规模还是效益实现了稳步提升，规模仅次于美国和台湾地区，继续保持全球第三位。最重要的是，中芯国际的出现打破了芯片制造必须委外的局面，使得国内半导体设计公司能够在国内的集成电路代工厂生产。中芯国际为扶植国内半导体设计公司的成长，提供MPW（多项目晶圆服务）和设计服务，对国内客户增加服务弹性，大大降低成本，缩短产品上市周期。2016上半年，来自中国区的收入份额占到总营收的49.7%，相较去年同期成长了26.9%。中芯国际还与国内装备、材料企业紧密合作，为国家02专项（极大规模集成电路制造装备与成套工艺专项）的装备、材料研制进入商业化应用提供支持，解决技术难题，卓有成效地推动了半导体装备、材料业的国产化进程。

作为国内最大最先进的半导体企业，中芯国际义不容辞来承担国家战略的发展目标，力争到2020年完成销售收入超百亿、14纳米制造工艺实现规模量产、进入集成电路制造世界前三的战略目标。

新冶钢逆势前行初探

湖北新冶钢有限公司

去年下半年以来，新冶钢在中特集团的决策和指导下，积极应对市场颓势，逆势前行，呈现出难中有进、进中趋稳、稳中有升的良好态势，为此，本报组织报道组前往新冶钢进行了采访。

一、一组靓丽的数据

正值秋高气爽之时，一进新冶钢，但闻丹桂飘香，但见蓝天白云，但听鸟鸣声声，我们不由感叹：新冶钢好有“颜值”。

企业运营情况，莫非“财务管家”最清楚，因此我们第一位采访对象是财务部部长陈绪耀。陈部长显得信心满满，他打开电脑，介绍道：

我的财务数据不仅显示出新冶钢运营向好，而且运营质量更加健康：

（1）销量大幅增长：每月销量增长了17%。

（2）效益稳步提升：近几个月的净利润与年初月份比，增长在三成左右。

（3）指标屡创纪录：今年以来，共有32项技经指标94次打破历史纪录，大高炉铁水成本一直保持行业先进……

（4）出口不断扩大：产品出口占比与过去平均水平比提高2个百分点，其中，创历史纪录。

（5）资产回报率逐步提升：今年7月份，投资回报率同比提升了2个百分点，为近年来较好水平。

……

“如果说这些数据反映了新冶钢在逆势中前进，更为重要的是具有三个方面的意义。一是像产量、销量、效益等等指标，一个共同的特征是“稳步增长”；二是每月产销量突破纪录是一个方面，更为重要的是，过去吃不饱，现在开始逐步有“盈余”；三是在去年年中工作会上，公司提出的产销量目标实现，它不仅是一个量的概念，重要的是证明了公司领导所强调的“工作要有目标，努力就会实现”，公司用努力的结果教育和鼓舞了员工。

董事长俞亚鹏对新冶钢的发展倾注了关怀并给予了悉心指导，指示新冶钢要坚持“三个围绕”和“三个确保”，努力提升竞争力，图为俞亚鹏董事长在现场指导工作

“新冶钢技经指标、经营效益的显改善，尤其是难中有进、进中趋稳、稳中有升的这样一个良好态势，是广大干部员工，在以李国忠总经理为首的总经理领导下，辛苦努力的结果”。公司党委副书记郭培锋说。“更得益于集团的正确决策、指导和支持，俞亚鹏董事长、钱刚总裁对新冶钢高度重视，经常亲临新冶钢，就三大基地建设、市场定位、品牌打造、人才培养等重要方面，进行宏观指导和帮助决策。”

通过以上采访，可以说对新冶钢有了感性和理性的认识，那又有怎样的一

中特集团总裁钱刚在新冶钢指导工作时强调，“新冶钢要树立强烈的用户意识、市场意识和竞争意识，通过提升质量、扩大高端品种占比，不断压降成本，加强售后服务来赢得市场，提升效益”

些故事和具体的做法呢？我们开展了深入采访。

二、理念引导统领思想

但凡优秀的企业都有着鲜明的理念，并通过反复强调、灌输、实践，形成统一认可的意志来获得整体的强劲动能。关于这一方面，我们在公司董事会秘书周开明那里获得了解读。周董秘为我们梳理了新冶钢一系列的生产经营以及管理理念：

集团公司俞董事长关于“全公司围绕市场转，生产单位围绕销售转，机关部门围绕生产转”是第一个着重灌输的重要理念。公司领导先后提出一系列的重要理念，如“重点产品不丢、重点用户不丢、重点市场不丢”，“确保产品质量、确保服务质量、确保效益提升”，等等。

周董秘介绍说，以上我们概括为“三个围绕”“三个不丢”“三个确保”。这“三个三”，现在全体员工耳熟能详，“三个围绕”厘清了公司内部相互之间的工作秩序；“三个不丢”强调了公司的市场意识，“三个确保”明确公司的努力重点，成为公司各方面管理创新、机制创新的工作指南。

他继续介绍道：在新冶钢，一切理念绝对不是说在嘴上，就企管部来说，是把理念转化为可操作性、可引导性的关键部门，就拿“三个三”来说，就制定了《机关围绕生产市场转评价标准》，这样把理念与工作和目标结合起来，就工作强调理念，通过理念指导思路、推进工作，使得理念得到贯彻落实。

三、“空谈误国，实干兴邦”

面对钢铁市场每况愈下，要想在夹缝中求得生存，并且实现弯道超车，唯一的一条就是实干。我们了解到，公司反复强调：我们要认真领会“空谈误国实干兴邦”这句话的深刻含义，结合新冶钢的实际，那就是要始终坚持艰苦奋斗，始终坚持只争朝夕，始终坚持实干、实干、还是实干。

时间：23：25；地点：新冶钢控股的大冶特钢中棒厂会议室。内容：品种质量专题会议。

白天没有约到中棒厂的程卫国厂长，散会后，我们“堵住”了他：“程厂长，这么晚才散会?”

程厂长说：“没有办法啊，中棒厂的装备是目前行业最先进的，是我们提升棒材品牌的新‘武器’，投产以来，尽管生产正常，但是，容不得我们按照‘正常要求’来要求。新人、新厂、新设备，技术问题、人员培训、品种开发，一系列的硬骨头，早啃下，早赢得市场。”

我们得知，这不是一个临时召开的会议，在中棒厂，自从去年安装调试以来，每周周一至周五的晚上，都有一个专题会议，已经延续至今。实干必有收获！2016 年年初，中棒厂产量刚刚过 3 万吨，到二季度，月产量超过 5 万吨，向 6 万吨冲刺，而且高端品种占比在稳步提升。

四、“抓铁有痕，踏石留印”

新冶钢另一个工作氛围就是实事求是、扎扎实实的，言必行、行必果。公司主要强调：我们要谋事、要干事，更要干成事；这个干成事，就是凡是一个战略目标的确定，认准的重大事项，要拿出持续地做好事情、坚忍不拔地去做事情的精神，必须一抓到底、抓出成效。我们就新冶钢去年以来抓的几件事情进行了深入了解。

——品牌提升。质量是品牌的基石，新冶钢将 2016 年定为“品牌提升年”，该决定一经确定，就开展了全方位的落实和推进。首先是从包装质量入手，通过建立周检查、通报、考核机制，短短几个月的时间，包装质量显著改观，仅以质量异议为例，目前每月质量异议比品牌提升年开展之初下降了近三倍，可见力度之大，效果之显著。

新冶钢将 2016 年定为品牌提升年，一系列的举措促进了产品质量的大幅提升，公司品牌信誉得到用户的进一步认可。图为公司总经理李国忠接受 PSA（中国）材料部门高级经理 Thierry Harm 颁发的材料认证证书

——干部培训。2015 年年底，公司对干部进行“冬训”。冬训结束，紧接着开始了以弘扬井冈山精神为主题的“春训”，以交流干部学习交流为主题的“夏训”，以素质提升为主题的“秋训”，干部培训成了新冶钢的一个常态。

——班组建设。如果说干部队伍建设是新冶钢工作清单中的一项重点，基础建设同样在其战略部署之中。总经理李国忠反复强调：班组强则分厂强，分厂强则企业强。为此，全厂上下就班组建设迅速行动起来：企管部研究制定了公司班组建设规划，企管部、人力资源部、公司工会联合进行指导、检查，一场全面、全方位的员工培训正在进行之中。

——精益生产。精益生产作为集团战略项目，新冶钢成立专班组织实施，建立起了一套可推行的管理机制，探索出了一套可行的推广方案，培养出了一支有战斗力的精益转型队伍，取得了理念执行、现场管理、经济效益多方面的成果。

就这几项工作的落实和推进，我们归纳出新冶钢这样一条工作逻辑：言必行——政令畅通，上下一致——坚忍不拔，日拱一卒——实现言必果，真可谓“抓铁有痕，踏石留印”。

五、不忘初心，砥砺奋进

对新冶钢进行梳理，有这样三点归纳：

——坚持理想信念，担当履职，挖掘内生动力。“新冶钢有着厚重的历史，不同时期承担着不同却一样非凡的使命，激励着新冶钢人砥砺奋进。”李国忠总经理说，新冶钢前身大冶铁厂的创办，抱着“钢铁兴国”的初心；新中国成立后，毛泽东同志嘱托把工厂为“办大办好”。“今天的新冶钢人，尤其要不忘初心，以理想信念为动能，担当有为，履职尽责，砥砺奋进！”

——坚持抓近谋远，运筹帷幄，瞄准持续发展。“善弈者，谋其势而不谋其子”。观念是思想、管理的基础，更是决策的起源。新冶钢新一届班子的一系列理念，是在远谋“其势”，布局未来，尤其是质量意识、市场意识、用户意识的唤醒和强化，直至向基层员工的渗透，引导着新冶钢思想观念的转型，这无疑是开发出了一个内生动力的金矿，我们认为，这是新冶钢逆势而进的原始动力，也是持续发展的强劲动力。

——坚持管理创新，科学施制，夯实核心竞争力。从理念到决策，从方案到落实，新冶钢创建了一条高效而清晰的“路径”。在新冶钢，在高层—中层—基层之间，妥善、对应地解决了战略—战术—战役的问题，即高层着力解决战略问题，中层着力解决方案、计划、措施、机制问题，基层则着力按照要求进行执行和落实。这一路径，配之以政令畅通，充分挖掘出了执行力，奠定了逆势前行的战斗力。

在新冶钢2016年度的工作会上，公司确定了十三五期间“效益、品牌、创新、绿色、幸福”五大发展理念，一个更为全面、系统的战略部署展现在全公司员工面前，我们采访组完全相信，新冶钢关于“企业有品牌，员工生活更幸福，再铸百年辉煌”的目标一定能够胜利实现。

动力强军　科技报国　为中国航空发动机产业发展不懈努力

西安航空发动机（集团）有限公司

中国航发西安航空发动机有限公司（简称中国航发西航）成立于1958年，是国家“一五”重点建设项目之一。历经半个多世纪的发展，目前，中国航发西航拥有职工13000余人，国内外先进设备7000余台（套），建立了涵盖航空发动机全制造过程的12条专业化生产线和3个理化检测中心，具备完整的航空发动机机械加工制造、装配试车能力，经历了国内各代次航空发动机研制生产，已成为国内大中型军民用航空发动机研制生产基地、大型舰船用燃气轮机动力装置生产修理基地。

58年来，西航始终坚持国家利益至上，以使命指引方向，以责任激发动力，为振兴祖国航空发动机事业做出了不懈努力，荣获全国文明单位、全国五一劳动奖状、新中国成立60周年国庆阅兵突出贡献奖、纪念抗战胜利70周年阅兵“突出贡献单位”等殊荣。如今，站在中国航空发动机集团成立的新起点，西航认真履行“动力强军、科技报国”使命，传承“务实创新、担当奉献”精神，发扬“严慎细实、精益求精”的工作作风，以改革激发动力，用创新激扬未来，创造骄人业绩，铸就强健“中国心”，共筑辉煌“中国梦”！

一、实施创新驱动战略，推动企业持续健康发展

中国航发西航以国家认定企业技术中心为核心，建立了覆盖航空发动机典

型零部件和关键技术的专业化 COE（卓越中心）集群，形成专业齐全的航空发动机制造体系；建立重点难题、技术探索、工程化研究等分层、分类科研模式，通过自主研究和引入智力资源等途径，开展技术预研以及工程应用、工程优化研究，加速了关键、前沿技术的突破和掌握；与北航、西工大、南航等高校、院所组建了 8 个产学研中心，拓宽技术创新渠道；持续完善技术创新投入机制，加大经费投入力度，开展技术预研以及工程应用、工程优化研究，以适应航空发动机产业发展；以积极开放的姿态与国内知名高校、院所合作开展重大专项课题研究，突破了航空发动机关键制造技术难题；利用企业的博士后科研工作站平台，引入优秀人才开展专项课题研究，有效提升了公司的技术创新能力和成效；建立知识产权风险防范体系及重点技术领域专利布局，形成对核心技术产品的保护。积极开发具有企业特色的知识管理平台和运行机制，强化知识积累、共享与应用，为企业技术创新夯实基础。公司申请专利 607 项，其中发明专利 401 项；有效专利 317 项，专利申请年增幅超过 25%，发明专利占比超过 60%。获省部级以上成果 300 余项，其中国家级成果 20 余项，国家科技进步特等奖 1 项。中国航发西航以科技创新打造企业核心竞争力，在航空发动机研制领域掌握了很多核心关键技术，而且依托航空技术优势，深入实施军民融合发展战略，加快重点非航空产品研发制造进程。

中国航发西航坚持技术创新、管理创新双轮驱动，在引入先进管理理念和工具的基础上，大力推进业务流程管理、精细化管理等。近年来，中国航发西航始终坚持以“精细管理、提质增效”为主题，深入开展精细化管理活动。以“行业一流和业务领先”为目标，以重难点问题突破和项目成效固化为重点，以“四横六纵”体系框架为指导，探索建立了一套“组织构建、问题收集、组织立项、立项评审、计划制定、项目监控、成果固化、考核评价”的精细化改进项目管理流程和管理机制。企业自下而上整合现有群众性改进活动，开展精细化好主意活动，面向全员征集可实施、能操作的好点子、好做法，鼓励大家积极参与到公司年度精细化项目推进和解决业务、现场问题的活动中。通过持续开展精细化管理改进，打造了以问题为导向的立项机制，搭建了责权匹配的组织机制，构建了科学透明的管控机制，完善了管理方法、工具选用机制，建立了改进成果的转化机制，公司基础管理工作有效提升。

二、聚焦航空发动机主业，加快产业转型升级

中国航发西航坚持聚焦航空发动机主业，收缩其他有关业务领域，大力发展航空及衍生产品，集中精力确保完成各型军民用发动机、燃气轮机的研制生产任务。中国航发西航坚持以质量取胜，全面落实“双五归零”管理机制、“三谁”质量责任体系、多维度质量评价和改进体系、供应商管理与评价机制等，用产品质量和服务质量彰显公司核心竞争力。

此外，中国航发西航充分利用国家实施“一带一路”战略的大好机遇，以30多年来开展国际合作形成的技术、管理、人才、品牌等方面优势和优秀的交付及质量表现，积极参与国际竞争，同时结合未来航空发动机结构以及军品发展技术需求，将国际合作的重点放到不断学习、引进国外先进技术、标准和管理实践上来，将国外先进的技术、标准、理念、工具和方法等，更好地转化应用到中国航发西航的军品研制生产过程中，共同打造航空发动机，强劲中国“心”。

三、大力发展智能制造，推进“两化”深度融合

中国航发西航积极融入数字化、网络化、智能化设计思想，内嵌传感网络、智能决策、人机互联等核心技术，构建柔性、高度集成的智能制造体系，实现了产品研发过程中厂所之间业务协同，不同专业的结构化数据共享、不同研制阶段的工艺数据的会签和管理及基于知识的仿真优化和制造反馈等，使制造过程由个体智能跨越到整体智能，达到大数据、高自动环境下的状态感知、实时分析、精准执行、自主决策。

在中国航发西航入选国家级“两化”融合管理体系贯标试点单位后，已完成了第一、二阶段的评估审核。随着企业“两化”深度融合不断推进，协同制

造与工艺管理能力已初具竞争优势。

四、全面履行企业社会责任，实现安全绿色制造

中国航发西航全面贯彻“党政同责、一岗双责、失职追责”的安全工作总要求，牢固树立安全发展观念和红线意识，严格依法治安，全面落实安全生产主体责任，大力推行先进的物防、技防措施，强化重点危险源和高风险作业管控，加大现场违章和事故隐患治理力度，落实“大安全”四级管理体系，不断规范新建、改建、扩建项目“三同时”管理流程，强化科研试验安全管理要求，严防生产安全事故发生。企业通过了职业健康安全管理体系认证、国家一级安全生产标准化达标审核，连续多年未发生重伤、死亡事故，无职业病例产生。

中国航发西航通过不断强化执行减排措施，全面完成各级政府和行业单位下达的“十二五”节能减排总量控制指标。“十二五”期间，化学需氧量、二氧化硫排放总量分别下降 54.8% 和 74.38%，氮氧化物、氨氮排放总量分别下降 53.74% 和 76.22%，超额完成总量控制指标。中国航发西航建立了环境管理体系并获得 ISO14001 认证证书，每年通过内部审核、监督审核，确保体系持续有效进行。在产品结构调整和能力建设过程中，严格执行“环境影响评价”及“三同时”制度，落实“总量控制”及“清洁生产”措施，不断提升污染防治水平。

此外，中国航发西航依法诚信纳税、积极吸纳社会就业，全面落实和谐惠民各项举措，实施“幸福工程、帮扶工程、安居工程、宜居工程”等，改善员工生活条件、维护员工权益；选派青年干部开展扶贫驻村工作，投入资金用于扶贫村基础设施建设；每年对困难员工及家庭进行帮扶，践行央企大爱；成立吴大观志愿服务队，不定期开展志愿活动；精神文明建设成就显著，企业和谐稳定快速发展，获全国文明单位殊荣。

国核电力规划设计研究院“走出去”的实践与思考

国核电力规划设计研究院

从南洋岛国到黑海之滨，从非洲高原到东南亚热带雨林。如今，国核电力规划设计研究院（以下简称国核院）的足迹已经遍及世界的许多角落。在雄鹰展翅高飞的背后，凝聚着国核院人过去几年中对“国际化”这双翅膀的精心锻造与打磨。总结国核院的“国际化”实践之路，大体有以下四个方面的特点：

一、困中求变，战略清晰，顶层设计下的“国际化”

2012年初，国核院的国际化业绩还屈指可数。时值国内电源市场萎缩，工程数量减少，院领导在准确分析国内国际电力市场形势的基础上，反复讨论，最终将“国际化”列入院发展战略。并成立国际部，主攻国际市场开发。

四年来，国核院已经在国际市场上大有斩获，从非洲最高电压等级的埃塞俄比亚电网工程再到世界最大的生物质电站——泰国NPP9生物质工程。与2012年相比，2016年国际工程覆盖国家由3个增加到26个，合同额已实现了量的飞跃。市场开发、专业技术、商务谈判等各方面能力均有了很大提高。

这些骄人的成绩，不仅凝聚着国核院工程设计智慧，更与清晰的战略和优秀的顶层设计密不可分。2013年7月，国核院发布了“国际化子战略”，为今后一段时期内的国际化工作开展起到有力的指引作用。此外，还编制发布了《国际市场开发管理程序》《国际工程项目投标管理办法》等管理制度文件。扎实推进适应国际化发展的信息化平台和相关软件工具建设，“工程项目管理系统”等多个国际化管理平台投入运行。至此，国际化工作的开展已做到“有法可依，有章可循”。

二、初尝甜头，积极引导，人人主动的“国际化”

如今的国核院，有一个有趣的现象。很多人在工作之余会主动去关注、讨论国际形势，翻阅外文书籍，学习外交礼仪。

在国际化发展浪潮中，很多青年员工通过“走出去”，提高了自身的技能，有的员工甚至得到了国际能源集团的认可。初尝甜头的员工们国际化热情空前高涨，结合员工的实际需求，院里组织了“青年国际化能力大赛”以及多次英语、国际标准、国际礼仪等培训。

实行“国际化”战略以来，国核院已经成功培养成了一批专业基础扎实、外语能力突出，熟悉国际规范标准、了解国际工程规则的技术和商务人才，全面保障了国际化进程的有序推进。

三、主动求变，充分准备，“自适应控制”的“国际化”

在自动控制中，有一种控制叫“自适应控制”，就是修正自己的特性以适应对象和扰动的动态特性的变化。

国际化的作用是双向的，要想“国际化”，首先要“被国际化”，主动适应开发对象，及时修正自己的特性，克服外来的各种扰动，才可能深耕国际市场。

在国际项目争夺大战中，“人才”“文化”“能力”就是“自适应控制”中的三个特性，只有不断修正，才能适应业主需求。

几年来，国核院在国际化进程中，不断进行“自适应控制”。在国际化策略上，主动适应我院的自身情况，坚持以“借船出海”为主，直接出海方式为辅的策略。主动适应国际能源市场状况，在战略布局上，探索出“稳定亚洲市场，积极开拓非洲市场，力争欧美市场”的布局策略。人才方面，加大力度培养国际人才的多元化能力，做好人才储备，以适应国际化的各个环节。文化方面，主动去了解投标的背景，加强关系协调，研究目标国家的政治、文化及能源概况。能力方面，提升人才多元化能力，及时掌握目标国家的管理与技术标准体系。做到“心中有数”“不打无把握之仗”。

四、“借船出海”，合作共赢，“差压化”的“国际化”

要想保证在竞争激烈、变幻莫测的国际能源市场中谋求一席之地，必须结合自身情况，打造一套适合自己的国际化方式。

通过准确分析我院实际情况和世界能源市场招投标情况，院领导提出，国核院要广泛建立双边及多边合作机制，坚持以“借船出海”模式为主，建立利益共同体。充分关注以投资牵引、EPC（设计采购施工总承包）方式牵引、争取进出口银行优贷、国家扶持政策、发展基金支持的项目。

这种“差异化”的“国际化”，加强了我院与总包方、窗口单位的合作，避免了在变幻莫测的国际市场上单打独斗。通过积极的探索和实践，如今，国核院已经形成了相对完整的国际化体系和较强的国际化能力。

在国际化道路的行进中，也形成了以下三点体会：

（一）发展国际化需要“有勇有谋”

国际能源市场复杂多变，不确定因素众多，面对一个新的国家或地区的能源市场，无论从地域上，还是文化上，外来设计院想在和本地设计力量的竞争中占得上风，都是非常困难的。这不但需要超强的实力，还需要超乎寻常的魄力。

同时，国际市场并不是单纯依靠敢拼敢干就可以成功的，国际化的开拓要建立在对形势的准确把握和判断的基础之上。

（二）发展国际化需要“因地制宜”

在国际工程中，要敢于突破在国内工程中的定式思维，机动灵活，同时做好成本控制和风险防控。国际工程工作模式必须根据该国的国情及当地法律法规具体制定，不能套用中国模式。国外工程前期咨询报告已经做了大量的工作，要善于利用前期工作减少现场的工作量，节约成本。国核电力院在埃塞俄比亚电网工程中正是突破了种种国内工程形成的定势式思维，对于工作模式有了很多灵活的变化，才能节约成本，保质保量完成工作。

（三）发展国际化需要“多才多艺”

国际化是一个包含专业技术、经验、项目管理、市场开发、国际贸易、法律、商务、金融等多方面的系统工程。在国际化进程中，一定要加强对企业自身复合能力的打造，加强国际化人才梯队建设，并在企业内部形成良好的国际化氛围。“人才”“能力”和“文化”三个方面共同提升，达到“多才多艺”。

居安思危，我们对今后的国际化发展形成了以下四点思考：

1. 深化合作，优化模式，发展“可持续”的国际化

对照我院国际化子战略，若想实现“三年左右的时间，国际市场份额稳定到1/3左右”的目标，还存在着诸多困难。

近年来国内外日趋激烈的电力市场竞争，要求我院必须要优化市场开发模式和项目执行模式。“借船出海”和“直接出海”相结合。关注EPC项目、规划引领的输变电项目及国际国内金融机构投融资项目的市场策略，业务范围逐步向全产业链扩展，才能实现国际化业务的可持续发展。

2. 加强培养，加快储备，发展“有深度”的国际化

“有深度”是指人才的业务水平有深度，人才的储备量有“板凳深度”。

国际化人才是企业国际化的根本保障，国际化人才不足是制约企业国际化的主要因素之一。国核院国际化子战略明确指出，“我院实施国际化战略，迫切需要一批具备全球视野，精通相关专业知识、富有实践经验，且熟悉国际项目管理、市场开发、国际贸易、法律、商务、金融等的高素

质人才。”

针对目前情况的解决途径，主要有以下五点思考：一是区分不同专业、人员素质进行有目的地培养，全面提升员工的国际化岗位胜任能力。二要通过海外项目的锻炼，在锻炼中提升员工国际化能力。三要优化配置，确保国外项目组织机构设计科学、权责分配合理，高效运行。四要健全机制，建立良好的国际化人才发展通道和激励机制，提高员工的积极性。五要积极引进海外高层次人才，加大海外留学生招聘力度。

3. 搭建平台，畅通机制，发展“有格局”的国际化

随着国核院国际化业务的不断发展，目前，已经在海外成立了多个办事处，实现了对重点战略布局区域的全覆盖。若要进一步拓展国际市场，还需要进一步发展国际化格局：第一，增设海外代表处/联络处，增强国际市场开发能力。增设海外分/子公司，提升项目服务和执行能力，构建国际化网络系统平台。第二，在市场深耕区域，着重与当地勘察设计、规划咨询公司成立合资公司，投资参股。第三，海外分支机构实行属地化管理。

在风险防控规避方面，第一，要加大调研和政策研究，与专门机构如安永、德勤等交流，与相关国家驻当地使馆沟通交流，依托项目与相关业主、电力机构、中资机构等加强交流。第二，充分利用各种资源工具，提前进行风险预判，规避国际区域风险。第三，加大政治局势、经济、自然气候条件、相关项目方面的调查。对风险进行分类，系统分析，针对不同风险，确定切实可行的对策，趋利避害，把风险的危害程度尽可能降低。

4. 立足平台，顺势而为，发展“高水平”的国际化

对于漫长的国际化征程来说，国核院当今的国际化，只是万里长征的第一步。对于今后的国核院，国际化还大有可为。

国核院的国际化，一定要和中国经济的发展相结合，一同成长。如今，在习近平总书记提出“一带一路”战略布局的指引下，中国已经开始了国家层面的国际化，高铁和核电作为国家走出去的两张名片，必定在未来有大发展。国核电力院作为国家核电的重要组成部分，需要为国家核电国际化发挥积极的作用，也要善于借助国家核电的平台引领自身“走出去”，将自身的“国际化”置于中国国际化和国家核电国际化的快车之上。国核院要在这个浪潮中发挥自身已有优势，不断地完善自身的国际化体系，不断地提高自身的国际化能力，为“建设国际知名工程咨询公司”而努力奋斗。

加快转型升级的中国特色新型工业化之路

即发集团有限公司

即发集团有限公司（以下简称即发）始建于1955年，经过60多年的创新发展，目前已由一家农村手工业档发合作社发展成为国家大型纺织服装企业和山东省重点企业集团。辖设30多个子公司，拥有员工2万元余人，产品销往美国、德国、日本等20多个国家和地区，营业收入连续三年超百亿元，综合竞争力连续多年名列全国同行业前茅，享有“中国针织行业领军企业”美誉。

多年来，即发积极实施国际化、品牌化和集群化战略，坚持科技引领，强化创新驱动，立足传统行业，雄视国际市场，率先在国家“一带一路”战略所涉区域优化布局，建立了越南、柬埔寨制造工厂，构筑了覆盖全国、辐射全球的市场营销网络。

一、加快推进转型升级，走新型工业化道路

即发立足自身综合优势，在持续创新实践中探索顺应时代发展、适应市场潮流、符合自身实际的新型工业化发展模式。

（一）实施“走出去”战略，优化资源配置

作为中国针织行业龙头企业，即发积极实施走出去战略，加快产业的梯次转移，力求在更大范围和更广领域优化配置资源，更好地适应经济全球化的需要。

首先是走出青岛，在山东省内菏泽、济宁、临沂、聊城、德州、日照和烟台等地相继建立了分厂，为促进当地就业和农民增收做出了积极贡献。

其次是走出山东，深入中西部、西部地区建厂。2009 年建在安徽的瑞泰工厂当年就实现了盈利，目前用工已超千人，被当地政府命名为“返乡农民工再创业基地”；习近平总书记曾于 2012 年视察过该厂，对即发优化配置资源、促进农民增收的做法给予了充分肯定。

即发为了加快向丝绸之路经济带的有序延伸，在新疆成立了“新疆即发华和服装有限公司”，一期项目总投资 6800 万元，形成年产 300 万件服装的生产能力，目前已投入生产，并与新疆军区建立了军品服装生产合作意向，将与其建立长期合作伙伴关系。公司计划 3 年内将实现 500 人就业，二期后续项目将在 5 年内带动 2000 人就业。

再次是走出国门，建设海外工厂。2005 年即发在越南建立服装工厂，2013 年又在柬埔寨建立了服装企业，目前设在这两个国家的工厂运行态势总体良好；两次成功的国外投资，使即发既优化配置了海外资源，又积累了异国经营的经验；同时，也在国家实施“一带一路”战略过程中，为加快产业梯次转移赢得了先机。

2015 年初，即发为完善境外服装工厂的产业链配套，多次派员赴越南进行实地考察和论证，确定了增加投资近 1 亿美元的织布和染整项目，该项目占地 200 亩，建设月产 1000 吨面料生产能力的工厂，目前，前期基建项目正在加紧运作，预计 2017 年正式投产。

（二）完善供应链管理，加快产业链升级

即发拥有配套完善的产业链，为促进产业链升级，注重从加强供应链管理入手，着力拉长产业链的综合优势。为此，投资 800 万美元，成立了青岛捷顺利达物流有限公司，建立了统筹协调、同步运作、快捷畅通、建筑面积 5 万平方米的仓储物流服务平台；主要对出口日本的纺织服装产品进行检品、检针、流通加工、分拨作业、仓储物流服务，具有每月检品 40 万件、检针 120 万件的加工能力和库容 5 万立方米的仓储能力。

（三）建立中小企业服务平台，提供产品检验检测服务

即发建立的纺织服装材料检测中心是面向全国中小企业的开放式产品检测服务平台；该平台运用检测服务运营模式，引领中小企业实现产品检测标准化。2011 年，即发检测中心成为“青岛市中小企业公共服务社会化专业化平台”，并被国家工信部列为首批“国家中小企业服务示范平台（检测）”。

二、持续加快信息化建设，不断推进纺织服装智能制造

即发围绕研发设计数字化、生产过程自动化、企业管理信息化、采购营销网络化和装备运行智能化，探索实施信息化和工业化深度融合。使生产经营过程与智能控制形成了一体化和即时化，实现了“生产过程透明化、管理信息数据化、装备功能智能化”，有力助推了综合竞争力的提升；被国家工信部认定为“工业信息化运行样本企业”，被青岛市授予“两化融合示范企业”“制造业信息化科技示范企业”。

（一）创新管理模式，提升信息化管理水平

即发在原有信息系统建设的基础上，采用云计算、物联网、移动应用、大数据等先进技术，按照“数字化、可视化、模型化、集成化和自动化”的建设思路，对原有系统进行集成、完善、提升和深化应用，进一步了提升运营管理水平，推动了企业生产方式和管控模式变革，提高了安全环保、节能减排水平，促进了劳动效率和生产效益提升。

即发改造织布、染整、成衣、产品检测等 ERP 系统，实现数据的及时导入和共享、计划、进度、品质、仓管的数据化管控，在成衣工厂引入 RFID（通信技术的一种）无线射频技术完成成衣生产流程的数据实时采集分析，用目视化看板反映生产进度及效率。公司 RFID 系统管理成果先后荣获“山东省企业管理创新成果奖”“全国纺织行业管理创新成果奖”。

即发不断提升生产服务信息化水平，建立了个性化订制 + ERP + RFID、G1、

检测中心业务管理等信息化系统，公司G1系统实现战略客户业务系统整合对接，与战略客户的业务系统整合，客户订单信息、工厂光坯进度、成衣进度、品质管理、出货管理实时反馈，提高了对应速度，形成了更加稳固的合作关系。

（二）提升装备自动化水平，推进智能化改造

即发尤为重视设备的升级换代，着力提高设备自动化、智能化水平，不断改造使用自动化程度更高的生产设备，提高单个工序的加工效率，并降低对工人的技能要求。

即发平均每年技改投入近亿元，主力对研发、生产和检验检测装备进行自动化改造或更新；采用穿梭式自动仓储管理模式，形成智能机械手码垛；建立信息化单件流生产线，实行AGV（自动导引运输车）自动导引等新型运输形式。其中3D打印、三维扫描、自动绕绳设备、单体双路输送装置等技术大幅度提升了公司的生产效率。

三、建立完善技术创新机制，增强企业自主创新能力

即发在全国同行业内建立首家国家级企业技术中心，成立了山东省工程研究中心，形成了针织服装产业链，每年投入巨资进行科技创新和技术改造，并搭建院士工作站、博士后工作站等科研平台，引进大批科技研发人才，年均实施上百项技术创新和攻关项目，累计承接国家、省和青岛市科技攻关项目50余项，参与和组织制订、修订国家标准和行业标准36项；新产品产值率保持在40%以上；先后获得“国家创新型企业”“高新技术企业”等称号。

即发以推广应用“四新”（新材料、新技术、新工艺、新装备）为重点，不断加快“五化建设”（纤维差别化、面料功能化、生产节能化、产品品牌化、技术装备信息化），掌握了众多关键领域的核心技术，有多项成果分别获国家、省和行业科技进步奖。其中，自主开发的“海洋生物甲壳素纤维技术”获得“国家科学技术进步二等奖”和发明专利；“高性能壳聚糖纤维制备技术及产业化”技术的成熟，使即发的海洋生物科技研发与应用走在国际前列；纵深研发的

"高吸液型壳聚糖纤维生产技术"分别获得"青岛市技术发明一等奖""山东省科技进步二等奖"；新开展的"医用甲壳素纤维生物材料项目"被列入国家科技部国际科技合作专项和青岛市科技重点攻关计划项目，中科院院士和专家于2012年12月对这项突破性成果鉴定为"总体技术水平达到国际先进水平、产品质量达到国际领先水平"。

即发以研发智能服装为突破口，与东丽株式会社、中科院等单位联手打造"hitoe"智能化服装产品。该产品具有轻便、舒适、耐用等特点，可广泛应用于养老院、居家老人、长途运输司机等群体，并可推及消防安全、高空作业等领域。

另外，即发在"铁纶95"纤维与其他纺织材料结合进行多样化新型面料研发，将"铁纶95"纤维实现终端产品的技术创新，此次研发，意味着源自于航天科技"铁纶95"纤维，在民用时尚领域大规模的普及将得以实现，消费者将获得更多科技、健康、环保的新体验。

即发在自我发展的同时，积极支持国防事业，近几年，与总后勤部军需装备研究所开发了多功能内衣、新型保暖材料、空间站休闲运动服等多种产品；与武警部队后勤装备研究所研究开发了武警多功能作战内衣、特警服等产品，连续7年是中国军队服装生产保障企业之一；是省级国防经济动员中心单位。

四、推广绿色生态技术，加快绿色低碳发展

即发作为国家级资源节约型和环境友好型企业，尤为重视绿色低碳发展，积极推广绿色生态技术。在服装设计理念方面，公司着重面料素色、款式百搭，通过减少加工环节，并且在必要的生产过程中科学地制定低碳节能的工作方式和有效的管理制度，尽可能减少因生产过程中产生的能源及化工消耗。

即发在面料生产过程中采用绿色技术全面控制生产环节给环境带来的负面影响，减少生产过程中能源的使用及废气、废水、废渣的排放及对环境的污染，进行清洁生产和管理。例如：超临界 CO_2 无水染色技术、中水回用技术项目、余热回收利用技术项目、太阳能技术推广工程、LED（发光二极管）节能照明

技术推广工程、空压系统能源优化技术推广工程、棉纺企业能源系统优化技术推广工程、气流染色技术推广工程、针织物平幅水洗技术推广工程、活性燃料湿短蒸染色技术项目。

目前，即发正在着力推进的“超临界 CO_2 无水染色产业化技术”属于国际先进水平，具有显著的绿色生态、环保和清洁生产特点，可实现无污染、零排放的清洁化生产，拥有良好的社会效益和经济效益。

在今后的发展中，即发将继续践行科学发展观，强化创新驱动，推进供给侧结构性改革，全面深化管理，积极适应经济发展新常态，置身行业前沿，瞄准国际一流，放眼全球市场，持续加快两化的深度融合，持续推动向创新驱动型和质量效益型转变，在增强核心竞争力的前提下加速推动做优做强，为实现中国纺织服装强国梦做出新的贡献！

创新发展　永远在路上

贵研铂业股份有限公司

贵研铂业股份有限公司（简称贵研铂业，证券代码：600459）成立于2000年，由中国唯一从事贵金属多学科领域综合性研究开发机构昆明贵金属研究所（简称贵研所）发起设立，是集贵金属系列功能材料研究开发、生产经营及综合回收利用于一体的高新技术企业，于2003年在上海证券交易所上市。

一、全心专注贵金属事业

贵研铂业始终专注于中国贵金属的研究开发和产业化。那么，什么是贵金属呢？

在自然界中有一些极度稀缺而又拥有瑰丽色泽的金属，叫铂族金属。其包括铂、钯、铑、锇、铱、钌六个元素，和金、银统称为贵金属。它们具有独特优异的物理、化学性能和生物活性，不仅在投资及饰品行业中大量使用，更是现代工业和科学技术不可缺少的关键材料，广泛应用于航天、航空、航海、电子、化工、能源、汽车、环保、生物医药等各个领域，被誉为“第一高技术金属”，又被叫作“现代工业的维他命”。

贵研铂业起源于被誉为中国“铂族摇篮”的昆明贵金属研究所，专注于贵金属新材料制造、资源再生、商务贸易，立足于做强产品，做大贸易，拓展资源。贵研铂业的产品包括贵金属特种功能材料、环保及催化功能材料、机动车催化净化材料、信息功能材料、高纯材料等五大类，共计390多个品种、4000

多种规格，为国防军工和国民经济重点领域提供在贵金属工业应用领域从废料回收到原料供应、材料加工的一站式综合服务。

二、构建日趋完善的产业体系

全球贵金属新材料产业方兴未艾、快速发展。中国迅速崛起，已成为全球贵金属第一消费大国，贵金属新材料产业取得长足发展，具备一定的工业基础，但与发达国家相比起步较晚，缺乏国际竞争力。贵研铂业作为行业领军企业，肩负着发展中国贵金属产业的历史使命，贵研人深感责任重大，任务艰巨。

依托多年积累的技术人才和贵研文化优势，借鉴国际贵金属企业发展经验，贵研铂业以市场为导向、人才技术为支撑、产业为基础、产学研紧密结合，科学务实地走出了一条有贵研特色的科技产业发展道路，真正实现了科研机构的市场化、企业化，科技成果的资本化、产业化。贵研铂业不断完善产业链，“贵金属原料→贵金属新材料→制品与器件制备→二次物料回收”完整产业体系逐步构建，贵研人正努力探索一条中国贵金属高新技术材料绿色循环利用的发展之路。

三、奉献国防军工，服务国民经济

贵研所从20世纪30年代于战火硝烟中走来，60年代，因中苏关系破裂，在危急关头开始了贵金属领域基础研究。至贵研铂业成立、上市、构建产业体系，在电子信息材料、催化材料、机动车尾气排放控制、资源循环利用等领域方面取得了一系列重大关键技术进步，打破了国外的技术封锁和产品垄断。

贵研铂业以科技强国为己任，保障着国防军工所需的贵金属关键材料，是国家国防武器装备科研生产指定单位，为国防重大工程提供配套科研、为各大军工集团提供关键材料、器件和技术服务。“九五”以来，共承担国防科工局、总装备部和各大军工集团下属单位100余项军工配套科研任务，涉及航空、航天、电子、兵器、船舶、核工业各大军工集团，几乎涵盖了所有新一代武器型号，提供贵金属及其合金近百个品种，500 多种规格的产品和样品，大部分材料是国内唯一供应商。

贵研铂业服务于国民经济建设，提供功能特殊的关键材料和关键器件，几乎覆盖所有的国民经济重要行业和重点领域，是国家重点支持的新材料产业。在精深加工环节，重点发展与国民经济发展及国家战略需求紧密相关的环保催化材料、信息功能材料、合金功能材料、高纯材料，不断提高产品性能。在二次资源回收利用环节，超过我国一次资源铂族金属产量，提升了我国的资源保障能力。

面向新材料、新能源等高新技术产业，在实施“中国制造 2025”大背景下，贵研铂业将努力发挥示范、引领、支撑作用，继续对国防军工和相关行业的科技进步、经济发展做出应有的贡献。

四、实施创新驱动，促进转型升级

贵研铂业在国内贵金属行业已成为规模最大、技术水平最先进、最具综合性的企业，也是国内唯一在贵金属材料领域拥有系列核心技术和完整创新体系、集产学研为一体的上市公司。

贵研人致力于创新驱动，立足于贵金属新材料应用基础研究、技术开发、成果转化和高端人才培养，构建了三个层次的技术创新平台。一是以产业为主的各产业技术研发平台。二是以贵研所和贵研铂业共建的以五个学科建设为主导的基础研究平台和研究生培养平台。三是国家级和省级企业研发平台，包括国家贵金属材料产业技术创新战略联盟、稀贵金属综合利用新技术国家重点实验室、贵金属国家检测实验室等。贵研铂业拥有“汽车尾气三效稀土基催化剂产业化”“铂基微电子浆料及专用材料产业化”“贵金属再生利用示范项目”等三个国家级高技术产业化示范工程，获得国家创新型企业称号，曾被国家五部委授予“高技术武器装备发展建设工程突出贡献奖”。

在转型升级方面，贵研铂业一直处于进行时。依托各个层次的创新平台，调整优化产业结构、产品结构、市场结构，创新升级贵金属产业项目的专业化集约型发展模式。在昆明国家高新技术开发区构建了贵金属新材料研发、制造基地，年产贵金属产品300吨，成为产业发展的基石；在滇中产业园、湖南永兴工业园构建了资源再生循环利用基地，年产铂族金属5吨，白银300吨，黄金1吨，提供资源保障；在上海构建了贵金属国际商务贸易平台，为产品板块、资源板块提供原材料的供应和贸易、金融服务，提供降低风险的手段。三大核心业务板块的统筹布局带动产业结构的调整和升级。

五、围绕国家任务，做好创新源和孵化器

贵研铂业是我国贵金属领域国家任务的主要承担单位，承担国家贵金属领域80%以上的科研项目。贵研所和贵研铂业累计承担、完成各类贵金属领域科研项目3000余项，其中支撑计划、863计划、973计划课题、军工“一条龙”、国家自然科学包括基金等重大项目和课题。通过自主R&D的持续投入、设立国家重点实验室开放课题、联合申报科技计划项目等形式，在加大自主创新力度的同时，以项目为载体，与国内外优势高校、院所、企业深入开展产学研合作，集合各方优势资源开展贵金属领域基础研究、关键共性技术研究、新产品开发等，取得了较好效果。贵研铂业累计承担国家、省市级重大科技攻关等各类项目400余项，国防科技项目100余项；累计制定国家标准、国家军用标准、行业标准、企业标准近400项，申请发明专利约200件，拥有授权发明专利约120件；在SCI（科学引文索引）/EI（工程索引）等发表科研学术论文500余篇，出版学术专著15部；获省部级科学技术奖励等近40项；国家重点新产品13项，发挥了中国贵金属领域技术创新源的作用。

实施“人才强企”战略，系统推进，引培并重，长短结合。实行“人才刚性引进+智力成果柔性引进”，多措并举搭建人才成长平台，建设思想、制度和文化环境。依托创新平台和重大项目，培育聚集了贵金属冶金、材料、化学化工、工业催化、分析检测、商务和经营管理等各类人才和团队。其中中国工程院院士1人、博士生导师7人、享受国务院特殊津贴专家2人、入选国家百千万人才工程1人、省级高层次人才30余人，拥有4个院士工作站和7个省级技术

创新人才团队，高级专业技术人员占总人数的30%以上，发挥了中国贵金属领域高端人才孵化器的作用。

六、传承精神，续写科技强国贵研梦

在贵研，赫然书写着“国家利益至上、奉献国防军工、发展国民经济、引领科技创新”24个大字，这是老一辈贵研人的理念，也是新时期贵研人的担当。

在中国贵金属领域的发展历程中，在贵研艰苦创业和产业建设过程中，贵研铂业形成了“以中国贵金属材料产业发展为己任，为社会、股东、客户、员工创造价值”的核心价值观和“开放、竞争、创新、包容”的企业精神。在中国经济新常态下，贵研进一步学习把握产业发展环境、发展动力和发展方式，推进特色“产学研用”深度融合，激发内生动力，持续建设和壮大有利于人才成长、科技创新、成果转化、产业发展的企业环境和核心竞争能力，在实现科技强国梦的征程中将更加拼搏奉献、有所作为。

创新发展，贵研永远在路上！

大力发展环保产业　践行循环经济

北京水泥厂有限责任公司

一、企业概况

北京水泥厂有限责任公司（简称北水）是1992年开工建设的国家“八五”重点工程，北京金隅股份有限公司旗下子公司。多年来，在北京市政府相关委办局的大力支持和帮助下，北水积极践行国企责任，服务绿色北京，依托水泥主业，推进环保产业，实现了企业全面、快速、可持续发展，成为了“政府好帮手、城市净化器”。

北水厂区风貌

北水厂区风貌

1998年北水率先开展依托水泥窑处置城市工业废弃物，2005年自主研发并投产了国内首条利用水泥窑无害化处置工业有毒有害废弃物的环保示范线，被评为国家“双高一优”项目，能够无害化、减量化和资源化处置废酸碱、废乳化液、废漆渣、剥离液、废试剂等工业废弃物。

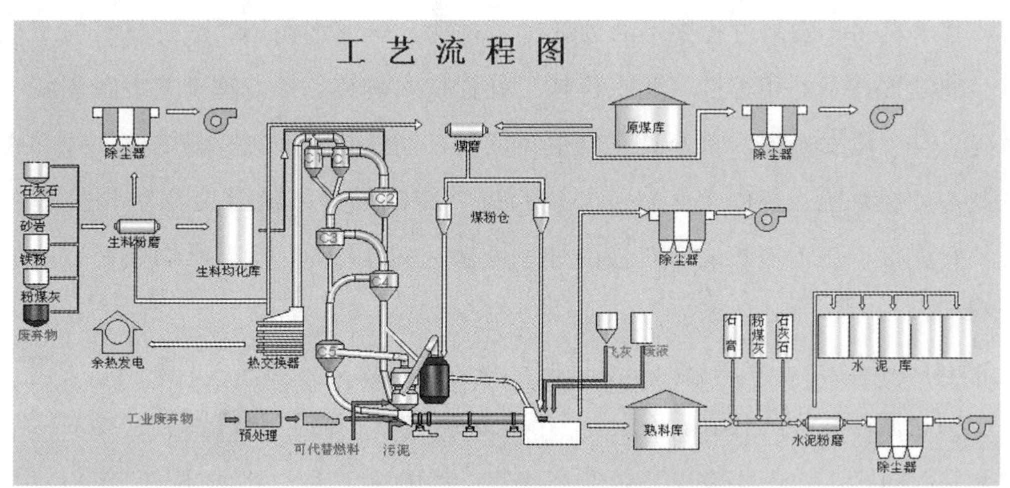

北水环保示范线工艺流程示意图

近年来，城市污水处理厂的数量不断增加，污水处理的中间产物——污泥的妥善处理和处置却一度被忽视。污泥中含有大量如多环芳烃、有机硫化物、病原微生物、寄生虫卵和重金属等危险成分，已经成为了城市周围的二次污染源，形势相当严峻。2009年，北水为解决北京市各生活污水处理厂产生的生活污泥对环境造成危害，保护生态环境，建成生活污泥处置项目。

2004年，宋家庄地铁站施工过程发生工人中毒事件，让污染土的概念进入了政府与公众视野。污染土是由于近代工业生产产生的废弃物，由于无组织的排放或排放系统失效，使其渗入土层。由此北水履行社会责任开始处置污染土，在处置过程中研发并建成了污染土热脱附处置系统，为污染土的无害化处理提供了一条有效的途径。

目前，北水年处置能力危险废弃物10万吨、生活污泥13万吨和污染土10万吨。作为北京市环保局环境突发事件应急大队的成员，2014年10月北京市经信委已将北水从“北京市空气重污染应急预案”中《应急停限产名单》中去除。在APEC会议和“抗战胜利70周年纪念”阅兵期间，北水成为不停产企业。

北水在处置危险废弃物的同时还消纳其他工业废渣，在“十二五”期间已累计消纳石灰石废石、石英岩废石、铁矿废石、粉煤灰、脱硫石膏、转炉渣等工业废渣640余万吨，为北京市生态环境文明建设和经济社会可持续发展战略实施做出了贡献。

北水在多年发展过程中不断创新，通过深入研究水泥熟料煅烧技术与工业废弃物处置技术的相容性，北水跨越了处置技术研究、预处理工艺设备创新等障碍，自主研发出国内首套具有自主知识产权的处置工业废弃物的生产线和浆渣制备焚烧系统、替代燃料制备焚烧系统、废液处置系统等废弃物预处理系统，并获批《工业有毒有害废液的处理方法》等19项危险废弃物处置方面的专利。

2005年10月，北水被国家发展改革委、国家环保总局等六部委确立为第一批“国家循环经济试点示范单位”，并在2014年11月通过首批验收。2007年，北水获第四届“中华环境奖”企业环保奖。2010年6月，北水被北京市应对气候变化及节能减排工作领导小组、北京市发展和改革委员会等五部门评为“北京市节能减排先进集体”，2012年10月被国家发改委授予“全国循环经济工作先进单位”，2014年8月通过国土资源部“国家级绿色矿山”验收，2015年4月成为全国首批通过工信部“信息化和工业化融合管理体系”认证企业。

二、转型发展情况

在发展循环经济工作中，北水以项目促发展。随着循环经济重点项目的实施，资源综合利用、节能减排工作都取得了长足的发展。首先是全面推行清洁生产，从源头上减少了污染物的产生和排放；其次是大力发展环保产业，减量化、资源化处置其他工业企业产生的废弃物，符合政府节能降耗、发展循环经济和保护环境的要求。鉴于企业的生存与发展必须适应社会需求，北水制定的"稳定水泥生产，实践循环经济，做强做大环保产业"的发展理念应该说很好地适应了这一目标，得到了国家发改委、国家环保局、北京市发改委等众多委办局的大力支持，为企业组织协调、资金筹措等提供了有力帮助。北水十分注重核心技术的提炼和总结，包括废弃物分拣、处置及资源利用、水泥生产集成节能降耗等技术的研究，促进企业技术创新的顺利开展。

（一）处置危险废弃物

2015 年，北水共计处置危险废弃物近 6 万吨，主要客户包括中石化燕山分公司、北京现代汽车公司、北京奔驰汽车公司、北京京东方公司、首钢总公司、首都航天机械公司、北京印钞公司和北京市各高等院校、医院、检验所、研究所、企业实验室等，还包括延庆县、朝阳区、通州区等环保局的应急处置。截至 2015 年末，北水已累计处置危险废弃物 50 余万吨。这些危险废弃物含有重金属、毒性、易燃性、腐蚀性、化学反应性等各种危害成分，通过北水无害化处置消除了其对北京市环境的危害，确保了首都各企业单位能够正常运行，保障了北京市经济和社会的可持续发展。

（二）处置生活污泥

2015 年北水共计处置生活污泥 11 万吨，主要来自清河污水处理厂、威立雅污水处理厂、首都机场污水处理站以及昌平地区各污水处理厂。截至 2015 年年末，北水生活污泥处置项目已累计处置生活污泥 51. 6 万吨。

北水处置的各种废弃物

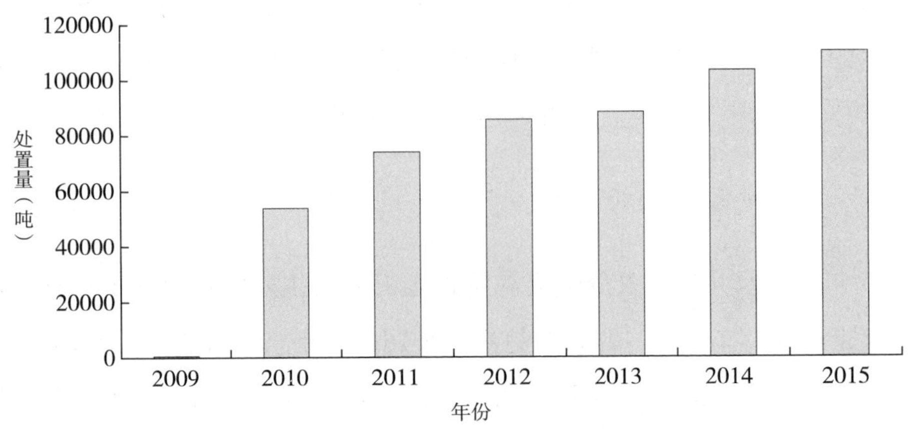

北水各年生活污泥处置量

项目为稳定化、减量化、无害化和资源化处置生活污泥，为解决长期困扰城市污水处理厂的污泥处理问题，寻求一种有效利用的途径，为全国城市污泥的减量处理和有效利用提供示范作用。

（三）处置污染土

2015 年，北水共处置污染土 6 万余吨，来源主要是在城市发展过程中企业搬迁以后如地铁五号线宋家庄段、宋家庄经济适用房地块、原北京红狮涂料厂农药污染地块、八达岭高速公路焦油泄漏事故、地铁十号线（原北京农药厂）、北京化工二厂搬迁地块等污染土。这些污染土含有农药、焦油、重金属、醛、醇、苯胺、多环芳烃等成分，不但危害环境安全，同时污染通过经口摄入、呼吸吸入和皮肤接触等多种方式危害人体健康。污染场地未经治理直接开发建设，会带来长期的危害。截至 2015 年末，北水已累计处置污染土 56. 2 万吨。北水不但保护了生态环境，也为推动北水循环经济产业实现长足发展提供技术支撑和可靠的保障。

北水污染土处置设施

(四) 节能降耗

北水在处置各类有毒有害危险废弃物的同时，积极研发实施节能减排技改项目，并通过管理手段实现“内涵节能”，北水圆满完成了国家发改委、北京市政府、北京市发改委、昌平区发改委等政府部门下达的“十二五”节能指标。

北水为贯彻《工业和信息化部关于水泥工业节能减排的指导意见（工信部节［2010］582 号)》，“十二五”期间累计投入资金 1. 11 亿元进行节能技改项目。

北水通过每年进行能源审计和电能效测试，定期向政府机构报送自查报告以及建设能源管理中心等管理手段提高节能效率，控制能源消耗量，达到节能降耗的目标。

北水在处置废弃物的情况下，能耗水平较传统水泥企业不可避免的提高，但是北水通过节能技改和管理节能等手段积极实现节能降耗，各项能耗指标均满足政府部门和相关标准的指标要求。

（五）环保专业化管理

北水按照北京市环保局要求，将原煤、砂岩、铁粉等原燃材料全部用仓或棚密封，杜绝物料在装卸和生产中无组织排放。同时所有物料转运点均采用布袋收尘器控制扬尘。北水有布袋收尘器 218 台，且窑头、窑尾均采用布袋收尘器。收尘器排放浓度从成立以来一直在 10mg/Nm^{3}左右，远远低于北京市《水泥工业大气污染物排放标准》中规定的 20mg/Nm^{3}标准要求。北水主要排放口安装了在线监测气体分析仪，并与市环保局联网，均由环保部门在线检测，各项指标均满足环保排放要求。

北水有日处理能力 1000 吨的污水处理站，将生活污水、发电冷却水全部集中处理成为中水，用于设备冷却和绿化，实现污水零排放，吨水泥水耗达到世界先进水平。

北水烧成系统采用低氮燃烧器和分解炉，同时在 2006 年实施了 SNCR 烟气脱硝系统项目，并对系统进行升级改造，完成了 ERD 高效再燃脱硝工程等改造项目，北水氮氧化物排放浓度大幅降低，已远远低于北京市《水泥工业大气污染物排放标准》中规定的 200mg/Nm^{3}标准要求。

三、转型成果

北水通过依托水泥窑协同处置，成为城市运营、发展中的一部分，打造环保一体化产业，发挥循环经济示范效应，成为“政府好帮手、城市净化器”。随着国内第一条“利用水泥窑处置城市污泥生产线”在北水建成，北水受到国家有关部委、科委以及北京市政府的高度关注，并将该技术在金隅集团内部广泛推广，为水泥企业实践“资源节约型和环境友好型”企业开拓了新路，成为水泥企业发展循环经济的排头兵。北水将水泥清洁生产和废弃资源再利用、工业废弃物综合利用融为一体，实现了由传统水泥制造业向循环经济环保产业进行转型升级的战略发展目标，为水泥企业结合首都经济特点实现可持续发展走出了一条新路，为国内水泥行业发展循环经济起到了良好的示范作用，实现了经济效益、环境效益、社会效益、生态效益的和谐统一；同时为其他水泥企业设计处置工业废弃物的环保示范线和开展处置污泥技术的推广，为京津冀地区乃至全国的水泥企业实现升级转型提供了良好的示范，引领了水泥行业转型升级的方向。

创新引领发展　建设智能工厂　推进“互联网＋”技术在纺织行业的推广应用

山东康平纳集团有限公司

山东康平纳集团有限公司成立于1998年，是国家技术创新示范企业、国家高新技术企业。集团拥有国家认定企业技术中心、国家国际科技合作示范基地、省级重点实验室、院士工作站等国家省部级研发机构，先后承担完成国家863计划、科技支撑计划、智能制造专项等国家省部级科研项目。研制的“筒子纱数字化自动染色成套技术与装备”荣获2014年度国家科学技术进步奖一等奖；建

山东康平纳集团全景

设的“筒子纱染色智能工厂”列入2015年国家首批46家智能制造试点示范项目。

一、坚持“工艺创新驱动装备创新”，致力于智能染整装备的研究与推广

康平纳从事毛纺染整生产18年，国内首家创新应用半精纺工艺开发生产高档毛粗纺休闲面料，自2008年连续被列入中国毛纺、毛针织行业竞争力10强，成为中国毛粗纺企业稳居10强之列的唯一品牌。凭借自身多年来创新积累的染整工艺经验，康平纳根据市场需求坚持工艺创新驱动设备创新理念，以“染整智能制造技术与装备的研究和产业转化推广，实现纺织印染行业装备智能化”为目标，与机械科学研究总院、中科院自动化所、山东大学、东华大学、青岛大学等科研院校产学研合作，将“互联网+”技术与机械行业的先进理念成功应用于传统纺织印染行业，实现生产过程的自动化和智能化，真正做到产品工艺与设备工艺、纺织工艺与智能装备、“互联网+技术”与传统印染行业改造升级的有机结合，成为工艺创新驱动装备技术创新、两化融合再创新的典范。

国家科学技术进步奖
证　书
为表彰国家科学技术进步奖获得者，特颁发此证书。
项目名称：筒子纱数字化自动染色成套技术与装备
奖励等级：一等
获 奖 者：山东康平纳集团有限公司
中华人民共和国国务院
2014年12月12日
证书号：2014-J-212-1-01-D01

筒子纱数字化自动染色成套技术与装备荣获**2014**年国家科学技术进步一等奖证书

康平纳相继开发研制了筒子纱数字化自动染色成套装备、智能筒纱生产物流及包装系统、全自动染料/助剂配送系统、立体仓库及智能物流系统、纺纱设备自动化系统升级改造、纺织行业专业机器人制造等六大系列 40 多个品种的高端印染及后整理设备。其中研制的“筒子纱数字化自动染色成套技术与装备”荣获 2014 年国家科学技术进步奖一等奖，实现了筒子纱染色从手工机械化、单机自动化到全流程数字化、系统自动化的跨越，是我国纺织印染行业数字化、智能化制造的重大突破，是中国纺织机械史上第一个国家科技进步一等奖，得到了社会的认可和纺织印染企业的青睐。

目前康平纳智能染整技术及设备已在鲁泰纺织、孚日家纺、如意集团、安徽华茂、东北袜业等 40 多家企业推广应用，成为纺织印染企业改造升级、提高生产效率和产品质量的首选装备。

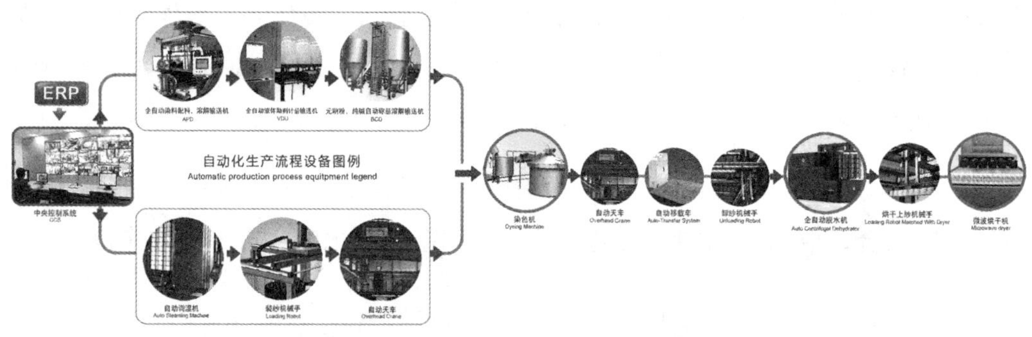

筒子纱数字化自动染色成套技术与装备流程图

二、应用互联网技术，建成全国首个纺织行业智能染色示范工厂

为抢抓“中国制造 2025”战略机遇，顺应“互联网 +”发展趋势，公司以“两化融合再创新”为主线，在前期研制的筒子纱数字化自动染色成套技术与装备基础上，充分运用互联网、工业云、物联网等新一代信息技术，建设筒子纱染色智能工厂。通过升级染色机多参数在线监测与决策、染料助剂实时输送精度与效率，染缸、自动脱水和自动烘干单元的信息交互能力与安全互锁，实现

筒子纱染色智能工厂——中央控制室

染色系统工艺装备自优化、安全、可控、可靠；采用 RFID 技术，升级装卸纱机器人、AGV、智能天车及立体仓库等，多种物流设备立体高效联动，实现智能化配置和调度，物流链信息可视化、可追溯；升级开发能耗数据采集终端和管理系统，实现全生产过程能耗监测、预测、节能优化；建立基于云平台的远程服务系统，强化远程诊断和服务能力；升级中央控制系统、MES、ERP 系统，将智能化技术从单一染色生产线延伸至产品开发、工艺制定、络筒等工段及原料、成品仓库等，实现工厂级数据采集、分析、判断等功能。筒子纱染色智能工厂，生产工艺数据自动数采率达到 95% 以上、主机设备数控化率达到 92%、生产效率提高 28%，吨纱节水 60%、节电 45%、节气 58%、节约用工 70% 以上，入选了国家工信部 2015 年智能制造试点示范项目，成为全国首个纺织印染行业智能染色示范工厂。公司与如意集团等多家单位联合建设的“纱线染色智能化工厂”列入 2016 年国家智能制造新模式应用示范项目。

筒子纱染色智能工厂是将“工业 4.0”理念率先导入纺织印染行业，推进印染行业向数字化、绿色化、节能化方向发展，大幅度降低劳动强度，有效提高染色生产效率，实现染色过程清洁化生产，促进了纺织行业技术进步，其关键技术还可应用于散纤维染色、经轴染色等印染行业，促进传统纺织产业转型升级改造进程，为纺织工业实现“中国制造 2025”提供技术支撑。

三、创新推广模式，建设标准化染色智能工厂，推进“互联网 +”技术在纺织行业的应用进程

面对印染行业改造升级的发展需求，康平纳坚持创新驱动发展，加快创新成果的转化推广，为纺织印染企业改造升级提供智能装备，推进“互联网 +”技术在纺织行业推广应用进程。

根据国家提出的创新、协调、绿色、开放、共享的五大发展理念和“三去一补”工作措施，结合“十三五”以水定产、以水定城的目标要求，康平纳依托在智能染色的技术优势，计划在全国纺织印染产业密集区，利用当地印染企业现有资源，由政府引导、以企业为主体，建设标准化染色智能工厂，利用“互联网 +”技术、物联网技术等，由康平纳统一安排生产、工艺、质量控制等事项，对染色智能工厂的生产过程进行全面管控，以满足快速变化的市场需求，而且通过集中印染，减少污水排放，提高产品质量，实现绿色制造，推动纺织产业升级。2016 年建设染色智能工厂 1 家，通过规范完善，形成标准化，寻求最佳效益，以点带面，示范推广，“十三五”期间，按照“一二三四五”的建设步骤，建成 15 家标准化染色智能工厂。同时，依托公司智能染色技术优势，对印染企业实行能源合同管理和运维服务，提高经济效益，实现企业由生产型向生产服务型企业转变。

“十三五”是康平纳发展壮大的关键期，公司在创新引领发展、改革统揽全局思想的指导下，以高科技为统领，继续加强产学研合作，深化染整智能制造研究，建立推广标准化染色智能工厂，利用“互联网 +”技术推动纺织染整行业智能化升级，推进纺织行业节减排进程，为促进产业转型做出积极贡献。

打造菊酯核心优势 引领推动中国农药工业转型升级

江苏扬农化工股份有限公司

中国是人口大国，粮食安全事关国家战略，关系国计民生。农药作为重要的战略物资，对保障国家粮食安全、实现农民保产增收具有不可替代的作用。联合国粮农组织调查表明，现代农业如果离开农药，粮作物减产将达到30%以上。2010年，国家农药产业政策将农药定位为高新技术产业。与世界发达国家相比，我国农药起步较晚、整体水平较低，直至20世纪90年代，仍以高效高毒的有机氯、有机磷等传统农药为主，严重影响到农村的生态环境和人民的食品安全，对农业经济的可持续发展构成直接制约。

为振兴中国农药工业，江苏扬农化工股份有限公司（以下简称扬农）从零起步、高点定位，积极实施“绿色高效拟除虫菊酯产品研究与应用”项目（以下简称项目），在菊酯类仿生杀虫剂领域取得重大突破，成为民族菊酯工业发展的先行者和领路人，不仅一举打破国外跨国公司在国内市场的长期垄断，而且成功返销到发达国家竞争对手的本土市场，成为全球菊酯产业分工不可或缺的重要一环，实现了中国菊酯崛起腾飞、产业报国的振兴梦。

一、项目实施背景

拟除虫菊酯来源于天然除虫菊有效成分——除虫菊素的人工仿生合成，是一种超高效、低毒性的新型仿生农药，也是目前唯一可以同时在家庭和大田使用的杀虫剂。世界拟除虫菊酯工业史起源于20个世纪40年代，由于其具有复杂的手性化学结构，技术门槛高，工业难度大。扬农自20世纪70年代开始涉足菊酯领域，虽是国内起步最早的企业，但因基础薄弱，质量低下。80年代，国家投资1000万元专项用于扬农菊酯技改，致力国产菊酯振兴，但调试未能成功，直至80年代末，国内市场仍全部依赖进口，且价格高昂，国家每年为此要花费巨额外汇。在内无任何技术资料借鉴、外有跨国公司严密封锁、技术攻关又遭遇层层挫折的困难局面下，扬农坚持以振兴民族菊酯工业为己任，毫不气馁，刻苦攻关，1992年，主动放弃国家行政搭配销售的保护政策，破釜沉舟，背水一战，完全依靠自身的技术力量和研发团队，先后掌握多项菊酯关键技术，成为国内唯一一家能从基础原料做起，关键中间体全部自我配套的企业，为菊酯产品的国产化奠定了坚实基础，并彻底摆脱关键技术受制于国外的被动局面。

二、项目取得的重大成就

扬农通过开展拟除虫菊酯产品的研究与应用，在菊酯领域核心技术、品牌市场、绿色制造等多个方面取得了一系列巨大成就，扬农也一举成为中国菊酯行业公认的排头兵和领跑者。

一是菊酯核心关键技术取得重大突破。扬农用10年左右时间走完了国外对手30多年的路，先后成功攻克生物酶拆分、新型高效拆分、手性化合物顺反完全分离等系列菊酯关键技术，创造了多项第一。成功开发各类菊酯新品50多个，20项填补国内外空白，11个产品被认定为国家重点新产品，申报国内发明专利99项、国际发明专利6项，获得美国、日本、印度及新加坡授权。同时，承担国家十五至十三五以及省级以上重大科技项目14项，并实现科技创新从产品仿创至自主创制的艰难跨越，开发自主创制品种4个，其中氯氟醚菊酯年销售突破2亿元，成为我国首个销售超亿、也是国内农药新药创制中销售额最高的品种。2014年，扬农先后荣获中国农药创新贡献一等奖以及江苏省企业技术创新奖。

二是国产菊酯品牌市场取得飞跃发展。扬农依托技术创新，实现了菊酯产品内在品质与国际先进水平的全面接轨，极大地推动了国产菊酯的质量进步。目前，扬农国产菊酯质量全面达到国际先进水平，多年来省级以上质量抽检合格率为100%，全球已颁布的14个菊酯产品国际标准，扬农等效采用率100%。作为全国拟除虫菊酯标准化工作组牵头单位，扬农主持或参与制定行业标准4项、国家标准6项、国际标准2项，拥有了国际市场的话语权。目前，扬农已发展成为全球最大的拟除虫菊酯制造商，“墨菊”牌拟除虫菊酯是国内农药行业首批“中国名牌”，被商务部认定为“最具市场竞争力品牌”、国家工商总局认定为“中国驰名商标”。扬农菊酯产品占有国内70%以上的市场份额，产品返销到欧美、日本等竞争对手本土市场，纯农药出口多年稳居中国农药企业前列，根据英国权威农药杂志《Agrow》杂志2013年、2014年排名，扬农股份连续两年跻身世界农化企业前20强。

三是绿色高端制造水平取得快速进步。在技术高点定位的同时，扬农追求高端制造，注重两化融合，坚持走新型工业化道路。通过大力推行DCS（分布式控制系统）等集散控制系统，成功解决精细化工单元操作控制等技术难题，实现生产过程的自动化、连续化、智能化，极大提高了全员劳动生产率，人均产值、利润居于行业领先水平。在创造绿色产品的同时，扬农追求绿色的生产过程。通过转型升级，坚持走绿色发展道路。扬农建成了江苏省农药清洁生产技术重点实验室，注重从工艺源头抓好节能减污，拥有35项清洁生产专利技术，2项清洁生产技术被工信部列入《17个行业清洁生产技术推行方案》，在全国推广实施，经济、社会效益显著。扬农环保设施投入占到投资总额23.9%，建成的国内首套菊酯类农药废水综合治理示范装置，首次实现对高浓度废水的直接处理，废水减排成效明显，被列入国家863课题，经科技部专家评审，技术水平达到国内同行领先水平。

三、项目产生的深远影响

扬农菊酯的发展，有力促进了菊酯工业的国产化，并极大地推动了我国农药工业转型升级的进程，对引领中国农药工业的进步产生了积极而深远的影响。

一是打破跨国公司的市场垄断，促进了我国家庭卫生消杀事业的进步。以丙烯菊酯为例，在扬农没有国产前，进口菊酯的售价高达130万元/吨，而目前降到30万元/吨，仅此一项，每年为国家节约外汇就高达上亿美元。菊酯产品的国产化，使产品售价不再高昂，液体蚊香、电热蚊香片等绿色消杀产品开始走进千家万户，成为老百姓用得起的绿色产品。

二是加快中国高毒农药淘汰的进程，保障了农产品的质量安全。扬农菊酯项目是国家发改委首批高毒农药替代国债项目，用拟除虫菊酯替代高毒有机磷农药，不仅药效更加出色，而且用量极少，更加安全环保，如高效氯氟氰菊酯与甲胺磷相比，每亩用量仅为1/50。目前，菊酯产品已在农业领域得到广泛应用，成为替代高毒农药的主流品种，对促进农业增产、农民增收、保障食品安全以及保持农村经济可持续发展做出了重要的贡献。

三是缩小与发达国家农药工业的差距，提升了中国农药工业的核心竞争力。扬农菊酯技术的快速进步，进一步拉近了与发达国家的距离，显著提升了中国农药工业的核心竞争力，使我国在这一领域首次实现与国际先进水平的全面接轨。同时，一大批具有自主知识产权绿色清洁农药新品的产业化，带动了中国农药工业向高效、安全、环保型绿色农药生产方向发展，促进了我国卫生、农用制剂产业的结构调整和产品更新换代，对促进行业绿色创新发展发挥了较强的示范引领作用。

习近平总书记说："中国人的饭碗任何时候都要牢牢端在自己手上。我们的饭碗应该主要装中国粮。"粮食安全，大国根基。现代农业，任重道远。目前，拟除虫菊酯类农药在国内杀虫剂中占比不足10%，远低于世界30%的水平，在未来的进程中，扬农将继续扛起民族菊酯工业的振兴大旗，推陈出新，积极推动中国农药的结构升级，努力成为产业升级的助推器、粮食丰收的保护神和食品安全的守卫者。

煤炭综采工作面智能化无人开采技术及装备

天地科技股份有限公司

一、引言

煤炭是我国的基础资源和能源，是国民经济发展的重要保障，在未来较长时间内仍将是我国的主体能源。

采煤工作面存在着“水、火、瓦斯、煤尘、顶板”五大自然灾害，威胁着矿工的生命安全和职业健康。过去的百余年中，采煤方式经历了人力、炮采、普采到综采的变迁。煤矿综合机械化开采（简称综采）是当前大、中型煤矿开采最广泛采用的生产方式。近年来，煤矿安全形势已大幅好转，但安全事故仍时有发生。其中，发生在采煤工作面的煤矿重特大事故占全部煤矿安全事故的2/3左右，生产安全形势依然十分严峻。树立“少人则安，无人则安”的安全发展理念，将采煤工人从危险的工作面解放出来，实现智能化直至无人化采煤，是煤炭人的梦想。

“十二五”以来，在国家智能制造装备发展专项和863计划的支持下，依托高新技术企业的技术优势和完整的装备产业链，天地科技股份有限公司（以下简称天地科技）引领着采煤方式进入了“智能化无人开采”的新时代，安全风险大幅度下降，为中国300多万井下矿工带来了科技之光。

该项技术在国内外首次实现了整个生产过程中采煤工作面区域无人操作，地面远程操控采煤实现常态化，系统生产自动化率达到90%，工作面生产人数由原来的15人减少至1至3人，采运系统的电耗降低20%以上，生产能力达到

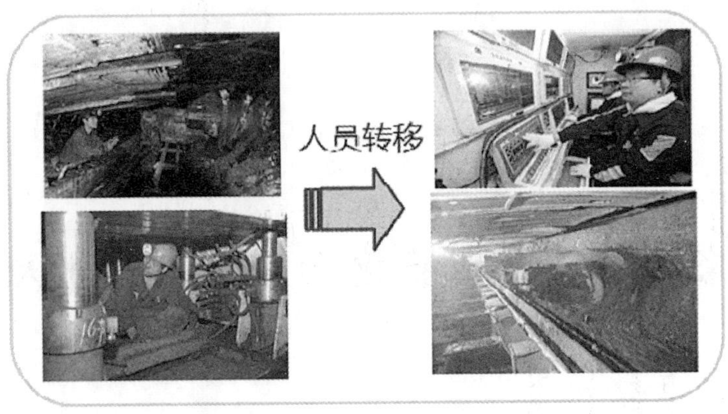

（a）少人则安，无人则安

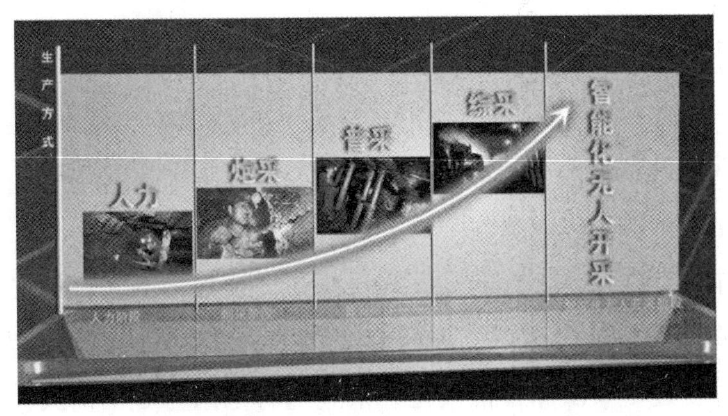

（b）煤炭开采方式变迁

中国煤炭开采已进入智能化无人开采时代

1200 万 t/a。项目的技术水平、生产能力达到国际领先。

二、天地科技简介

天地科技是于 2000 年 3 月由煤炭科学研究总院作为主发起人设立的股份有限公司，2002 年 5 月 15 日在上海证券交易所挂牌上市，现隶属于中国煤炭科工集团有限公司。

天地科技始终坚持以研制煤炭高效、安全、绿色开采技术装备为己任，支撑和引领着我国煤炭工业的发展进步，谱写了创立、上市、腾飞三步华丽篇章。

天地科技产品涵盖了采煤机、掘进机、刮板输送机、液压支架、带式输送机、短壁开采、矿井辅助运输、煤矿安全、煤炭洗选、智能化矿山、矿用高端变频器、快速定量装车等煤机装备，可提供矿井及选煤厂设计、EPC 工程总承包、煤机成套装备研制、煤矿建设与生产运营管理、融资租赁等服务，业务范围覆盖煤炭生产全产业链，已成为我国煤炭科技行业的领军企业。

自成立以来，天地科技取得专利 1904 项（其中发明专利 547 项），软件著作权 492 项。取得科技成果 2700 余项，获得国家及省部级科技进步奖 600 余项，其中，"特厚煤层大采高综放开采关键技术及装备"获国家科技进步一等奖；"0. 6m ~ 1. 3m 复杂薄煤层自动化综采成套技术与装备"、"智能矿山建设关键技术与示范工程"等一批重大科研成果具有较大的国际影响力；"煤炭综采成套装备智能系统""1. 4m ~ 2. 2m 煤层国产综采装备无人化技术研究与应用"等项目填补了国内外空白。

在引进国外技术未果的背景下，天地科技自主创新研发成功国内第一套完全自主知识产权的液压支架电液控制系统——SAC 型液压支架电液控制系统，打破了国外的长期垄断，成功实现对进口产品的替代，系统持续保持 50% 以上的市场占有率。同时，由于成本的不断降低，国内煤矿液压支架采用电液控制系统的比例达到 15% 左右，促进了整个煤矿行业自动化水平的提高。此后，公司战略进行了提升，从提供综采工作面单机设备控制系统向提供综采工作面成套控制系统转型升级，研制成功 SAM 型综采智能化控制系统，标志着我国在综采智能化技术领域取得了重大突破，具有里程碑意义。

三、技术介绍

针对采煤工作面生产过程复杂、开采装备系统庞大、作业环境恶劣等特点，天地科技开发出具有成套自主知识产权的综采自动化开采系统，以实现综采工作面常态化无人作业为目标，以采煤机记忆截割、液压支架自动跟机及可视化远程监控为基础，以生产系统智能化控制软件为核心，实现在地面（巷道）监控中心对综采设备的智能监测与集中控制，确保工作面割煤、推溜、移架、运输、除尘等智能化运行，达到工作面连续、安全、高效开采。

（a）一体化监控中心

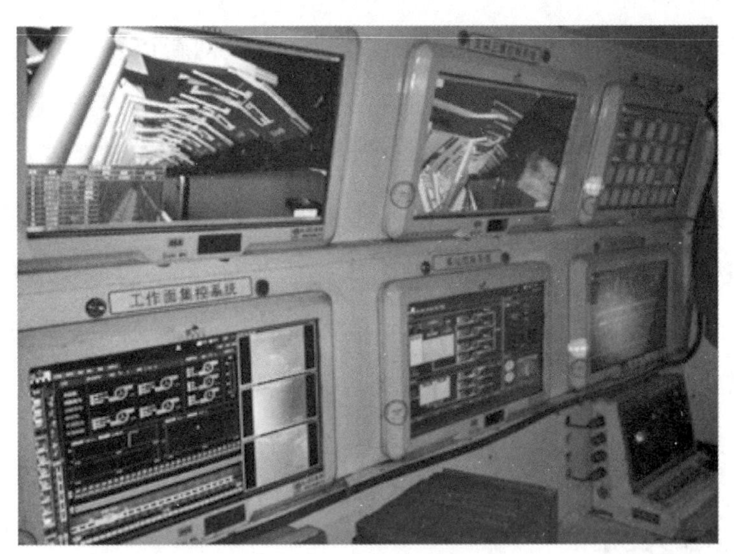

（b）远程遥控采煤

可视化一体化监控中心可在巷道和地面进行远程遥控采煤

在此基础上，煤炭综采工作面智能化无人开采技术及装备通过高速网络和高清视频的支持，在综采工作面以太环网的基础上建立统一（Ethernet/IP）通信协议平台，实现所有综采设备数据的高速上传和控制信号实时下达；采用图像识别及辅助测量、三维增强虚拟现实等技术，将采煤工从工作面解放到监控中心，将人的视听感官延伸到工作面，“身临其境”监控采煤生产，实施在地面或巷道监控中心对工作面设备进行远程操控；通过惯性导航系统实时监测工作面直线度，控制液压支架精确推进，智能调整生产过程出现的偏离，从而达到工作面内智能化无人开采的目的，实现了采煤工人现在穿着干净的工作服在井上或井下远离采煤工作面危险区域的巷道监控中心中采煤，拿着过去一样甚至更高的工资，采煤工迎来了高科技采煤的春天。

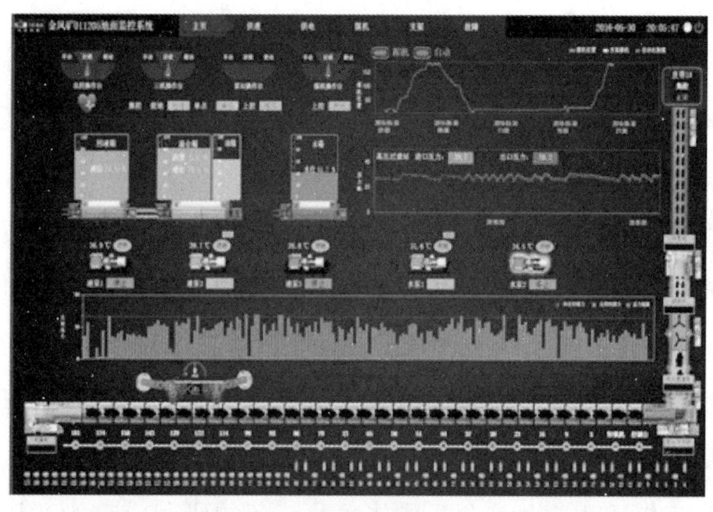

（a）智能开采监控

（b）增强虚拟现实

煤矿生产调度中心增强虚拟现实智能开采监控显示

目前，公司还在超宽带人员定位、无线传感器网络、工作面智能巡检机器人、矿用飞行无人机、专家智能决策系统等技术方面进行探索和突破，将在现有系统基础上进一步提高智能化无人开采水平，将煤矿综采设备整合为一套煤矿开采机器人，提供成套的世界领先的煤矿无人开采解决方案。

四、推广应用情况及前景

煤炭综采工作面智能化无人开采技术及装备项目，针对煤矿各种复杂地质环境形成了多种解决方案，已在神华、陕煤、阳煤等大型煤炭企业集团示范，并已成功推广应用。

2014 年 5 月中国煤炭工业协会在陕西神木召开了“全国煤炭行业两化深度融合型智能矿山现场会”、2015 年 5 月国家安全生产监督管理总局和国家煤矿安全监察局在陕西黄陵召开了“全国煤矿自动化开采技术现场会”，分别对本项技术及示范工程应用效果向全国煤炭行业进行了推广，引领着我国煤矿行业进入了智能化无人开采的新时代。

煤炭综采工作面智能化无人开采技术及装备的研制成功为我国煤炭行业带来了安全、社会、经济等多方面的效益。安全方面，智能化无人开采技术将采煤工人从危险性较高的采煤工作面转移到较安全的巷道监控中心甚至是地面调度中心，大大提高了作业安全系数；社会方面，智能化无人开采技术将工人从

（a）智能矿山现场会

（b）自动化开采技术现场会

煤炭综采工作面智能化无人开采技术及装备向全国煤炭行业进行推广的现场会图

工作面解放出来，不仅大幅度降低了工人的劳动强度，也极大改善了煤矿工人的工作环境，更有力地推动了煤矿工作人员综合素质的提升。经济方面，与传统工作面相比，智能化无人开采工作面节约了大量人工成本，提升了生产效率。与此同时，国产智能化开采设备与同等技术水平的进口设备相比，价格低30%～50%，节约了生产成本。

煤炭综采工作面智能化无人开采技术及装备打破了国外技术的垄断，填补了国内煤矿开采的空白，践行了“无人则安”的科技强安理念，从根本上改变了采煤工人的面貌，开创了国产成套装备实现采场智能化无人开采的先河。

天地科技股份有限公司秉承“创新拥有未来”的发展理念，以超前的行业意识、雄厚的科研实力、一流的服务体系，为煤矿提供专业、可靠的智能化成套设备解决方案，为实现我国高端煤机智能装备国产化、提升中国煤炭工业整体技术水平提供了强有力的支撑。

依靠管理创新　打造新能源电池行业的标杆

超威集团

超威集团（以下简称超威）创立于1998年，2010年在香港主板上市，是一家专业从事动力型和储能型蓄电池研发、制造、销售的国家重点高新技术企业、国家技术创新示范企业、国家知识产权管理示范企业、国家两化融合管理体系贯标试点单位、工业产品生态（绿色）设计试点企业、全国企业文化建设示范基地以及浙江省首批纯电动汽车技术创新综合试点企业。集团现有职工2万余人，在全球已拥有20多家子分公司，公司主导产品产销量连续三年位居全国行业第一，2016年集团规模已跃居中国企业500强（第186位）、中国轻工百强电池行业第1位。

近几年来，超威以品牌战略为核心、以技术创新为动力，全面落实“技术、管理、生产、营销”四个创新，整合公司科技、人才、管理等优势，不断强化品牌建设，提升管理水平、推进传统动力电池产品绿色升级、开展新能源汽车用锂离子电池、风光发电储能电池等技术创新，积极创建成为具有示范引领作用的品牌型企业，打造我国新能源电池行业的制造标杆。具体做法如下：

一、强化科技创新，引领行业发展

超威迅速发展的关键，在于对科技创新的重视。一方面，公司创建了国家级企业技术中心、国家认可实验室、国家环保工程技术中心等11个科研平台，同时在德国建立超威起停电池研究分院、在美国建立超威锂电技术研究分院、在北京建立超威清华分院，下一步计划在日本、英国与俄罗斯建立研究分院，通过在国内外新能源主要科技创新与人才集聚区域布局研发机构，服务公司技术创新；另一方面，公司高度重视领先科技创新成果的开发，在行业中率先开发完成节能节水环保型内化成工艺，提升铅蓄电池制造的清洁生产水平；与杨裕生院士合作开发安全性水性锂离子电池，解决制约锂离子电池产业发展的安全性难题；与田昭武院士合作研发膺电容式超级电容器，开发新型电动汽车用动力电池产品。截至目前，超威已承担各类国家和省级项目90多项，获得省部级科技奖7项，其中中国专利金奖1项、中国专利优秀奖3项，已累计拥有授权专利1296项（其中发明专利128项），参与制定全国行业及国家标准共52项（其中ICE国际标准2项），实现以科技创新引领行业发展的目标。

二、注重成果转化，凝心聚力创新创业

公司高度重视科技成果的转化工作，在保障成果转化的硬性条件之外，还构建了以培养企业家推动成果转化的创新机制。即公司通过与专家、科学家结成战略合作关系，由公司提供资金、资源与管理支持，专家与科学家提供技术的形式开展项目合作，推动科技创新成果的转化。项目产业化风险由公司承担，取得的产业化成果双方共享，极大加速了科技创新成果的产业化。如哈工大博士孙延先，超威自2007年起即支持他与清华大学联合开发锂电池技术，他以技术入股+资金的形式与超威合作，成立超威创元实业有限公司，顺利实现锂电池技术的产业化，并取得了良好的经济效益，实现公司享受成果收益、专家成为企业家“双赢”的良好结果。公司通过企业家培养的三个模式，持续推动科技成果转化，达到凝心聚力创新创业的目标。

三、全面强化管理创新，提升公司运营绩效

2013年超威导入卓越绩效模式，聘请浙江大学管理学院的相关教师进行辅导，帮助员工熟悉掌握卓越绩效的标准，强化卓越绩效理念，确立了公司五年

发展战略规划，大力开展技术创新、市场营销创新、售后服务创新、人力资源开发创新等，促使企业经营管理趋于科学化、规范化、精细化，全面提升公司运营的绩效水平。

（一）推进制造方式创新，提升生产经营实力

近年来，公司积极开展“机器换人”“两化融合”等建设、通过引进智能化成套装备、智能化管理系统，在制造方式中融入信息化管理模式，持续推进公司制造方式创新。

公司以“年组装1200万只铅蓄电池装备提升与智能化改造项目”为突破口，2014—2015年期间，进一步引进智能化成套装备、工业机器人等，衔接现有自动生产设备，逐步与管理信息系统集成，减少操作人员、缩短生产周期、降低综合成本。项目完成后，实现生产效率提升3倍以上，人员减少70%，成品率达99.5%以上的良好效果。

公司实施开展的“铅蓄电池铅烟铅尘超高效处理及在线联网管控项目”，以信息化技术为导向，通过应用物联网、自动化、云计算、现代通信等技术，对铅蓄电池生产过程铅烟、铅尘污染物进行实时、动态管理与智能警报。配置“总铅自动监测仪、在线烟尘监测系统”后，废气处理效果达0.1mg/m^3，远远优于国家标准（0.5mg/m^3），实现了应用信息化技术，提升公司污染防治水平的目标。

目前公司正积极开展信息化和工业化深度融合示范项目——“年产2000MWh的电动汽车用锂离子电池应用项目”的建设工作。项目拟通过应用互联网远程管理技术与电池产品管理技术相结合的智能化管理系统，购置匀浆机、涂布机、卷绕机等国内外先进生产装备，建立电动汽车动力电池制造“无人化”车间，实现信息化和工业化深度融合，全面提升公司制造水平。

（二）强化商业模式创新，推进互联网运营模式建设

目前公司重点以建设O2O电商管理平台和商业智能BI系统为起点，强化商业模式创新，全面推进互联网运营模式建设。

2012年11月，公司成立电子商务项目建设团队，2014年推进以移动互联网营销为重点，基于天猫、京东、一号店、微信商城等电商平台建设，构建一个线上、线下一体化的智能化的品牌营销和服务环境，实现“以消费者为中心”的全渠道精准营销管理。截至2015年2月，公司各营销平台已全部上线，目前正积极开展市场推广与客户挖掘及服务提升工作。

公司正在积极开展超威集团统一的智能化决策支持系统平台建设工作，寻求从分散、独立的业务系统中抽取、收集销售、采购、生产、财务、质量、服务等业务系统数据，建立集团统一的数据仓库。基于数据仓库，公司建立各种决策分析模型，开发查询、统计、分析工具，实现决策管理信息化，使集团各级管理人员和业务人员及时、全面、准确了解企业的经营动态，从而大幅提高集团各级管理者决策能力的商业智能系统（BI）建设规划，推进企业运营管理模式的创新。

四、持续推进品牌建设，提升公司品牌影响

作为品牌型试点企业，超威通过“技术创新、管理创新、制造方式、商业模式”等创新，全面打造公司良好品牌基础；同时，公司高度重视品牌建设工作，构建了从品牌策划、品牌推广到品牌宣传、品牌保护等方面的一整套完善管理体系。

为加强与发达国家交流与合作，公司积极实施走出去战略，通过国际展览、媒体宣传、交流论坛等多种形式推介品牌，还通过国际认证、海外重大工程应用和重点客户使用示范等，向国外推广产品和品牌，加强国际合作，引进国外先进技术、工艺、资金、管理和人才，提高产品在国际上的核心竞争力与国际知名度。截至目前，超威品牌已荣获中国驰名商标、中国电池工业最具影响力品牌、2013年度中国工业品牌竞争力百强等多项荣誉。今后公司将继续强化品牌建设，并逐步向致力于成为全球新能源行业伟大公司的目标迈进。

探索绿色崛起的企业担当

河北晨阳工贸集团有限公司

在中国工业快速崛起的今天，工业污染引发的一系列问题已成为当今社会的主要矛盾，如何实现经济快速发展与环境和谐共处已成为社会关注的焦点。这种情势下，国内急需一批有担当、有能力的企业挺身而出，为中国工业的绿色发展改革做出引领，承担起中国绿色发展的使命和责任。

晨阳水漆集团大楼

以研发起家，靠创新壮大，历经 18 年，晨阳水漆以“绿色崛起”作为企业发展理念，凭借不懈的研发创新和用心的产业服务，如今已发展成为中国水漆的领军企业，产品覆盖家装、工程、工业、木器四大类数百个品种，成为我国水漆品类最全、生产能力最大、实力最强的全水漆生产企业，并在国内掀起一股水漆的时代潮流。

一、创新研发，晨阳水漆初露锋芒

长期以来，油漆占据了国内大部分市场，水漆不仅应用少，而且技术的研发也成为制约其发展的最大瓶颈。然而，晨阳水漆董事长刘善江却坚信，中国涂装行业转型升级是大势所向，水漆取代油漆是必然趋势。凭借这份执着与信念，刘善江带领团队下大力度投入研发成本，不分昼夜攻坚克难。

功夫不负有心人，1999 年，晨阳水漆成功研制内外墙水漆，并顺利通过 ISO 9000 国际质量体系认证，正式投入市场；2000 年晨阳商标被认定为“河北省著名商标”；2001 年，成立企业技术中心，与中国涂料工业协会和北京化工大学等科研院所建立了合作研发平台，并配备国际一流的检测设备及精密仪器，开展产、学、研合作；2012 年，建成国内唯一一家水性涂料院士工作站；2013 年 9 月，成功与中科院签署战略合作协议，共建“纳米功能材料联合实验室”；2014 年 7 月 8 日，上海研发中心在上海正式揭牌成立。

二、引领行业，品牌实力发展壮大

创新是一个企业发展的灵魂，作为中国水漆领导者，晨阳水漆更是不遗余力地研发符合市场需求的创新产品，依靠高质量的环保健康水漆，让品牌更具活力，为民族水漆品牌赢得荣誉。

如今，晨阳水漆已独立研发完成科技项目近百余项，申报发明专利 69 项，旗下产品涉及工程水漆、工业水漆、木器水漆等几大类上百个品种，拥有自主知识产权，并一步步在高端市场打造自主品牌，不断提高自身的产品品质和溢价能力。

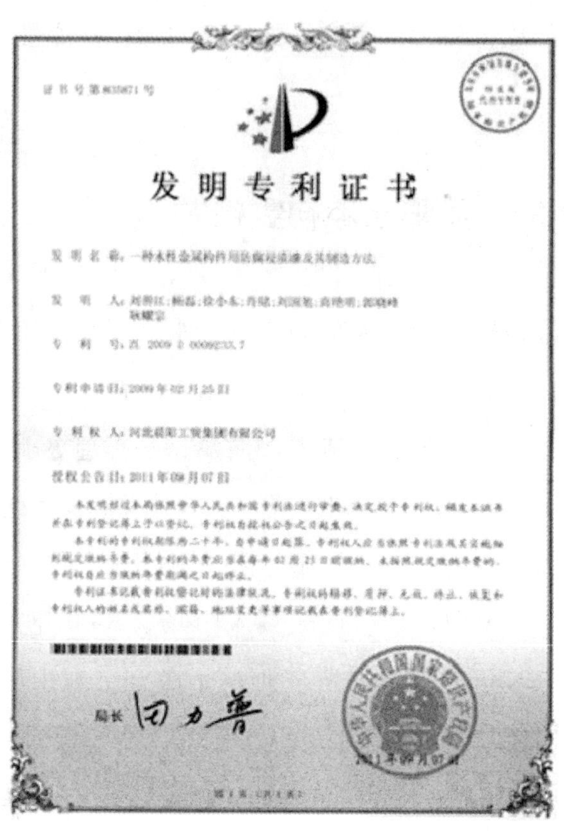

发明专利证书

专利申请日：2009年02月25日

授权公告日：2011年09月07日

晨阳水漆发明专利证书

三、内外兼修，人才强企成果显著

（一）完善机制，加速人才培养

晨阳水漆多年来始终将人才作为企业的立身之本，高度重视创新研发人才的引进和培养。早在企业成立之初，晨阳水漆就不惜重金聘请国外知名水漆研发人才，随后十几年来，又陆续引进一大批专业人才和技术人员补充创新研发团队。

同时，晨阳水漆也不忘自身人才的培养，不仅制定和完善了技术人员激励机制，形成“比、学、赶、帮、超”的工作氛围，还在谋划建立自己的培训学校，为集团不断输出具备高素质和能力的专业人才。目前，晨阳水漆拥有科研人员242名，其中，高级工程技术人员10人，博士2人，硕士40人，专科以上人员占70%。

（二）联合开发，注重借智借力

中科院与晨阳水漆共建水性涂料产业战略联盟、水漆研究院，并共同研发合作项目，主要包括：

（1）防霉抗菌涂料的研发。

（2）反光隔热功能涂料的研发。

（3）高耐候、低VOC（挥发性能有机化合物）排放功能涂料的研发。

（4）取代聚苯板、保温板的反射隔热涂料。

（5）特种隐形涂料。

（6）航空航天用漆、火车用漆、汽车漆等系列高端节能水性涂料。

四、时势引导，中国涂料全球名扬

（一）引领潮流 掌控市场先机

“水漆在欧美等发达国家应用率已高达90%，而在我国，特别是工业涂料中所占份额还不足5%”，提及此，晨阳水漆董事长刘善江感慨万千，他指出，“随着中国可持续发展战略的实施，未来中国涂料行业必将向绿色发展方向转变，

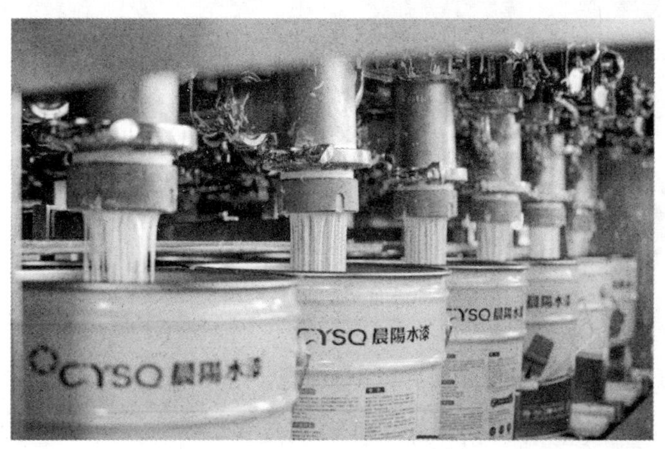

晨阳水漆全自动生产线

水漆取代油漆是一场革命，是未来生存需要、科学技术发展的必然。这时候，谁环保谁就掌握市场先机”。

正是在这种理念的支持下，晨阳集团毅然扛起中国涂料品牌发展的大旗，不断加大研发投入和科技创新的力度，成功开发出具有自主知识产权的水漆产品，这是环保涂料对传统涂料的一种颠覆。而随着环保理念深入人心，越来越多的人已经对水漆予以认可。

（二）扬名世界，晨阳成绩斐然

晨阳水漆成功入选“2008 奥运外立面粉刷工程材料供应商”；走进中国人民革命军事博物馆，为各展厅200 多种大型军械翻新涂上环保水漆；入围中石化水漆涂料合格供应商；防霉、防潮产品成功应用于北京地铁工程，开创了水性涂料在地铁工程应用方面的先河。更加值得强调说明的是，在 2015 年，抗战胜利 70 周年阅兵前期天安门重涂修缮期间，晨阳水漆作为指定用漆涂刷了天安门城墙、城楼观礼台及接待室。

专业技术人员用晨阳水漆粉刷天安门城墙图

除了国内，晨阳水漆还频频在国际上亮相。2016 年 2 月 7 日，在被誉为“世界十字路口”的纽约时代广场，晨阳水漆形象广告在户外大屏 24 小时轮番播出，将中国水漆品牌在世界舞台上展现。此外，晨阳水漆产品更是远销非洲、马来西亚、韩国、缅甸等世界各地，把“中国绿”从国内带到了全球，让中国环保成就惠及了全球。

（三）政策支持，进入水漆时代

环境问题的日益凸显，使得市场倒闭、政策严控的现实困境逐渐显现，经济结构调整、产业转型升级倍显紧迫。国家“铁腕”治理大气污染，限制油漆生产与使用，鼓励水漆发展的相关政策陆续出台。在政策的驱动引导下，谁领先环保水性涂装，谁就掌握市场先机。

近年来，国家陆续出台“限油令”，“油转水”大潮已然来临。2015 年 1 月 1 日，被称史上最严的新《环保法》实施，随后，油漆消费税和 VOC 排污费相继于 2015 年 2 月 1 日和 2015 年 10 月 1 日开始实施，这彻底封杀了油漆的生存空间。响应国家号召，深圳已全面禁止油漆的销售，而北京也正在推行木器漆非油性的转化。加上如今民众环保意识提升，对环保水漆的认知也在逐渐深入人心。

（四）智能制造，科学市场布局

在市场竞争的大潮中，企业只有依靠优秀的产品品质和高效的工作效率才能占得先机。为此，晨阳水漆大力推行智能制造发展理念，通过引进国际先进

晨阳水漆采用的国际先进生产设备

水平的全自动水漆生产线，实现了企业整体生产效率的提升。如今，晨阳水漆年产能已达到30万吨，而智能化的生产方式更是保证了产品的一致性和品质。

为迎合当代经济发展新趋势，晨阳水漆还将“两化深度融合”作为企业再度实现跨越的抓手，将信息化与工业化向更高更广的层次和领域实现应用。通过科学布局，统筹发展，目前晨阳水漆已拥有专卖店一千家，加上分销商和代理商达上万家，网络建设雏形已基本形成。

与此同时，晨阳水漆电子商务运营同步发展，在淘宝网、天猫商城、京东商城等电子商务平台拥有不同规模的网店逾千家。并于2015年双十一天猫购物狂欢节一举取得基础建材和涂料类目双料冠军。在未来的发展中，晨阳水漆线下店铺将主要侧重于产品的体验和服务，线上店铺则承担起晨阳水漆产品的销售和配送工作。线上线下形成良性互动，共同打造晨阳水漆市场大格局。

习近平总书记在第七十届联合国大会讲话中郑重指出，“要构筑尊崇自然、绿色发展的生态体系，解决好工业文明带来的矛盾，以人与自然和谐相处为目标，实现世界的可持续发展和人的全面发展”。涂料作为建筑装饰的上游支柱产品，与人们的生活息息相关，实现涂料行业的绿色转型，不仅仅是企业的发展使命和愿景，更是惠及全国消费者和人民的大事。对此，晨阳水漆董事长刘善江表示，“要想把企业做大做强，就要走绿色发展之路，要真正实现生态效益、经济效益、社会效益的多赢”。